すぐに身につく・学力が高まる

小学校国語

図解 **学習スキル**
101の方法

101

執筆者一覧(2005年3月現在)

■編　者
府川源一郎　　横浜国立大学 教授

■編集協力者(50音順)
春日由香　　　神奈川県横浜市立東品濃小学校
平井佳江　　　神奈川県横浜市立平沼小学校
廣川加代子　　東京都世田谷区立松沢小学校

■執筆者(50音順)
五十井美知子　日本国語教育学会　　　　　　　　（本書の担当：No. 23, 36, 57, 67）
井形千寿子　　神奈川県藤沢市立浜見小学校　　　（本書の担当：No. 11, 26, 61, 83）
海老名益美　　神奈川県横浜市立深谷小学校　　　（本書の担当：No. 68, 70, 73, 85）
笠原眞弘　　　長野県北佐久郡浅科村立浅科小学校（本書の担当：No. 32, 37, 63, 81）
春日由香　　　神奈川県横浜市立東品濃小学校　　（本書の担当：No. 5, 38, 41, 60, 74, 75）
久保早苗　　　東京都大田区立松仙小学校　　　　（本書の担当：No. 47, 48, 62, 100）
久保マサ子　　神奈川県川崎市立今井小学校　　　（本書の担当：No. 8, 35, 51, 82, 89）
小瀬村良美　　神奈川県平塚市立山下小学校　　　（本書の担当：No. 40, 71, 94, 97）
小林康宏　　　長野県佐久市立野沢小学校　　　　（本書の担当：No. 15, 25, 43, 86）
関野栄子　　　神奈川県伊勢原市立大田小学校　　（本書の担当：No. 18, 45, 53, 99）
高木篤子　　　神奈川県横浜市立桜岡小学校　　　（本書の担当：No. 56, 91）
竹内隆　　　　兵庫県神戸市立甲緑小学校　　　　（本書の担当：No. 14, 24, 79, 80）
土屋俊朗　　　神奈川県横浜市立茅ヶ崎東小学校　（本書の担当：No. 20, 29, 30, 69, 95）
乗木養一　　　埼玉県戸田市立笹目小学校　　　　（本書の担当：No. 1, 2, 76, 77）
長谷川峻　　　前東京都東久留米市立小山小学校　（本書の担当：No. 52, 54, 58, 66, 72, 92）
馬鳥隆美　　　神奈川県伊勢原市立大田小学校　　（本書の担当：No. 10, 17, 93）
原　康　　　　神奈川県伊勢原市立高部屋小学校　（本書の担当：No. 44, 50, 55, 87, 88）
平井佳江　　　神奈川県横浜市立平沼小学校　　　（本書の担当：No. 27, 59, 65）
平野はるひ　　神奈川県横須賀市立城北小学校　　（本書の担当：No. 9, 12, 21, 31, 33, 46）
廣川加代子　　東京都世田谷区立松沢小学校　　　（本書の担当：No. 22, 39, 64, 96, 101）
藤原悦子　　　神奈川県横浜市立浦島小学校　　　（本書の担当：No. 28, 42, 90, 98）
藤原治子　　　神奈川県川崎市立梶ヶ谷小学校　　（本書の担当：No. 3, 34, 49）
穂刈ひと美　　神奈川県川崎市立高津小学校　　　（本書の担当：No. 4, 13, 78, 84）
山下俊幸　　　神奈川県横浜市立文庫小学校　　　（本書の担当：No. 6, 7, 16, 19）

まえがき

　いうまでもなく学習の主体者は，子どもたちだ。子どもたちは，上手にできた，楽しかったといった学習への達成感・満足感を感じたときにはじめて，学習内容を自分のものにすることができる。それにともなって，学びの方法も習得する。つまり，主体的な学びの方法は，充実した学習体験の中でこそ獲得されるのだ。したがって私たちは，まず，子どもたち自身の興味・関心を惹きつけるような，多様な学習活動を用意する必要がある。

　と同時に，私たちは，その学習活動で使われた学習方法自体にも目を向けさせるような配慮を怠ってはならない。なぜなら，学習の方法に自覚的になることで，子どもたちは言葉を学ぶためのスキルを着実に身につけることができるからだ。

　これからの学習者に求められるのは，自ら課題を発見し，それを自らの力で解決していくような力である。豊かな言葉の学習方法を学習者自身が自ら選択し，使いこなせるような力をこそ，国語学習の基礎・基本として考えるべきだ。それはまた，学習者の主体性や興味・関心などを大事にしようという理念を，具体的に国語学習の場の中に実現することでもある。

*

　以上のような考えに基づき，本書には，小学校の国語学習を進める上で大事だと思われる学習スキルを101項目選び出し，それぞれ具体的な学習指導の手がかりを示した。全体を大きく，「調べるため」「考えを整理するため」「伝え合うため」「言葉に興味をもたせるため」の4つに分け，それぞれの項目については，「見開きページ完結」の紙面構成にした。項目によっても若干異なるが，できるだけ挿絵や写真，あるいは図解や表などを使って，一目でねらいやポイントがつかめるように工夫した。

　各項目は，日々の国語学習の中に織り交ぜてもよいし，取り立てて短時間の小単元として学習活動を組んでもよい。また，ここから大きな単元に発展させてもよい。あるいは，総合的な学習など国語科の時間以外にも，活用できる項目もあるだろう。

　先生方のさらなる工夫によって，本書が活用されることを強く願う次第である。

　2005年3月

編者　府川源一郎

目次

執筆者一覧 2
まえがき 3

Ⅰ章 調べるための学習スキル 18

No.1 （Ⅰ-1）	国語辞典の引き方 10
No.2 （Ⅰ-2）	漢字辞典の引き方 12
No.3 （Ⅰ-3）	目次・索引の活用 14
No.4 （Ⅰ-4）	十進分類法を使う 16
No.5 （Ⅰ-5）	図書館を活用する 18
No.6 （Ⅰ-6）	コンピュータの漢字変換・翻訳機能 20
No.7 （Ⅰ-7）	インターネットの利用 22
No.8 （Ⅰ-8）	博物館・美術館の利用 24
No.9 （Ⅰ-9）	往復はがきの書き方 26
No.10 （Ⅰ-10）	封筒の書き方 28
No.11 （Ⅰ-11）	お願いの手紙の書き方 30
No.12 （Ⅰ-12）	お礼の手紙の書き方 32
No.13 （Ⅰ-13）	電話で尋ねる時に 34
No.14 （Ⅰ-14）	FAX の使い方 36
No.15 （Ⅰ-15）	メールの使い方 38
No.16 （Ⅰ-16）	録音のしかた 40
No.17 （Ⅰ-17）	アンケートのとり方 42
No.18 （Ⅰ-18）	インタビューのしかた・メモの注意 44

Ⅱ章 考えを整理するための学習スキル 26

| No.19 （Ⅱ-1） | 言葉のマップづくり（発想・まとめ） ...... 48 |

No.20 （Ⅱ－2）	音読記号	50
No.21 （Ⅱ－3）	原稿用紙の使い方	52
No.22 （Ⅱ－4）	書き出しノート	54
No.23 （Ⅱ－5）	単元ノート	56
No.24 （Ⅱ－6）	キーワード連鎖図で文章構造をつかむ	58
No.25 （Ⅱ－7）	文章を解体して論理を考える	60
No.26 （Ⅱ－8）	心のグラフ（心情曲線）	62
No.27 （Ⅱ－9）	表・図式の見方・活用のしかた	64
No.28 （Ⅱ－10）	数値データの入った記録の書き方	66
No.29 （Ⅱ－11）	付せん紙・カードの活用法	68
No.30 （Ⅱ－12）	メモのしかた	70
No.31 （Ⅱ－13）	聞き取りのためのメモ	72
No.32 （Ⅱ－14）	読書記録	74
No.33 （Ⅱ－15）	報告のしかた	76
No.34 （Ⅱ－16）	ファイリング・スクラップ	78
No.35 （Ⅱ－17）	意見文の書き方	80
No.36 （Ⅱ－18）	絵巻物をつくる（時系列の話）	82
No.37 （Ⅱ－19）	年表づくり	84
No.38 （Ⅱ－20）	話し言葉日記	86
No.39 （Ⅱ－21）	登場人物の日記	88
No.40 （Ⅱ－22）	登場人物を変換して作文を書く	90
No.41 （Ⅱ－23）	なりきり作文	92
No.42 （Ⅱ－24）	文章を絵にする	94
No.43 （Ⅱ－25）	漫画を作文に　作文を漫画に	96
No.44 （Ⅱ－26）	本にしてみよう（簡易製本）	98

Ⅲ章　伝え合うための学習スキル28

| No.45 （Ⅲ－1） | 鉛筆対談 | 102 |
| No.46 （Ⅲ－2） | 絵日記 | 104 |

No.47	(Ⅲ-3)	ブックトーク	106
No.48	(Ⅲ-4)	紙芝居づくり	108
No.49	(Ⅲ-5)	俳句づくり	110
No.50	(Ⅲ-6)	豆本をつくろう	112
No.51	(Ⅲ-7)	私だけの辞典づくり	114
No.52	(Ⅲ-8)	絵本づくり	116
No.53	(Ⅲ-9)	本の帯紙づくり	118
No.54	(Ⅲ-10)	パンフレットづくり	120
No.55	(Ⅲ-11)	新聞にまとめてみよう	122
No.56	(Ⅲ-12)	招待状づくり	124
No.57	(Ⅲ-13)	発表会のしかた	126
No.58	(Ⅲ-14)	群　読	128
No.59	(Ⅲ-15)	パネルシアター	130
No.60	(Ⅲ-16)	ペープサート劇	132
No.61	(Ⅲ-17)	脚本づくり	134
No.62	(Ⅲ-18)	リーダーズシアター（劇化）	136
No.63	(Ⅲ-19)	スピーチ	138
No.64	(Ⅲ-20)	ポスターセッション	140
No.65	(Ⅲ-21)	バズセッション	142
No.66	(Ⅲ-22)	読書座談会	144
No.67	(Ⅲ-23)	パネルディスカッション	146
No.68	(Ⅲ-24)	ディベート	148
No.69	(Ⅲ-25)	シンポジウム	150
No.70	(Ⅲ-26)	ビデオづくり	152
No.71	(Ⅲ-27)	CMづくり	154
No.72	(Ⅲ-28)	番組づくり	156

Ⅳ章　言葉に興味をもたせるための学習スキル29

No.73	(Ⅳ-1)	漢字競争	160

No.74（Ⅳ－2）	ペアになる言葉	162
No.75（Ⅳ－3）	漢字ビンゴ	164
No.76（Ⅳ－4）	漢字カードゲーム	166
No.77（Ⅳ－5）	漢字の部分リレー	168
No.78（Ⅳ－6）	○×クイズ	170
No.79（Ⅳ－7）	クロスワードゲーム	172
No.80（Ⅳ－8）	背中黒板	174
No.81（Ⅳ－9）	お話あて	176
No.82（Ⅳ－10）	読書クイズ	178
No.83（Ⅳ－11）	あるなしクイズ	180
No.84（Ⅳ－12）	しりとり歌	182
No.85（Ⅳ－13）	仲間しりとり	184
No.86（Ⅳ－14）	ローマ字しりとり	186
No.87（Ⅳ－15）	前句づけ	188
No.88（Ⅳ－16）	文末そろえ歌（沓づけ）	190
No.89（Ⅳ－17）	回文づくり	192
No.90（Ⅳ－18）	アクロスティック	194
No.91（Ⅳ－19）	数字語呂合わせ	196
No.92（Ⅳ－20）	かぞえうた	198
No.93（Ⅳ－21）	音集め	200
No.94（Ⅳ－22）	言葉のすごろくづくり	202
No.95（Ⅳ－23）	読書4こま漫画	204
No.96（Ⅳ－24）	ほらふき大会	206
No.97（Ⅳ－25）	伝言ゲーム	208
No.98（Ⅳ－26）	友達カルタ	210
No.99（Ⅳ－27）	すきですか？ きらいですか？	212
No.100（Ⅳ－28）	連想ゲーム	214
No.101（Ⅳ－29）	さいころトーク	216

Ⅰ章
調べるための学習スキル 18

　主体的な国語学習を進めるためには，情報を入手する方法を学ぶことが不可欠だ。自分が必要とするものを，どのような手順で，どんな媒体を利用して手に入れるのか，その過程自体を意識的に学習させる必要がある。

　もちろん，手当たり次第に本屋へ行く，そこで本の背表紙を順に見ていくというような「古典的」な方法も，それなりに意味はある。しかし，それだけでは，目的の情報は手に入りにくい。その気になって見回すと，「調べる学習」をするための便利なツールはたくさんある。それらを積極的に国語学習の中に取り入れよう。

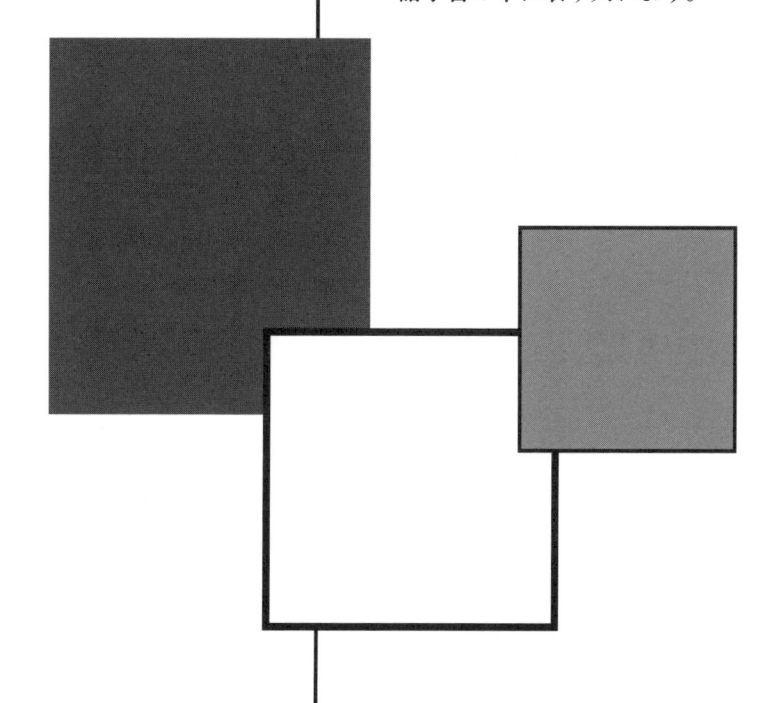

No.1 I-1 国語辞典の引き方

対象学年 3～6年

こんな時に使えます！
◎必要な文字や語句について，国語辞典を利用して調べる方法を身につけてほしい時。
○国語辞典を生活の中で，必要に応じて使えるようになってほしい時。

こんな言葉の力が育ちます！
・表現したり理解したりするために必要な文字や語句について，国語辞典を利用して調べる方法を理解するとともにその習慣をつける力。

（イラスト吹き出し）
・この辞典にはのってないなあ…。
・こっちの辞典にのってるよ。

● 国語辞典とは

【定義】
　辞書には，事柄を知るためのものと，言葉を知るためのものとがある。このうち国語辞典は，日本語を知るための一般的な辞書にあたる。国語辞典にはふつう次のようなことが示してある。
　①見出し語（読み方，発音・アクセントなど），②表記（かな遣い，送りがな，漢字，当て字，外来語とその元の言語など），③文法的性質（品詞，活用の種類など），④意味（定義，構造，語源など），⑤系列（類義語・対義語，関連語など），⑥成句，例文，⑦参考事項など。
　小学生向けの学習国語辞典は，子どもの学習に即して，言葉の選定，説明，用例などが編集されているが，時代の変化や地域の実態などを考慮して，利用方法の指導を工夫する必要がある。

	一般的なもの	特殊なもの
事柄	百科事典	人名辞典，文学辞典，音楽辞典など
言葉	〔日本語〕国語辞典	漢字（和）辞典，ことわざ辞典，片仮名語辞典，語源辞典，アクセント辞典，古語辞典など
	〔外国語〕英和辞典など	英語発音辞典，イディオム辞典など

　国語辞典の引き方を身につけておくと，各種辞書や図鑑などから自分の課題を解決するために必要な情報を得るのに応用できる。

【準備するもの】
・国語辞典（小学生向けの学習用辞典）。

【方法・手順】
①見出し語の配列順について知り，実際に確かめ

る。
② 国語辞典で調べることができる事柄を考える。
　例　ア　言葉の発音を調べたい時。
　　　イ　かな遣いや送りがな，外来語の書き方などを確かめたい時。
　　　ウ　どんな漢字を使って書いたらよいかを調べたい時。
　　　エ　言葉の読み方は分かるが，意味が分からない時や意味を確かめたい時。
　　　オ　意味が似ている言葉や反対の意味の言葉などを調べたい時。
　　　カ　言葉の使い方が分からない時。その言葉を使ったいろいろな言い方を調べたい時。
③ 意味の分からない言葉について国語辞典で調べ，意味や類義語をカードにまとめる。

カード例

とくに	国語辞典の解説	とうに	にている言葉
〔見かけた文〕「さおりは、作文をとっくに書き上げて、遊んでいた。」	（副）ずっと前に。とうに。〔例文〕「父は、とっくにねています。」「そんなことは、とうにすんだ。」	早くから。ずっと前に。とっくに。	ずっと前に。だいぶ前に。かなり前に。はるか前に。ずいぶん前に。よほど前に。ずうっと前に。たいそう前に。たいへん前に。とても…。そうとう…。ひどく…。非常に…。はなはだ…

ポイント

　学習用国語辞典の見出し語の配列には，発音式かな遣いによるものがあるが，最近では，多くが現代かな遣いに従うものとなってきた。さすがに歴史的かな遣いをとるものは流通していない。しかし，辞典により，配列の細かいところで異なることがあるので，必ず辞典の使い方のページ（凡例）にあたって確かめる習慣を身につけさせたい。

　また，活用のある語は，基本形だけを見出し語にあげるのが原則だが，子どもたちの学習段階を考慮して，変化形も見出し語にあげている辞典がある。

発展

①アクセントを調べる活動

　多くの学習用国語辞典では，共通語アクセントを提示している。同じ音の言葉のアクセントの違いを調べ，ノートにまとめる。

（例）＿の部分を高く発音する。
はし（橋）　　「はしが折れ曲がる。」
はし（はじ）　「はしが折れ曲がる。」
はし（食事用）「はしが折れ曲がる。」

②かな遣いを調べる活動

（例）○が正しいかな遣い。
【三日月】○みかづき　×みかずき
【鼻血】　○はなぢ　　×はなじ
【地面】　○じめん　　×ぢめん
【家中】　○いえじゅう　×いえぢゅう

③外来語の表記を調べる活動

　外来語の書き方の中には，「キューイフルーツ」「パインナップル」などと間違いやすいものが多い。原語に近い発音で出題し，それを片仮名で書くようにする。そして実際の表記のしかたについて辞典で確かめる。

■参考文献　「ぼくのわたしのミニ国語辞典をつくる」府川源一郎・高木まさき／長編の会 編『「本の世界」を広げよう』東洋館出版社，1998年

Ⅰ章　調べるための学習スキル18

No.2　Ⅰ-2　漢字辞典の引き方

対象学年　4～6年

こんな時に使えます！
◎必要な文字や語句について，漢字辞典を利用して調べる方法を身につけてほしい時。
○漢字辞典を生活の中で，必要に応じて使えるようになってほしい時。

（吹き出し）
私は画数で調べてみるね。
じゃあ，私は部首名で。

こんな言葉の力が育ちます！
・表現したり理解したりするために必要な文字や語句について，漢字辞典を利用して調べる方法を理解するとともに，その習慣をつける力。
・漢字の由来，特質などについて理解する力。

漢字辞典とは

【定義】
　国語を知るための一般的な辞書が国語辞典であるのに対して，文字（漢字）と言葉（漢語）について知るためのものが漢和辞典である。漢語を日本語に訳すのに用いることから「漢和辞典」というが，漢字学習に重点を置いた小学生向けの学習漢和辞典は，通常「漢字辞典」と称するものが多い。
　読むことはできても意味が分からない言葉を調べる時や，漢字の書き方を調べる時などには，国語辞典を使えばこと足りる。しかし，漢字の読み方や意味について調べるには，漢字辞典が必要である。漢字辞典の使い方を学習することによって，漢字辞典の便利さや面白さに気づき，進んで漢字辞典を使おうとする態度を養うようにしたい。

【準備するもの】
・漢字辞典（小学生向けの学習用辞典で部首別の配列となっているもの）。同一の辞典をもとに，引き方を学習する方が効果的である。

【方法・手順】
①どの漢字辞典にも使い方が示されている。そのページを探し出すように促し，その辞典の使い方を調べるようにしたい。
②漢字辞典で調べることができる項目を確認する。部首，画数，筆順（書き方），音訓（読み方），成り立ち，意味，熟語などが載っている。国語辞典に載っている項目と比較するとよいだろう。
③部首索引，音訓索引，総画索引について知り，それぞれのページを探し，それぞれの配列について調べる。
④身の回りから，読めなかったり，意味が分から

なかったりする漢字を探し出し，その中から興味のある漢字について，漢字辞典で調べ，カードにまとめる。

カード例1

制御	意味と例文	わかったこと
見かけたところ パソコンソフトの箱の説明書	①おさえつけて、自分の思うように動かすこと。コントロール。「感情を制御する。」 ②機械や装置などを、目的どおりに動くようにすること。「ロケットの自動制御装置が働く。」	パソコンのことなので、この場合は②だろう。「御」という字は、習っていないが、「御中」「御用」などを見たことがある。でも、「ギョ」という読みがあることは知らなかった。《あやつる、手なずける》という意味があるそうだ。
読み方 せいぎょ		

カード例2

実　ジツ・み・みのーる
【木や草のみ】果実…。
「りんごの実が、木から落ちた。」
【満ちる】充実、口実…。
「努力が実を結ぶ。」
【まごころ】実直、誠実、忠実…。
「あの人は、実のある好青年だ。」
【ほんとう】実物、真実、事実、現実、実感、実行、実用、実力、実名、実話、実家…
「名を捨てて、実を取る。」
「実にすばらしいできばえだ。」

◆ポイント◆

「漢字辞典の引き方」の学習は，3つの索引方法を知り，実際に検索できるようにすることが直接のねらいだが，ポイントは，漢字辞典に親しみ，その面白さが分かり，進んで漢字辞典を使おうとする態度を養うところにある。そのためには，前述の「方法・手順」の①②を丁寧に扱うようにしたい。

◆発展◆

①語句を調べたり，短文をつくったりする活動

その漢字を使った熟語などを調べるには，漢字辞典が便利である。ある一つの漢字について，意味を調べ，その意味と結びつく語句を集め，カードにまとめる。

②漢字のつながり，結びつきを調べる活動

一つの漢字は，字形，字音，字義などのカテゴリーごとに，他の漢字と様々なつながりをもっている。このつながりを漢字辞典で調べる。観点を立てて，漢字を調べていく活動は，子どもの語彙を構造化していく。

（例）
・同じ部首の漢字
　試：言，計，記，訓，詩，話，語，説，読，課，談，調，議
・仲間の漢字
　試－式
・同音語
　試行：思考，指向，志向，施行，施工
・同義語
　試合－勝負，試食－味見，試験－テスト

③複数の辞典を利用した活動

学習用漢字辞典の中には，親字の配列が，「部首別」の他に，「学年別」「音別」「字源別」など様々な形式のものがある。一つの漢字の成り立ち，意味，用例などを複数の辞典で調べてみて，それぞれの辞典の特徴についての感想を発表する。

■参考文献　田村利樹・乗木養一・紺屋富夫　著『たのしく学ぼう　漢字』株式会社ルック，2003年

I章　調べるための学習スキル 18

No. 3　I-3　目次・索引の活用

対象学年　3～6年

こんな時に使えます！
◎知りたいことがその本や雑誌に載っているかどうか探したい時。
◎学習の目的や内容に関係する字句や事項を効率よく調べたい時。
○必要な情報を探したり，情報の取捨選択をしたりしたい時。

こんな言葉の力が育ちます！
・調べたいことを整理し，必要な情報を検索する力。
・予想したり確かめたりして，知識を獲得し，活用する力。
・必要な情報を収集したり，情報を選択し活用したりする力。

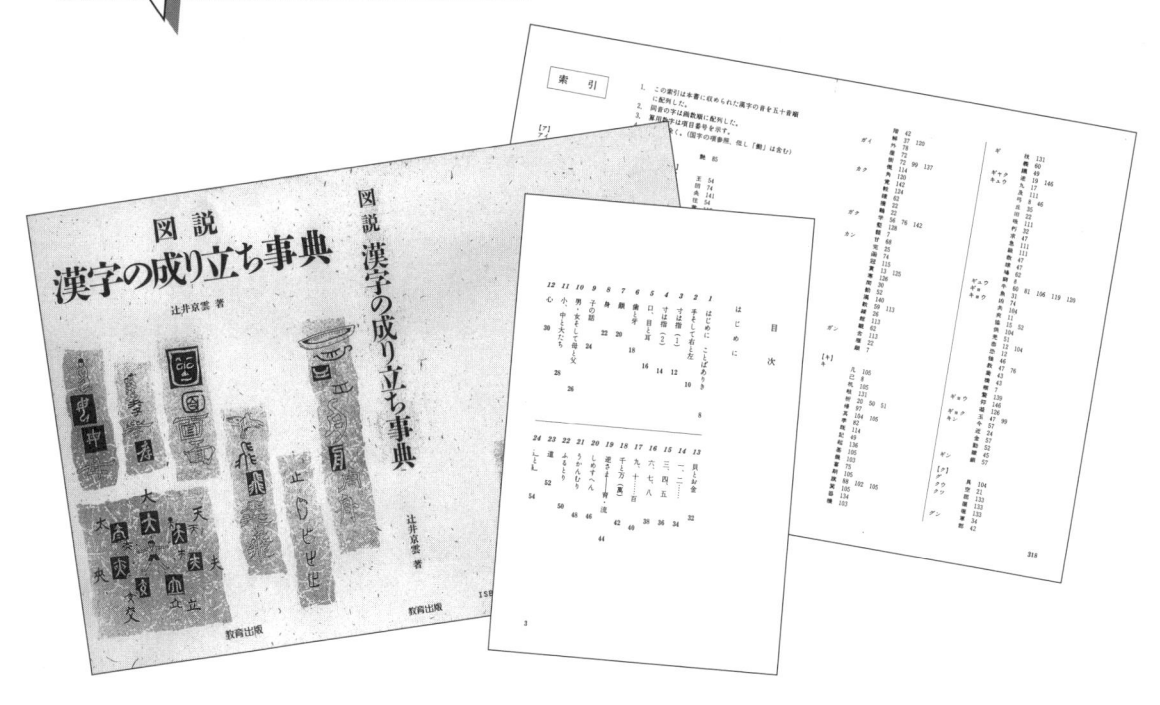

目次・索引の活用とは

【定義】
　一般的に「目次」とは，書物や雑誌の内容の「見出し書き」のことをいう。また，書物の中の字句や事項を一定の順序に配列して，その所在をたやすく探し出すための目録（インデックス）のことを「索引」とよんでいる。

　ここでは，目次や索引をもとに，その本に知りたいことが載っているかどうかを調べて，資料としての取捨選択をすることや，調べたいことに関する字句や事項がどこに載っているかを探しておいて，実際にまとめる時に活用することをいう。

【準備するもの】
・辞書，辞典，事典，図鑑，本や雑誌などの目次や索引，そのコピー。

■参考文献　辻井京雲 著『図説　漢字の成り立ち事典』教育出版，1993年

・付せん。　・蛍光ペン。　・鉛筆。

【方法・手順】

① はじめに，百科事典，植物図鑑，動物図鑑，文庫など，様々な種類の本や雑誌の目次や索引のコピーを用意して，目次・索引の役割や分類のしかたを理解する。

② 理科や社会科，総合的な学習の時間などで，実際の調べ学習の際の課題に関連した本や事典，図鑑の目次を調べて，自分が必要とする項目があるかどうか確認する。

　　目次は，内容別に分類されていることを知り，付せんを付けたりメモをとったりする。

③ 必要とする課題について調べることができるのを確認したら，もう少し細かい字句や項目については，どのページに書かれているのかを確かめるために索引を調べる。

④ 索引は，50音順に掲載されているので，ものの名前や言葉などが本文の何ページに載っているのかを調べることができることを確認する。

ポイント

4年生で国語辞典の引き方などを取り上げて指導するだけで，図鑑や百科事典の活用のしかたを指導することは，あまりないと思われる。しかし，実際には，理科や社会科，総合的な学習の時間などで調べ学習に取り組むことは多い。

そこで，「目次」や「索引」の活用のしかたを学ぶことは，学習者にとって様々な学習を支える力となることだろう。

社会科の地図帳，植物図鑑，動物図鑑，百科事典などを使って目次や索引を活用すると便利であることを体験させたい。

様々な種類の目次や索引を印刷して，それを使ったゲームをしながらメモのとり方を身につけることができるようになる。

発展

①協力して検索する（練習の段階1）

「昆虫のふしぎ発見」「草花のふしぎ発見」などのテーマを決め，各グループのメンバーが協力して複数の本の目次や索引を使って，より早く適切な資料をいくつ集められるかを競う。

各グループごとに協力して付せんを貼ったりメモをとったりして，決められた時間の中でできるだけ多くの資料を集める。集めた資料の中から必要なものとそうでないものに仕分け，項目別に分類する。これらのことを，3，4人のグループで協力して行う。速さを競うのではなく，適切な資料を多く集め，取捨選択する作業を協力して行うようにする。

②一人で検索する（練習の段階2）

たとえば，地図帳を使って，「都市名」「山の名」「湖名」などを誰が早く探し出せるかをゲーム的に扱う。ゲーム的に楽しみながら，結果的に目次や索引をうまく活用することができるようになる。

③文学全集の目次を活用する

『新美南吉全集』『金子みすゞ作品集』などの目次を印刷する。題名から内容を想像したり，読んでみたい作品を選んだりする。

題名の下に予想する内容を書き，読んでみた感想を書き込む欄を設けたワークシートを用意するとよい。

「宮沢賢治の世界をさぐろう」「新美南吉ワールド」などといった読みの単元展開では，一人の作家の作品世界を丸ごと味わいたい。その入り口として有効な学習方法の一つである。

④実際の場で活用する

社会科や理科，総合的な学習の時間などの「調べ学習」で，実際に活用できるようにするためには，50音順，アルファベット順などの引き方を十分に身につけておくことが大切である。

また，上位概念から下位概念に広げて調べていく方法にも慣れておくと，楽しく自信をもって取り組むことができるだろう。

I章 調べるための学習スキル18

No. 4   I-4   十進分類法を使う

対象学年　4～6年

こんな時に使えます！

◎教科学習や，総合的な学習の時間など，調べ学習において活用する図書館の基礎的なルールを楽しみながら身につけさせたい時。

日本十進分類法（NDC）の例

000	総記
100	哲学
200	歴史
300	社会科学
400	自然科学
500	技術
600	産業
700	芸術
800	言語
900	文学

800	言語
810	日本語
820	中国語
830	英語
840	ドイツ語
850	フランス語
860	スペイン語
870	イタリア語
880	ロシア語
890	その他

810	日本語
811	音声，音韻，文字
812	語源，意味
813	辞典
814	語彙
815	文法，語法
816	文章，文体，作文
817	読本，解釈，会話
818	方言，訛語
819	

図書館を楽しもう！

　次ページのようなクイズを解くことで，学校図書館の基礎的なルールを身につける。楽しみながら図書館のあれこれを学ぶ。図書館の使い方が分かる。

【準備するもの】
・クイズの問題（その学校の図書館に合ったもの）。
・プリント。　　・色鉛筆。
・図書室の本棚の位置が分かる地図。

【方法・手順】
　地図と問題が入っているプリントを配る（次ページを参照）。
　静かに探すことを約束する。できれば一人で。はじめてなら，二人で。

ポイント

　次ページのようなクイズ方式だと子どもたちは喜ぶ。図書室をよく調べて探さないと答えは見つからない。時間があれば2回ほどこのクイズを行うと，図書室の秘密を見つけることができる。

　高学年になっても一度はやってみると楽しい。その際，問題内容は高学年用に難しくしていく。低学年では，1から5までの問題を一度のクイズにすると分かりにくくなるので，2回に分けた方がよい。

　クイズの最後に，面白そうな本を見つけさせ，本の借り方ももう一度確かめる。読書カードの記入のしかたも約束をしっかり確かめさせることが大切である。

No.4／Ⅰ-4　十進分類法を使う

● 図書館の秘密をさぐれ！

☆さあ！　一人で図書館に行きましょう。忍者のように足音をしのばせ（音を立てない），問題を解いて答えを見つけてきましょう。

図1　図書館を上から見た図

```
200 | 200  300  300  500 | 500
200 |                    | 600
    |      400  400  700 |
100 | 900              | 600
    |      900         |
    |           800    |
000 |           800    | 600
```

◇1．復習です。本の背に付いているラベルは知っていますね。

　　　　　　　　　　このように，4のついた本には，どんな本がありますか。
　　4□□
　　　　　　　　　　4□か，4□□，のど
　　さ　　　　　　　ちらかです。違う種類
　　　　　　　　　　の本を2冊見つけて題
　　12　　　　　　　名を書きましょう。

（　　　　　　　　　　　　　　　）
（　　　　　　　　　　　　　　　）

◇2．音楽のことを調べたいと思います。何番の本棚にありましたか。図1に赤で○をつけましょう。

◇3．　　　　　　　← ここの数が，37でした。何の本ですか。

◇4．「月」について調べたいです。どこの本棚にありますか。図1に緑で○をつけましょう。
　　数字は何番ですか。ラベルの一番上の数字を書きましょう。

◇5．『車の色は　空の色』という本はどこの本棚にありましたか。図1に黄色で○をつけましょう。
　　　　　　　　　ラベルを写しましょう。
　　　　　　　　　また，作者の名前は？
　　あ　　　　　← 作者の名前とどこか同じです。
　　　　　　　　　これもひみつの一つです。

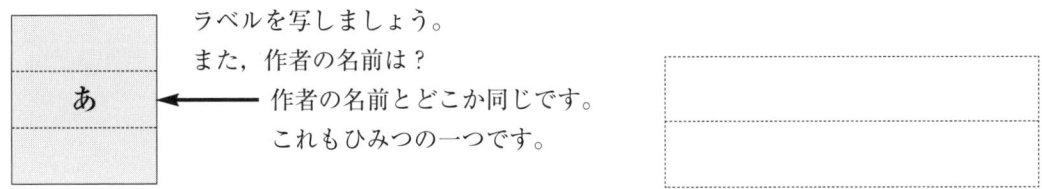

発展　「図書館博士を目指せ！」

　どこの本棚に，何の本があるのかを知り，ラベルの意味も教える。本の題名から見つけるだけでなく，目次を探す問題も高学年にはできる。
　「消防署で働く人」とか「カマキリのえさ」などを，「消防署」や「カマキリ」などで探すことが分からない子もいるので，経験と子どもに合わせて指導するとよい。繰り返して楽しみながら探すことで，図書館博士になっていく。自分たちで問題をつくることもできるようになるので，友達同士やグループ対抗で問題を出し合うとよい。

17

I章　調べるための学習スキル18

No. 5　I-5　図書館を活用する

対象学年　1～6年

こんな時に使えます！
- ◎読書的な読みの活動で，子どもたちの読書活動の幅を広げたい時。
- ○総合や社会の学習で，図書館の資料を活用して調べ学習をしたい時。
- ○情報センターとしての図書館の機能を児童に知ってほしい時。

こんな言葉の力が育ちます！
- ・自分の考えを広げたり深めたりするために必要な図書資料を選んで読む力。
- ・いろいろな読み物に興味をもち読む力。

【定義】
図書館でどんな活動ができるだろう？

　この場合の図書館とは，地域の図書館を指している。地方公共団体が独自に設置・運営している図書館あるいは公民館などの図書コーナーのことだ。これらの図書館でできる活動としては，
　①本を探す。（検索）
　②本を借りる・返す。（手続き）
　③本を読む。（閲覧・読書）
　④調べ学習をする。（検索・調査）
　⑤図書館の催し（お話の会など）に参加する。
などの五つが挙げられる。

【準備するもの】
- ・筆記用具と身分（学生）を証明する物。
- ・調べたい内容を書いたメモ・ノートなど。

【方法・手順とポイント】
①本を探す
　本を探すということを，簡単にできると思いこんでいる児童は多い。しかし，いきなり図書館の本棚に行ったからといって，すぐに読みたい本が見つかるとは限らない。まず，書棚の配列について学習しておくことが大切だ。

　図書館の本は日本十進分類法によって，下のように番号がつけられている。子どもたちとともに確認しておくとよいだろう。

| 0　総記　1　哲学　2　歴史　3　社会科学 |
| 4　自然科学　5　技術　6　産業　7　芸術 |
| 8　言語　9　文学 |

　この分類法を頭に入れたうえで，探したい本がある棚に行く。次に，下のようなシールがついていることに気づくだろう。

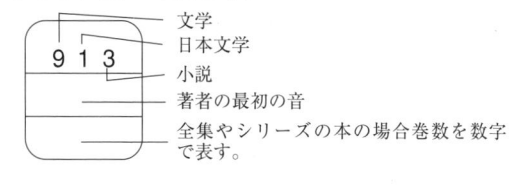

```
9 1 3 ─ 文学
        ─ 日本文学
        ─ 小説
        ─ 著者の最初の音
        ─ 全集やシリーズの本の場合巻数を数字で表す。
```

もう一つの方法が，パソコンを使って検索するやり方だ。これは，たとえば「バリアフリーの施設について」「宮沢賢治の生涯」などといった，キーワードが明確な場合は，有効な方法である。最近は大抵の図書館で，タッチパネルのパソコン画面があって，誰でも自由に触ることができるシステムになっている。この場合は，キーワードが不明でも，<u>調べたいことに近い内容が分かっていれば，情報を絞り込んで知りたい内容に行き着くことができる。</u>

②本を借りる・返す

　本を借りたい時にぜひ憶えておきたいことは，図書カウンターや司書の方を大いに利用するということだ。司書の方に相談すると，様々な本を教えてくださるに違いない。また，貸し出し方法もきちんと指導してくださるだろう。

③本を読む

　「絵本コーナー」や「児童図書コーナー」を設置しているところでは，座って読むだけでなく寝っ転がったり，しゃがんで読んだりできるじゅうたんコーナーがあるようだ。楽な服装で出かけたい。なお次の約束だけは確認しておきたい。

 1　本の扱いは丁寧に。
 2　本の中に線を引いたり書き込みをしない。
 3　本を汚さないように手を洗う。
 4　読み終わったら返す手続きをして元の場所に戻す。

④調べ学習をする

　インターネットがあるとはいっても，図書館の資料は子どもたちが理解しやすい本が多く，最も身近で使いやすい情報の宝庫である。ぜひ活用させたい。

⑤図書館の催しに参加する

　近年,図書館では様々な行事が開催されている。おはなしの会，読み聞かせ，ブックトーク，エプロンシアター，パネルシアターなど，子どもたちの心をひきつける催しが行われているので，問い合わせて参加したい。そして，それらを<u>国語学習方法のスキルの一つとして自分たちのものにしていけたら，活動の幅が広がることだろう。</u>

発　展

★総合の学習としての図書館

　図書館に行くと，福祉や人権についての眼が開かれるということに気づくだろう。

　たとえば，建物。車椅子ユーザーでも容易に出入りできるように，スロープが設置されている。

　前述した「カウンター」の司書の方は，様々な相談にのってくださる。

　また，印象に残るのは，「対面朗読室」の存在であろう。これは，目の不自由な方たちが個室でゆっくりと本の朗読を聴くことができる，というシステムである。その個室には，点字の辞書や本も備え付けられており，子どもたちは，その中に入るだけでも，感動するようだ。ぜひ，入れていただいて，様々な立場にいる方々が，図書館を利用して，楽しんだり学んだりしている姿を知っていくとよいだろう。そこから，現代的な課題（福祉・人権・共生など）の視点を獲得していく単元を計画していくことも可能である。

　図書館。今，それは新しい魅力を備えた情報センターとして機能し始めている。ぜひ，その世界に子どもたちをいざないたいものである。

No. 6 I-6 コンピュータの漢字変換・翻訳機能

対象学年　3～6年

こんな時に使えます！

◎漢字の学習で，同音異義語や同じ読みの漢字についての情報収集が必要な時。
◎作文の学習で，適切な漢字が使えるようにしたい時。
◎総合的な学習の時間や社会，理科などの時間でインターネットで調べた際に，英語の日本語訳を調べたい時。

こんな言葉の力が育ちます！

・同音異義の漢字の読み方や意味に興味・関心をもち，読んだり書いたりする力。
・必要に応じて適切な漢字を正しく使おうとする力。
・漢字の情報について正しく理解しながら漢字の意味をとらえる力。

● 漢字変換・翻訳機能とは

【定義】
　コンピュータの日本語表記は，通常ATOKやIMEなどの日本語入力ソフトを介して行われる。文字入力はかなかローマ字入力で行われるが，漢字変換についてはソフトによって自動的に行われる。前後の文脈から適切な漢字に変換されるが，同じ読みの漢字が候補としてあげられるので，これを学習に生かそうというのである。なお，日本語訳が必要なインターネットの英語情報には，簡易翻訳ソフトが有効である。

【準備するもの】
・パソコン環境（パソコン，プリンター）。
・必要に応じてローマ字表（文字入力への支援）。
・国語辞典，類語辞典，漢字辞典。

【方法・手順】
①調べたい語句について文字入力を行う
・かな入力またはローマ字入力で行い，確定しない（Enterキーを押さない）。
②変換機能を使う
・変換キーまたはスペースキーを押し，漢字に変換する。
③漢字を選択する
・もう一度，変換キーまたはスペースキーを押し，他の候補を表示する。
・同音異義字の使い方を調べる。
④漢字を確定する
・適切な漢字を選択する（矢印キーで）。
・その漢字を確定する（Enterキーを押す）。

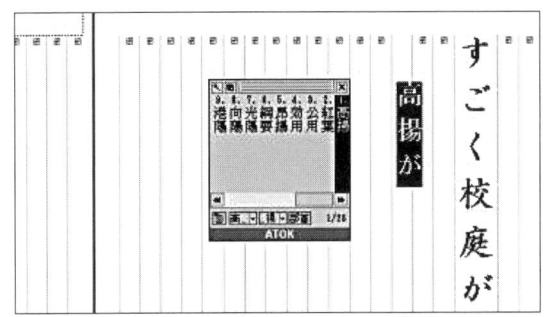

一太郎による漢字変換の例（こうようを変換する）

◆ポイント●●・・・

　漢字変換を生かした学習のポイントを，学習の場を例示しながら述べる。

①漢字の学習で

・読みに着目して，同音異義語を集めていく。音読み，訓読みにかかわらず，候補一覧から説明表示（ATOKでは▶）がある語句について視写しながら集めるようにするとよい。
・へんやつくりに着目して，部首ごとに漢字を集めていく。文字パレット（ATOK），ＩＭＥパッド（IME）などの漢字検索を使って，既習の漢字を集めていくようにする。

②作文学習で

・漢字に直したい言葉を，変換キーかスペースキーを2回押して，候補一覧を呼び出す。その中から文脈に適切な漢字を選んだり調べたりする。国語辞典や類語辞典を活用しながら語彙指導と関連させながら行うとよい。

③インターネットでの調べ学習で

・ホームページ上に英単語が出て驚いている子どもたちにとって，簡単に使えるのが「DokoPop！」。右クリックで，すぐに日本語訳が表示される。英語の意味が分かるようになると，海外の情報にもつながっていくので，国際理解の学習の助けとしても使える。
　「DokoPop！」は「PDIC Home page」というHPから無償でダウンロードすることができる（http://homepage3.nifty.com/TaN/pdic-download.html）。ただし，動作には，PDICが必要。
・家電量販店などでも，パソコン専用の翻訳ソフトは販売しているが，ネット上でも無償のものから有料のものまでソフトを探してダウンロードすることができる。ウィンドウズ用のソフトについては，「窓の杜」というHPで探してみるのもよい（http://www.forest.impress.co.jp/）。

◆発展

○へんな漢字を見つけよう（漢字クイズ）

　同じ読みの漢字を集めたものを生かして，漢字クイズをつくって楽しむことができる。
（例）まちがいを見つけて直そう。
1　お貸しを，科って食べた。
　　（お菓子を，買って食べた。）
2　良手に二物を盛って歩いた。
　　（両手に荷物を持って歩いた。）
3　強は，酔い点木です。
　　（今日は，良い天気です。）

○ひみつの手紙を解読しよう（当て字遊び）

　誤変換の漢字をつなげて，暗号文をつくって解読する。読みを変換させて意外な漢字を選んでつくると面白い。漢字の読みへの興味づけになる。
（例）次の手紙を読めるかな？

　子野語路照日賀尾母白
　九内野手都万等内。
　打空，近土一書荷作火
　男屋手阿素美真小。

（このごろテレビが面白くないのでつまらない。だから，こんどいっしょにサッカーをやって遊びましょう。）

○類語辞典・漢字辞典づくり

　調べたことをカードにまとめながら学習を進めていき，最後に「類語辞典」や「漢字辞典」にまとめる。索引をつくったり用例をつけたりするとよい。また，実際の辞典と比べることで，辞書についての理解も深めたい。

■参考文献　大野晋・浜西正人 著『類語国語辞典』角川書店，1985年

No. 7 / I－7 インターネットの利用

対象学年　4～6年

こんな時に使えます！
- ◎説明文の学習で，テーマにかかわる情報収集が必要な時。
- ◎物語文の学習で，作者のことや他の著作について調べたい時。
- ○総合的な学習の時間や社会，理科などの時間で必要な事項について調べたい時。
- ○遠かく地の情報を直接調べたい時。

こんな言葉の力が育ちます！
- ・必要のある事柄を収集したり選択したりする力。
- ・必要な情報を得るために効果的に情報を検索する力。
- ・目的に応じて，情報の内容を的確に押さえながらその要旨をとらえる力。

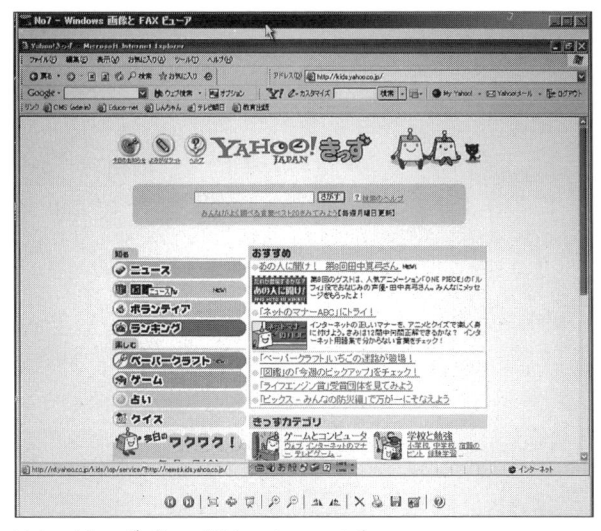

Yahoo!きっず　(http://kids.yahoo.co.jp/)
子ども用の検索エンジンなので，有害なコンテンツに接続することなく安心して利用ができる。

● インターネットの利用とは

【定義】
　インターネットは，広義にはパソコンを介したコミュニケーションツールのことであり，メール，インスタントメッセージ，チャット，メッセージボードなど様々な手段がある。狭義のインターネットは，検索機能に絞った情報検索ツールのことであり，調べ学習では，このインターネットの情報検索機能とともに，情報編集ツールとして活用を図っていく。

【準備するもの】
- ・ＰＣ環境（ネット接続のパソコン，プリンター）。
- ・必要に応じてローマ字表（文字入力への支援）。

【方法・手順】
　ここでは，「環境問題」について調べることを例に述べていく。

①目的と必要な情報をはっきりさせる
- ・「～について」「～のこと」など，調べたいことのカテゴリーをはっきりさせる。
  　例：「環境問題について」「地球温暖化のこと」「二酸化炭素について」など。
- ・何のためにどのような情報が必要なのか，調べたいことをキーワードにする。
  　例：「環境」「森林破壊」「酸性雨」など。

②必要な情報源（サイト・ホームページ）を見つける
- ・インターネットの検索サイトに接続する。
  　例：Yahoo!きっず（http://kids.yahoo.co.jp/）に

接続する。
・サーチボックスにキーワードを入力して，検索を行う。
　例：「環境」をキーワード入力して，検索する。

↓クリック

③必要な情報を集める
・ウェブサイトを開き，必要な情報を探す。
・キーワードを絞り込んだり，変えたりして他のウェブサイトを開いて情報を集める。
　例：「環境問題」「地球環境」を入力する。
・リンクを使って他のサイトを開く。
・必要に応じて，ウェブページを印刷する。
④情報を読む
・情報を読む（必要に応じて辞書などを利用する）。
・情報を取捨選択する（必要な内容をマーキングしたり書き出したりメモしたりする）。
・情報を吟味する（複数の情報源にあたり内容の妥当性を検証する）。
⑤情報を加工する
・パンフレットや新聞の内容として再構成する。
　例：「環境新聞」「環境パンフレット」の作成。

ポイント

インターネットを授業に取り入れる際のポイントは，検索スキルを指導するだけでなく，問題解決や探求活動という学習活動に子どもたちが主体的に取り組む態度を育みながら学び方や考え方を身につけることができるようにすることである。そこで，検索システムとの相互作用というインターネットの特性を生かして，調べた内容から生まれた新たな疑問を再び入力して調べることを繰り返しながら，問題を追究することを経験させたい。

検索のしかたには，キーワードを入力する方法（キーワード型検索システム）と，大きな分類項目から段階的に項目を選んでいき，必要な情報のサイトにたどりつく方法（ブラウジング型検索システム）とがある。調べる課題が明確な場合は前者を，キーワードが見つからなかったり問題が漠然としていたりする場合は後者を利用するとよい。

どちらの方法にしても，子ども自身が，ノイズといわれる不必要な情報が混在した膨大な情報の中から必要とする情報が載ったホームページを見つけ出すには，パソコンの操作スキルのある程度の習熟と，経験を積むための時間を要することを忘れてはならない。

発展

○メッセージボード（掲示板）

調べる課題にかかわる話題のメッセージボードを活用する。書き込みをしなくても，様々な書き込み（メッセージ）を閲覧することで，より身近で具体的な情報にふれることができる。また，同じ問題意識をもつ他者と間接的なコミュニケーションをもつことができる。様々な見方や考え方があることを知る場でもある。

○メール，インスタントメッセージ

個人的なコミュニケーション手段であるメールやインスタントメッセージを利用して，遠かく地の相手と一対一のコミュニケーションを行いながら必要な情報を得ることができる。事前のネチケット（情報倫理）の指導を大切にしたい。

○テレビ会議

学級・学校単位で行う画像つきの双方向システムがテレビ会議である。相手の顔を見ながら意見交換を行う。テーマや求める情報をあらかじめ知らせておくことで豊かな交流ができる。

■参考文献　佐伯　胖・苅宿俊文　著『インターネット学習をどう支援するか』岩波書店，2000年
三輪眞木子　著『情報検索のスキル』中公新書，2003年

I章　調べるための学習スキル18

No. 8　I-8　博物館・美術館の利用

対象学年　4～6年

こんな時に使えます！

◎目的に応じた表現や，表現の工夫に気づかせたい時。
◎情報の所在を知り，情報を選択する方法を学ばせたい時。
○課題を解決するために必要な情報を得たい時。

こんな言葉の力が育ちます！

・必要な情報を得る力。
・読んだ資料を要約して伝える力。
・絵や写真などから連想したことを，言葉に置き換えて表現する力。

（吹き出し）
何かいいテーマが見つかるといいね。
今日は，学芸員さんに取材しよう。

身近にどんな博物館や美術館がありますか

　学校内の学校図書館，郷土資料室などの様々な掲示物は，子どもたちの身近な情報源である。
　学校を出て，外に情報を求める学習が多くなってきたが，それらを利用することのよさと利用の際に心しておかなければならないことを，整理してから取り組みたいものだ。
　まず，子どもたちが行ける範囲に，どんな博物館や美術館またそれに類する施設があるかを確認したい。公営の施設だけではなく，個人が開放している施設を含めて，様々な「ミュージアム」情報を集めるところから出発しよう。
　最近は，公式HPを開設している博物館・美術館が多い。調べ学習をかねて事前に情報を収集させるのもよい。利用の方法なども分かり便利である。

博物館に行こう！

　「博物館ってどんなところ？」博物館自体を学習の素材にして，見学の経験をすることができれば，それは調べ学習の様々な場面に必ず生きてくる。
　子どもたちは学習の課題をつくる時に，「～について調べたい」ということが多いが，「～」が漠然としすぎていて，とりあえず調べるという形

▶江戸東京博物館HPより

で始めてしまうことになりやすい。

　たとえば、「つばめについて調べる」と考えたら、つばめの何を調べたいのか、焦点化することが必要になる。

　種類・食べ物・巣・生活の範囲・習慣などなど、調べる事柄が明確であれば、学校図書館の本で十分であるとか、周囲の大人にたずねてみるだけでも解決する疑問である、などということが分かる。

　「知りたいことを焦点化できない時」「何をどう調べたらいいのか探る時」そして自分がそのことについてどんな課題をもてばいいのかが分かっていないことに気づかせる機会として、博物館や資料館が大いに役に立つ。

● 手引きをもって出かけよう

> ○○博物館は□階建てです。1階は主に……が展示されています。2階は……が展示されています。→印にしたがって歩いてみましょう。まず最初に目につくのが……の展示です。

　文字通り手引きに促されて順番に歩いていけば、博物館の概要が分かるように、教師が手引きを作成する。文中に、子ども自身が気づいて書き込めるような空欄の枠を設ける。

　何に気づかせたいかによって、記入欄は様々に変わってくる。

　展示のしかたに注目させたい場合あるいは展示の中身に注目させたい場合、または見出しや題のつけ方に着目させたい場合など、視点は様々になるだろう。

　手引きに促されて展示物を見て歩いているうちに、知りたかったことを見つけたり、まとめ方のヒントを得たりする。

　最後には、「へーっと思ったこと」「なるほどと思ったこと」などを自由記述欄に記入する。

　また、「どんな課題や問題にすれば、博物館で知ったことで答えられるか」という視点を子どもにもたせてもよい。答えを探しに行くのではなく、問題を探しに行く見学。こんな発想の転換をしてみるのはどうだろう。

> **わが町の博物館発見**
> 　博物館、美術館はもちろんミュージアムとかギャラリー、記念館などがどこにあるか探してみよう。
> 　そこには何があるのかな。
> 　わが町のミュージアムひとこと紹介。
> 　□□□博物館（場所・特徴）
> 　○○○○□□園（植物園・動物園）
> 　□□□文庫　　　　□□□記念館
> 　□□□□の家　　　□□公文書館
> 　□□□考古館　　　□□□資料館
> 　□□ビジターセンター

● 表現の学習に活用するなら

　博物館や美術館は、何かを調べに行くためのものであるが、むしろそこに行って眺めていること自体が楽しい場所でもある。だから、それらを「調べるところ」と限定して考えない。

　博物館や美術館が出しているパンフレットや冊子は学習の材料になるものが多い。それらを使った学習は、子ども一人一人の興味や関心をそそる。

　たとえば「詩」の学習や「読書のすすめ」など表現の学習で、美術館発行の絵はがきやパンフレット、カタログを子どもに1枚ずつ手渡せば、そこから学習を始めることもできる。教材の宝庫という目で、美術館などに足を運んでみよう。

アイデアいろいろ －博物館などの資料を使って

1枚の写真から
・学習のねらいにそった資料の写真を1枚ずつ手渡す。
・その写真から分かること、想像できることを、簡潔に書く。
・その想像がまとを射ているかどうか、先生やおうちの人に聞いて、コメントをつける。

パンフレットづくり
・調べたい課題について調べたこと、分かったことを1件について1つカードに書く。
・どのように配列すれば分かりやすいかを、博物館のパンフレットを参考にしながらまとめる。
・絵や表なども入れて、視覚に訴える工夫をする。

■参考文献　全国美術館会議 編『全国美術館ガイド』美術出版社，2004年

No.9　I-9　往復はがきの書き方

対象学年　3～6年

こんな時に使えます！

- ◎総合的な学習の時間や，その他の調べ学習で，尋ねたいことがあってその回答がほしい時。
- ○見学させてもらえるかなど，相手の都合を尋ねる時。
- ○簡単な質問に答えてほしい時。

往信（表面）
返信（裏面）

こんな言葉の力が育ちます！

- ・相手や目的・意図に応じて，適切に表現する力。
- ・書こうとすることの中心をはっきりさせて，効果的に書く力。

往復はがきとは

【定義】

　自分の思いを一方的に相手に伝えるはがきの役目を補って，双方向の役目を果たすのがこの「往復はがき」である。ことに総合学習の時など，尋ねたいことがあると，つい電話ですませてしまいがちであるが，相手の職業や状況によっては，時間の拘束の少ない往復はがきを使った方が，相手に負担をかけない場合もある。

　また逆に，往復はがきで相手から尋ねられた時の答え方や往復はがきの書き方を知っておくことは，今後成長していく子どもたちの生活の中で，これから必要になってくることでもある。

　そこで往復はがきの使い方をここで指導しておくことは，子どもたちの調べ学習の方法とコミュニケーションの手段を広げる手だてとして，大切なことだと考える。

ポイント

　往復はがきには，往信と返信がある。

　往信の方には，通常のはがきと同じように，こちらから伝えたいことを書けばよい。

　子どもたちにとってはじめてとなる返信については，往復はがきを出す時と受け取った時の，あて名の両方の書き方を知らせたい。

　本文もそうであるが，相手が最初に目にするあて名はことに丁寧な文字で書くことが大事である。文字にもこちらの「思い」がこもることを合わせて伝えたい。

〈はがき・往信のあて名の書き方〉

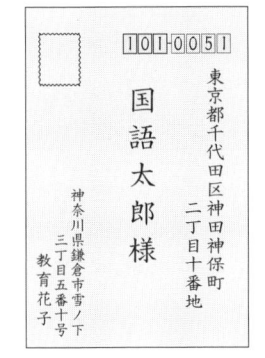

```
〒101-0051
東京都千代田区神田神保町
二丁目十番地
　　国語太郎様
　　　　　　神奈川県鎌倉市雪ノ下
　　　　　　三丁目五番十号
　　　　　　　教育花子
```

自分の住所と名前は，少し小さめに，正しくはっきり書く。

〈返信のあて名の書き方〉

《差し出す側》

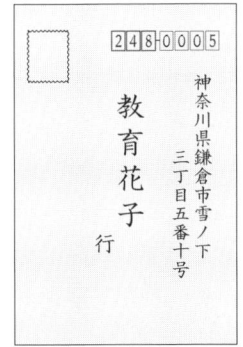

```
〒248-0005
神奈川県鎌倉市雪ノ下
三丁目五番十号
　　教育花子 行
```

自分の名前の下に，小さく「行」と書く。

《返信する側》

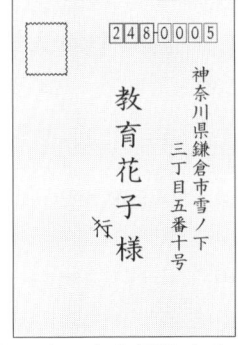

```
〒248-0005
神奈川県鎌倉市雪ノ下
三丁目五番十号
　　教育花子様（行）
```

「行」を消し，あて名と同じ大きさで「様」と書く。

〈往復はがきを使って見学を依頼する時の例文〉

はじめまして
私たちは今、社会の学習で自動車工場について調べています。インターネットや本で、工場ではどんな仕事の流れで自動車がつくられているのか、分かってきました。でも、もっとよく知るために働いておられる方々のようすを見学し、お話をお聞きしたいのですが、いかがでしょうか。
お忙しいところ申しわけありませんが、返信用はがきでお返事をいただきたいと思います。
どうぞよろしくお願いいたします。

〈往復はがき返信の書き方〉

※お返事をいただく時には，横書きの方が一般的かもしれない。

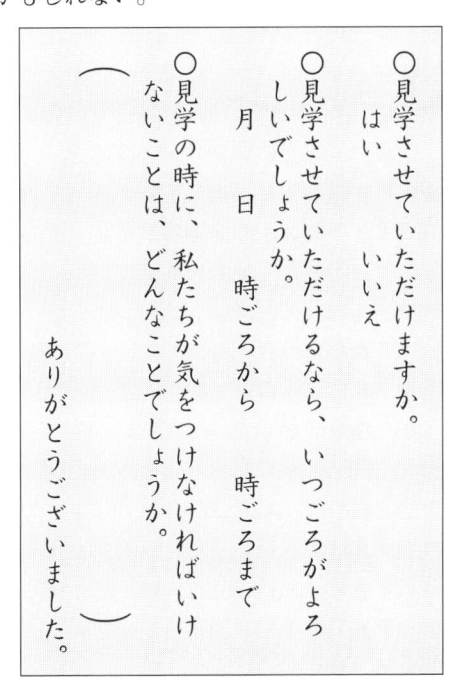

○見学させていただけますか。
　はい　　いいえ
○見学させていただけるなら、いつごろがよろしいでしょうか。
　○月　○日　　時ごろから　　時ごろまで
○見学の時に、私たちが気をつけなければいけないことは、どんなことでしょうか。
（　　　　　　　　　　　　　　　　　　　　）
　　　　　　ありがとうございました。

No.10 I-10 封筒の書き方

対象学年 3～6年

こんな時に使えます！

◎物語文の発展的学習場面で，遠くに住む祖父母に学習の様子や感想を伝えたり，作者に質問や感想を伝えたりする時。

○総合的な学習の時間などで，お世話になった方にお礼の手紙を送ったり，公共機関に問い合わせをしたりする時。

こんな言葉の力が育ちます！

・誰もが読めるように，字を丁寧に書こうとする力。

封筒イメージ：
- 郵便番号 101-0051
- 東京都千代田区神田神保町二丁目十番地 教育出版株式会社 企画部
- 国語太郎様
- 九月二十八日
- 神奈川県鎌倉市雪ノ下三丁目五番地十号
- 教育次郎
- 248-0005

● 封筒とは

【定義】

一口に封筒といっても，様々なものがある。和式・洋式，大きさ，色，柄，厚み，材質もいろいろで，用途によって使い分けが必要である。便せん，原稿用紙，文集，ビデオテープ，誕生日カードや招待状，エアメイルを送るなど，想定も様々であり，よりふさわしいものを選びたい。

【準備するもの】

・目的に一番ふさわしい封筒。
・黒のサインペンなど（必要に応じて油性のペン）。
・のりやセロハンテープ（ホチキスは不適）。

【方法・手順】

(1) 封筒を選ぶ

便せんを折って入れる場合，一般的な封筒は白無地長形4号である。お見舞いの手紙は繰り返さないようにと裏紙なしの一重のものを使うのが通例。

各種カードや招待状を入れる場合は，洋形2号が一般的に多い。写真の同封にも便利である。

学校のネーム入り封筒を使うこともあるだろう。クラス一同の手紙とか，文集やビデオを送る時には便利だが，機能本位で事務的というイメージもある。できたら中身によって考えたい。なお，私信に学校の封筒を使うのはタブーである。

(2) 封筒を書く時の留意点（タテ・ヨコ共通）

①郵便番号とあて名は正しく丁寧に書く。

②郵便番号を7ケタで正しく書けば，都道府県や市町村名まで省いてよいことになっている（ただし，目上の人に出す場合は，正確に都道府県から書くようにしたい）。

③書く前に相手の住所やあて名の文字量を確認する。

④住所とあて名をバランスよく書く。住所は区切りのよいところで改行し，2～3行にまとめる。

⑤あて名の字は住所よりも大きく書く。
⑥あて名が団体や会社の場合は,「御中」を使う。
⑦相手が先生の場合は,「先生」を使う。
⑧封字には「緘」「封」「〆」などを使う。ただし,慶事には「寿」や「賀」を使うことが多い。

(3) 表書きを書く
Ⓐ **封筒がタテ（縦書き）の場合**（左ページ参照）
❶住所は郵便番号の下4ケタの幅に,あて名は上3ケタの幅に書くと収まりがよく,美しく見える。
Ⓑ **封筒がヨコ（横書き）の場合のポイント**
①封筒の横中心線で上下2段に分け,上に住所,下にあて名を書くと,バランスがよい。

(4) 裏書きを書く
Ⓐ **封筒がタテ（縦書き）の場合**（左ページ参照）
❶住所は,上下の中央よりやや上から書き始める。2行になる場合は,2行目が中央の継ぎ目にかからないように注意する。
❷氏名は住所より1字分程下げて書き始める。
❸日付は左上部に書く。
❹郵便番号枠が印刷されていない時は,住所の上に〒マークなしで書く（〒マークがあると機械が判読しにくいため）。
❺住所や氏名を継ぎ目の左側に書く場合は,日付は右側上部になる。
Ⓑ **封筒がヨコ（横書き）の場合**
①封筒の蓋の先より下部に郵便番号,住所,氏名が収まるように書く。
②日付は,住所の左斜め上に,継ぎ目にかからないように書く。
③封じ目には何も書かない。シールを貼るのはよほど親しい相手だけに限る。

ポイント

封筒は送り手の心を包むものと考えたい。そうすれば,より丁寧にきちんと書こうとするだろう。

常に,住所やあて名などの文字量に気をつけて,また,郵便局の自動区分機の読み取りやすさのことも考えて,バランスよく書くようにしたい。

発展

国語科でも総合的な学習の時間でも,調べ学習で,筆者や出版社,他校や役所,施設などに問い合わせをしたり,依頼状やお礼状を出したりする時に役立つ学習である。

遠くに住む祖父母や転校した友達などに,実際に手紙を書く活動を組み入れてはどうだろうか。

また,親しい友達などに手紙を書く場合に,折り紙を使って様々な形をした封筒をつくってみるのも面白い（「Ⅰ-12」のイラストを参照）。『うごかす・とばす　おりがみ』（成美堂出版,2003年）など,折り紙の本などに作品例がある。

■参考文献　扶桑社 編『はがきと手紙の書き方』扶桑社,2003年

I章　調べるための学習スキル18

No. 11　I－11　お願いの手紙の書き方

対象学年　3～6年

こんな時に使えます！
◎「お願いの手紙」を書く学習をする時。
○総合的な学習の時間で，地域の方や公共施設などにお願いしたいことがある時。
○社会科の学習などで調べ学習をしていて分からないことを教えてほしい時。
○卒業文集に，学校を移られた先生方に言葉を書いていただきたい時。

こんな言葉の力が育ちます！
・敬語の使い方や，相手と自分の関係を意識して言葉を使う力。
・分からない文字や漢字があった時，辞書を使って調べる力。

お願いの手紙ワークシート

① 前文　初めのあいさつ	●季節のあいさつ ●相手の様子をたずねる。 ●自分のことを知らせる。
② 本文　お願いしたいこと　目的　内容	●「ところで」「さて」のような言葉で始める。 ●何についてたずねたいか。 ●くわしく分かりやすく。
③ 末文（結びの言葉）　終わりのあいさつ	●あいさつ ●相手の健康を祈る。
④ 後付け　日付　自分の名前　相手の名前	●手紙を書いた月日 ●下に自分の名前 ●上に相手の名前

お願いの手紙ワークシート　名前
○相手（　）
○目的（　）
○内容（　）
○下書きをしましょう。

●「お願いの手紙」とは

【定義】
　手紙には，お祝いの手紙・お見舞いの手紙・勧誘の手紙・問い合わせの手紙・依頼の手紙・お詫びの手紙など様々なものがある。
　手紙は作文と違って書く必要に迫られて書くことが多い。したがって，手紙を書こうとする時には相手や目的・意図・用件が決まっているのがふつうである。手紙では用件が相手に確実に伝わる

ように書くことが重要であり，その中でもお願いの手紙は，その言葉通り，相手にお願いしたいことがある時に書く手紙のことである。

【準備するもの】
・ワークシート。 ・便せん。 ・鉛筆。
・消しゴム。 ・封筒。 ・返信用封筒。
・切手。 ・返信用切手。・国語辞典。
・漢字辞典。 ・相手の住所。

【方法・手順】
★ワークシートで手紙の書き方を学習する。
①書く相手・目的を決める。
②お願いの内容を箇条書きにする。
③手紙の書き方の決まり（前文・本文・末文・後付け）にそって文字・漢字の間違いがないように（文字・漢字が分からない時は辞典を使う），また，失礼がないように丁寧な言葉遣いで書く。

★便せんに書く。
①ワークシートに書いた下書きを見ながらきれいな字で書く。
②封筒の表書き・裏書きをして返信用の封筒と切手を入れる。

ポイント

・手紙の書き方の決まりを理解し，決まりにそって心を込めて書く。
・自分らしさのある手紙を書く。
・「お願い」とあるように誰かに何かをお願いする手紙なので，本当にその手紙を書く必要がある時に書く。たとえば，総合的な学習で地域のことを知りたいので，地域のことをよく知っている人に話を聞きたい時や学校を移られた先生方に卒業文集への言葉をいただきたい時など。
・また，お願いする方に，目的は何か，どんな内容のお願いなのかがよく伝わるように，分かりやすく，丁寧に書く。
・お願いの手紙というものは，もともと一方的なものであり，受け取る側にはそれに答えなければならないという義務はない。したがって相手に答えてもらえるよう礼儀をつくしてお願いすることが大切である。

発展

①**お礼の手紙**

お願いの手紙に答えるかどうかはお願いされた側の気持ちにかかっている。もし返事をもらったら，それに対するお礼の手紙を書くのは当然である。したがってお願いの手紙とお礼の手紙は表裏一体と考えて指導しておく。

お礼の手紙もお願いの手紙と形式は同じである。返事がいただけてうれしかったことやどんなふうに役立ったかなどを書く。

返事をもらったらできるだけ早くお礼の手紙を書く。もし遅れた場合には「遅れて申し訳ありません。」と書き添える。

②**横書きの手紙**

最近横書きの手紙も増えてきている。若い人たちにその傾向が強い。子どもたちもどちらかというと横書きの方が書きやすそうである。「縦書きでも横書きでもいいよ。」というと横書きにする子が意外に多い。縦書きの形式とともに横書きの形式も教えておくとよい。

児童の書いた横書きの手紙

■参考文献　斎賀秀夫・成家亘宏 著『ことばのきまり』さ・え・ら書房，1990年

I章　調べるための学習スキル18

No. 12　I-12　お礼の手紙の書き方

対象学年　3〜6年

こんな時に使えます！

◎総合的な学習の時間や，その他の調べ学習で，お話を聞かせていただいたり，見学させていただいたりした後。
○キャンプや修学旅行でお世話になった時。
○心のこもったプレゼントをいただいた時。
○借りたものをお返しする時。

こんな言葉の力が育ちます！

・相手のことを考えたり，相手に合わせて文章を書こうとする力。
・目的を伝えるために適切に表現する力。

簡単！　折り紙のお手紙

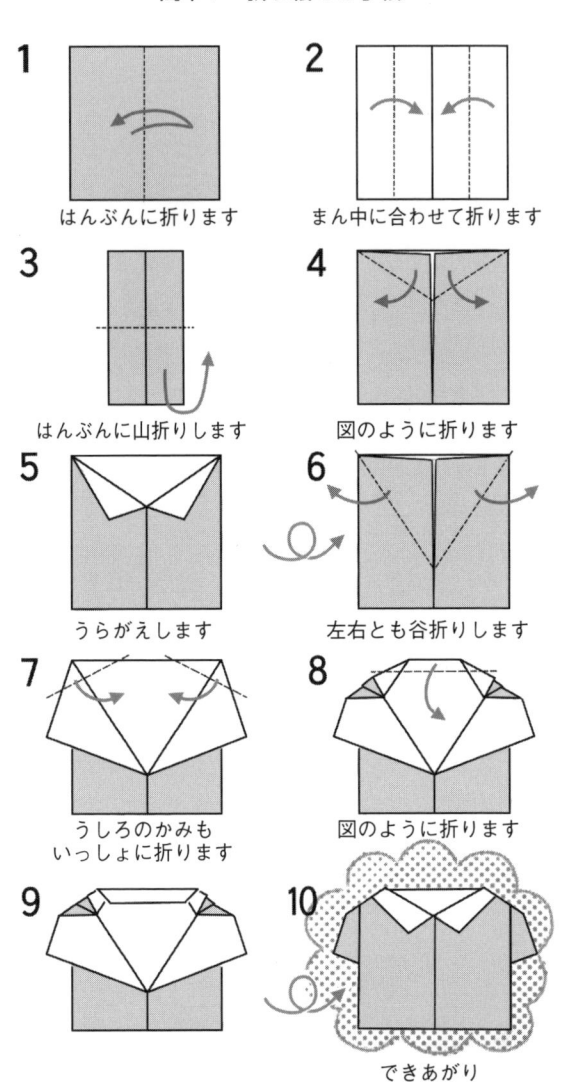

1　はんぶんに折ります
2　まん中に合わせて折ります
3　はんぶんに山折りします
4　図のように折ります
5　うらがえします
6　左右とも谷折りします
7　うしろのかみもいっしょに折ります
8　図のように折ります
9
10　できあがり

『うごかす・とばす　おりがみ』（成美堂出版，創作者：山崎遥）

● お礼の手紙とは

【定義】

　総合的な学習の時間の導入によって，子どもたちは地域の方や様々な職業の方，ボランティアさんにいろいろな所でお世話になることが多くなった。そうしてお世話になった後，その気持ちを伝えるために書くのがお礼の手紙である。お礼の手紙と一口にいっても，お世話になったことへのお礼，借りたものをお返しする時のお礼，困った時に助けていただいた時のお礼など，その種類はいくつかあり，また感謝の気持ちを表す場面は以前に比べてかなり増えている。日常生活の中では携帯電話の普及によって，ますます手紙を書くことが減ってしまっているが，感謝の気持ちを正式に伝えるためには，やはり手紙を書くことが必要であることも，合わせて子どもたちに伝えたい。

ポイント

　お礼の手紙を書く時に，なんといっても大切なのは相手に出す時期で，やはりお世話になった後，できるだけ早い時期に出したいものである。忙し

■参考資料　上のイラストで紹介している折り紙は，当時5歳の山崎遥さんが創作したものです。

くて時間がとれなかった，などと言い訳をしていては，本当の感謝の気持ちを伝えることはできない。

また子どもたちは，お礼の手紙というと，ついありきたりの表現で，用件だけを並べてしまえばいいように思ってしまいがちであるが，これも作文同様，いやそれ以上に限られた紙面の中に，その子の思いやお世話になったその後の様子などが，相手に伝わるように書きたいものである。手紙を書くことは，まさに相手意識をもった，「書くこと」の生きた場ということができるだろう。

ただしお礼の手紙は，友達や親しい人に書くものとは違い，ある程度の礼儀正しさが必要である。

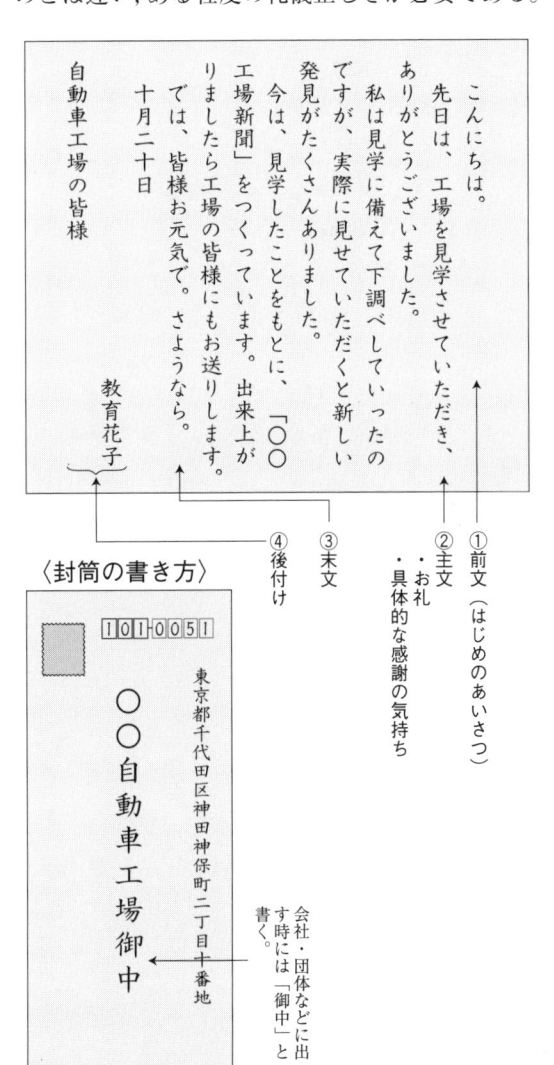

礼儀正しい手紙を書くためには，次のように手紙にも一定の形式があることを知っていた方がよい。

《手紙の形式》
①前文（前書き・一番はじめに書くあいさつ）
②主文（本文・伝えたい中身）
③末文（あとがき）
④後付け（日付，自分の名前，相手の名前）
⑤副文（追伸・追加したいこと，ただし目上の人には，失礼になることもある。）
※表現は，尊敬語や謙譲語を使った丁寧な書き方にする。

発展

〈お礼の手紙を楽しくするために〉
①封筒のいらない便せんの折り方
　子どもたち同士の手紙交換ではよく使われているが，楽しい折り方がある。もらった方も，他の手紙とは違った印象を受けるのではないだろうか（左ページ参照）。

②絵手紙
　文章を書いて思いを伝えることが得意でない子や，絵を描くことが好きな子には，絵入りの手紙を勧めたい。

③グループでの手紙
　個人個人で手紙を書くこともよいが，「鉛筆対談」（「Ⅲ-1」を参照）の手法を使って，グループで対談の形をとりながら，お礼の気持ちやその後の様子を伝えることもできるだろう。

④カード
　いろいろな形のカードが工夫できるが，図工でつくる「飛び出すカード」（「Ⅲ-12」を参照）に，お礼のメッセージを書きこんだものも楽しい。子どもたちの豊かな発想の中から生まれたカードに，受け取った相手の方も喜ばれるに違いない。

手紙本文例：

こんにちは。
先日は，工場を見学させていただき，ありがとうございました。
私は見学に備えて下調べしていったのですが，実際に見せていただくと新しい発見がたくさんありました。
今は，見学したことをもとに，「○○工場新聞」をつくっています。出来上がりましたら工場の皆様にもお送りします。
では，皆様お元気で。さようなら。

十月二十日
教育花子
自動車工場の皆様

①前文（はじめのあいさつ）
②主文・お礼・具体的な感謝の気持ち
③末文
④後付け

〈封筒の書き方〉
101-0051
東京都千代田区神田神保町二丁目十番地
○○自動車工場御中

会社・団体などに出す時には「御中」と書く。

Ⅰ章　調べるための学習スキル 18

No. 13　Ⅰ-13　電話で尋ねる時に

対象学年　3～6年

こんな時に使えます！
- ◎相手やその場に応じて丁寧な言葉で話したい時。
- ○総合的な学習の時間での問題解決のために，電話で尋ねる時。

こんな言葉の力が育ちます！
- ・丁寧な言葉遣いで話す力。
- ・自分が知りたいことをまとめ，順序立てて相手に尋ねる力。
- ・聞いたことをメモに記録する力。

「はい，分かりました。では，こんどいつお電話すればよろしいですか。」

　3年生になると，総合的な学習の時間がある。問題解決のためには，電話を使ってお願いをすることが必要になってくることもある。

　はじめての経験という子がほとんどであると思われるので，話す言葉を考えた後，電話ごっこなどで練習した後，実際にかけさせるとよい。

　実際の場で経験させることが大切。話す言葉を決め，教師の見守る中でかけさせることが力になる。

　下記の内容を，手引きとして子どもたちに印刷して渡してもよい。

電話をかける前に

＊電話番号を調べよう！
① 104の電話番号サービスを利用する（ただし，有料である）。
　たとえば，
　「××市にある手話の会の電話番号を教えてください。」
　「××市にある下水道局の電話番号をお願いします。」
② タウンページやハローページで電話番号を探す。目次を使って探す。国語辞典と同じルールです。お店なら職業別で探します。自分の住んでいる地域のことしか分かりません。
③ インターネットで調べる。
④ 先生の一覧表を見せてもらう。

＊聞きたいことは何かな？
　用件を分かりやすくまとめる。質問は，2つか3つにする。グループの時は，電話をかける人は一人にする。友達同士でよく話し合う。

＊注意しよう！
①ゆっくり，はっきりした言葉で話す。
②グループの時，とちゅうで友達に代わったりしないこと。
③遠いところはお金がたくさんかかるので注意する。
④相手の人は仕事中です。長い話はやめる。
⑤電話しながらメモを取るようにする。

電話をかけよう！

《電話での尋ね方》

(1) 相手を確かめる。

(2) 自己しょうかいをする。
　　学校名と学年，名前をきちんと伝える。

(3) 自分が何のために電話をしているのか，用件を伝える。

　　時間は大丈夫か，相手の都合を確かめる。

(4) 「いいですよ。」と言われたら，2～3問ほど短い言葉で尋ねる。
　　メモをきちんと取る。

(5) 仕事中で，いまはいそがしいと言われたら，電話してもよい日時を聞く。

(6) 教えていただけたら，ていねいにお礼を言う。

《尋ね方の実際》

(1)の例
「××市の手話の会の○○さんですか。」
「××市の□□区下水道局の広報の○○さんですか。」
　＊この時，下水道局にかけてから，自己紹介をしてその後「広報の○○さんをお願いいたします。」と言うこともある。

(2)の例
「初めまして，わたしは（ぼくは）××市立□□小学校の3年の○○△△です（といいます）。」

(3)の例
「いま，わたしは（ぼくは）学校で川の水の汚れについて調べています。それで，家から出る水について知りたいのです。くわしいことを教えていただきたいと思って電話をしました。いま，お聞きしてもよろしいですか。」

(4)の例
質問内容を短い言葉で書いておき，それをもとに質問するとよい。
「家から出る水は，はじめにどこへ行くのですか。」
「一番大変なよごれは何ですか。」

(5)の例
「はい，分かりました。では，こんどいつお電話すればよろしいですか。」

(6)の例
「おいそがしいところありがとうございました。とてもよく分かりました。」
「もし，また分からないことがあったら，お電話してもよろしいですか。」
「もし，くわしい資料などありましたら送っていただけないでしょうか。」

No.14　I-14　FAXの使い方

対象学年　3～6年

こんな時に使えます！
◎急ぎの問い合わせやお願いを，相手に確実に，もらすことなく伝えたい時。
◎同じ文書をもとに，相手と内容を検討し合いたい時。
○文字だけでなく，図形や表，グラフなども交えながら，相手に的確に伝えたい時。

こんな言葉の力が育ちます！
・相手意識に立って文字や文章を書く力。
・自分の思いを，簡潔に確実に相手に伝える力。

（イラスト内セリフ）
よろしくお願いします。
取材の申し込みかな。

● FAXとは

【定義】
　電話では伝えることのできない文字や図形などの情報をすばやく確実に送信し，また受信して紙面上に再生する装置。相手に届く速さの面では手紙より，また送った文書を手元に残すこともできる記録性の面では電話よりすぐれている。ファクシミリともいう。

【準備するもの】
・FAX機。
・濃いめの鉛筆またはボールペン。
・必要事項をあらかじめ書き込んだ専用の用紙。

【手順・方法】
①文書をつくる
・1行目に日づけ（横書きでは右寄せにする）。
・2行目にあて名（個人には「様」，会社・団体には「御中」をつける）。
・3行目に枚数（全体の枚数。横書きでは右寄せにする）。
・4行目に用件（目的を簡潔に示す）。
・5行目から本文（はじめに挨拶を書く。内容は的確に書いていく。文字や言葉遣いは，受け取る相手の気持ちになって考えるように注意する。丁寧な終わりの挨拶で締めくくる）。
・最後に自分の名前や連絡先（住所，電話番号，FAX番号）を明記（横書きでは右寄せにする）。
②文書を送信する
・あらかじめ相手に電話をして，これから送ってもよいかを確かめておく。
・番号をよく確かめてから送る。

ポイント

①文章は敬体で書くこと
　小学校での活動で，FAXが活用される場面は，主に社会科や総合的な学習の時間などでの調べ

学習の際だと思われる。やり取りの相手は、見知らぬ大人である。そこでは小学生であれ、一社会人として振る舞うことが要求されてくる。

まず大切にしていかなければいけないのは、言葉遣いの面である。礼を欠くことは許されない。適切な敬語を使っていくことも必要である。文章の最後に、

「おいそがしいと思いますが、よろしくお願いします」

などの一文を添えるような配慮も忘れてはならない。また、

「ご不明な点がありましたら、ご連絡ください。」

や、急いで返事がいる場合には、

「○日までに返事をお願いします。」

といった形で思いを伝えることも必要である。

②手書きのよさをいかす

速さの面では、電子メールがこれに代わってきているが、FAXにあって電子メールにないものとして、「手書き原稿」の味わいがある。もちろんFAXの場合、出力用紙ではオリジナルに比べてずいぶん質的に落ちてしまうものの、活字では表れにくい個性や誠意を感じさせることもできる。文字を丁寧にはっきりと書くことは、相手を尊重する意識に直接通じていくものである。文字の濃さにも気をつけさせたいものである。

③簡潔な内容で分かりやすく

内容面では、「簡潔にして確実に伝えること」が何より大切である。問い合わせの目的を知らせ、尋ねたいことなどをもれなく、そして無駄なく伝えるように努めなければならない。時には、箇条書きの方法も取り入れることも必要である。

最後に、大量の文書を送付する必要がある場合は、郵送の方法を取るべきである。なぜなら、FAXは相手にも大量の用紙使用を要求してしまうからである。

発展

「直接顔を合わせない相手に心を配る」ことは、電子メールやインターネットの掲示板への書き込みの際でも共通の配慮である。挨拶や丁寧な言葉遣いに気をつけ、相手の立場にたって文章を書くことを大切にするようにさせ、メディアのよい使い手を育てていきたいものである

FAX連絡票の例

2005年10月18日

○○市文化センター　長田様

　　　　枚数2枚（この用紙を含む）

　　　おみこしづくりについての質問

先ほどお電話をした山田です。

電話でもお話ししましたが、私たちは今、「町のおまつり」についての学習に取り組んでいます。そして私たちのグループでは、町に伝わるおみこしのもけいをつくって発表することになったのですが、そのつくり方で分からないことがあります。

2枚目に図と質問を書きましたので、教えてください。

おいそがしいと思いますが、よろしくお願いします。

　　　　○○市教育町3－1
　　　　○○市立教育小学校
　　　　3年3組　　　山田　みどり
　　　　たんにん　　有馬　治先生
　　　　電話番号　　0898-742-×××1
　　　　FAX番号　　0898-742-×××2

| No. 15 |
| I－15 |

メールの使い方

対象学年　4～6年

こんな時に使えます！
- ◎基本的なメールの書き方を学習する必要が生じた時。
- ◎メールを送る際のマナーを知りたい時。
- ○他教科，総合的な学習の時間で，知りたいことを調査する必要が生じた時。

こんな言葉の力が育ちます！
- ・メールを使って，自分の伝えたいことを相手に正確に伝える力。
- ・相手を不快な気持ちや不安な気持ちにさせないようにメールを書く力。

●「メールの使い方」とは

【定義】

　メールは，手紙をやりとりするのに比べ，自分の用件を早く伝え，相手からの返事を早く受け取ることができる。

　その迅速性と，パソコンという機器を使用する特性において，手紙とは異なる書き方を知る必要がある。

　同時に，相手に対して不快な気持ちや不安な気持ちにさせないように書く必要もある。

　さて，メールには大きく分けて以下の二つの使い方がある。

　一つは，何かを調査する場合などの公的な使い方である。もう一つは，携帯電話でのメールでよく利用しているような友人・知人との連絡などの場面での私的な使い方である。

　ここでは，公的なメール，私的なメールに分けそれぞれの場で身につけるスキルを挙げる。

【準備するもの】
- ・児童用のワークシート。　・パソコン。
  - ＊実際にメールを送信する相手には，教師が事前に連絡をし，協力へのお願いを必ず行っておく。

【方法・手順】

1　公的なメールの使い方

　次の3段階で修得させる。
- (1)質問事項を送付する段階
- (2)送られてきた回答に対して，再質問する段階
- (3)お礼を送付する段階

(1)質問事項を送付する段階
- ①メールを送る際のマナーを指導する。
- ②ワークシートを使い，メールを作成する。
- ③教師が点検する。
- ④送信する。

```
メールの使い方を知って質問のメールを書きましょう
           月    日  氏名
メールのマナー
  ・相手に自分がだれなのかはっきり伝える。
  ・お願いやお礼のあいさつをする。
メールをつくりましょう
  ～パソコンを使ってやってみましょう～
1 あて先のメールアドレスを書く（英数半角で）。
  今回は「　　　　　　　　　　　　　　　」
  ※何回もメールを行き来する可能性のある場合は「アドレス帳」に登録
  しましょう。
2 件名を書く。
  ※「件名」というのは，自分のメールのつける「題名」です。何につい
   てどういうことをしたいのかはっきり，短く書きます。
  （例）自動車工場に，そこでつくられている自動車の生産台数を問い合わせたい場合
      件名「自動車生産台数の問い合わせ」となります。
3 内容を書く。
  ①相手の名前を書く。
  ②あいさつを書く。
  ③自分の名前を書く。
  ④質問したいことと理由を書く。
  ⑤返信の方法を書く。
  ⑥お願いを書く。
  ⑦日付を書く。
  ⑧自分の所属（できれば学校の住所，電話・fax 番号も），氏名，メール
   アドレスを書く。
（例）
```

相手のアドレス	tnh@△△△.co.jp
件名	自動車生産台数の問い合わせ

```
①○○○自動車工場　御中
②はじめまして
③私は，△△小学校の山田一郎です。
④社会科で，自動車工場を勉強しました。その中でぼくは○○自動車工
 場では1日にどのくらいの自動車がつくられているのかということが
 気になりました。
 そこで，○○自動車工場で1日につくられている自動車の台数を教え
 てください。
⑤お返事は，下のメールアドレスにお願いします。
⑥どうぞよろしくお願いします。
⑦2005年10月10日
⑧△△小学校（学校の住所，電話番号，ファクス番号）5年3組　山田一郎
 yamada@○○○.ne.jp
```

(2) 再質問する段階（留意点）
  ①回答に対するお礼を述べる。
  ②更に質問したいことを述べる。
    マナーとして，
  ＊返信に対して，リターンをしない。改めて，件名をつける。
  ＊相手の文章をそのまま引用しない。
   （不快な印象を与えることがある。）

(3) お礼を送付する段階（留意点）
  ①どのように役立ったか述べる。
  ②お礼を述べる。

2　私的なメールの使い方
  親しい人同士で，メールを交わしていると次第にお互いの言葉が省略されてくる。感じたことを思いつきで送れる手軽さはあるが，そのことが相手への配慮不足につながり，言葉不足や不適切な言葉遣いによるコミュニケーションエラーが生じるケースも多い。

  ここでは，パソコン教室に導入されているメールソフトや掲示板のソフトを使用して，コミュニケーションエラーを体験し，お互いの思いを正確に伝え合うには，相手を思いやる言葉が大切なことや，主語・述語が整い相手に意味が通じる文を書くことが必要であることを学ぶ。さらに最近の携帯メールでは画面上の制約から顔文字・省略記号など新しい「文字文化」が生まれてきつつある。それを知ったりつくることも学習の発展として考えられる。

①テーマを決める。
②自分の意見を掲示板に書き込む。
③書き込みの様子を言葉遣い，文の書き方の2つの観点でふりかえる。
④丁寧な言葉遣い，主述の整った文の構成，話題の明確性がメールにも大切であることを認識する。

```
チャットを体験して，優しい言葉を考えよう
「学校で勉強する中で一番ためになる教科は何か」をテーマにしてパソコンの掲示板で話し合いをしましょう。

気づいたこと（言葉づかいや，友達の文で意味がつかめたか　など）
┌─────────────────────────┐
│                         │
│                         │
└─────────────────────────┘

どうしたら相手に優しく伝わるでしょう
```

言葉づかい	文の書き方

ポイント

☆ **公的なメールでは**
・教師が子どものつくったものを評価してから送信を行う。学校の名前を使い送るものなので子ども任せにしない。

☆ **私的なメールでは**
・チャットを行っている間は，お互いに私語をせず，パソコンの中の言葉だけでコミュニケーションをとらせる。

No. 16　Ⅰ-16　録音のしかた

対象学年　1～6年

こんな時に使えます！
- ◎「話す・聞く」学習で，子どもの発話を取り上げたい時。
- ◎物語文の学習で，音読や会話文の読みを取り上げたい時。
- ○総合的な学習の時間や社会などの時間で，インタビューしたことを音声記録として残したい時。

こんな言葉の力が育ちます！
- ・発音や発声に気をつけて話したり音読したりする力。
- ・声の大きさ，強弱，抑揚などに気をつけて聞いたり話したりする力。
- ・言葉の意味や場面の情景を考えて音読したり，人物の気持ちを音声表現したりする力。

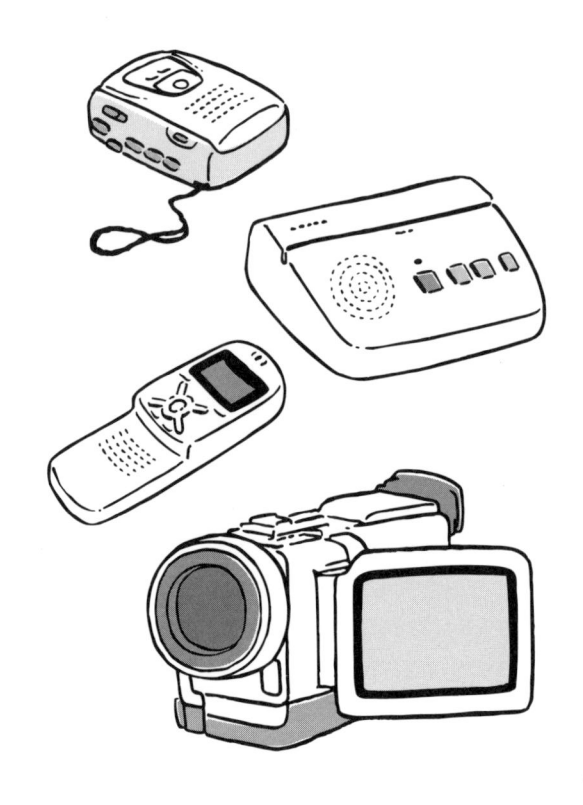

● 録音のしかたとは

【定義】
　音声言語を教材化するために，様々な録音機器をその特性を生かして活用したい。メディアの種類によって録音のしかたは異なる。一般的なカセットテープに録音する他に，カードに録音したりデジタルメディアに録音したりする方法がある。用途に応じた活用を図りたい。

【準備するもの】
- ・各種録音機器
  （主な録音機器）
  カセットテープレコーダー（外部マイク付き）。
  カードレコーダー（注1）。
  ボイスレコーダー。
  ビデオカメラ。
- ・記録メディア
  カセットテープ。
  録音用ブランクカード（注2）。
  デジタルメディア各種。

【方法・手順】
　機器の活用の手順について述べる。
① 目的と必要な機器をはっきりさせる
- ・何を録音するのか。音声言語の単位（発話・単語・文・会話など）を明確にする。
- ・どのように生かすのか。活動内容（自己評価・相互評価・作品化・発表など）を明確にする。

注1：ランゲージパルＬＰ-Ⅱ（学習研究社）は，2トラック構成なので教師用と児童用の録音再生の切り換えが容易にできる。　注2：ブランクカードは，標準（3.5秒）とロング（5.5秒）がある。

②機器の操作について指導する
・録音,再生のしかた。
・録音メディアの扱い方。
③録音・再生する
・自分の音声を録音する。
・自分や友達の音声を再生する。
④ふりかえる
・自分や友達の音声を評価する。
・自分の取り組みをふりかえる。

ポイント

録音した音声言語を教材化する際のポイントを活動例をあげながら述べる。

①発話の録音

- しりとり…カセットテープやボイスレコーダーに録音したものを聞き合うことで,音のつながりや音数を意識化しながら,はっきりした発音を耳から確認したい。
- 早口ことば…カードレコーダーを使って,練習できるようにする。教師用のトラックに模範を入れておき,聞き比べながら意欲的に練習できるようにするとよい。
- 挨拶の言葉…カードレコーダーを使う。個人用のカードを用意し,自分の「挨拶」の言葉を聞いて練習したり,友達と聞き合うことで,気持ちのよい挨拶について考えたりできるようにする。
- 解説や説明…「アナウンサーになって…」の学習などで,自分の話し方をふりかえる。ビデオを使うと口形や表情にも意識できるようになる。

②音読の録音(物語文)

- 会話文…カードレコーダーを使う。物語文の中で重要な会話文を取り上げ,子どもたちの音読を録音し,聞き比べながら〈読み〉を深めたい。
- 音読劇…カセットテープやボイスレコーダーを使う。音声に注意を向けることで,音声表現の効果や工夫に気づかせることができる。

③インタビューの録音

- 聞き取り…カセットテープやボイスレコーダーを使う。事前に録音の承諾を得るなどマナーについても指導することが重要(「Ⅰ-18」を参照)。

④スピーチの録音

- 独話…マイクを用意して,録音を意識させるとよい。ビデオを使うと身振りや表情の効果にも気づくことができる。
- 話し合い…ビデオを活用する。自分たちの話し合いのしかたをふりかえったり,効果的な意見発表のしかたを考えさせたりしたい。

発展

○音読ライブラリー(テープ)づくり

テープを個人もちにし,詩や物語文などの音読練習を録音し,音読劇や朗読として作品化する。互いの音読を聞き合いながら,音読の効果やそれぞれの音読表現の違いの面白さに気づくことができる。ビデオを使ってもよい。

○ボイスメモ

社会科見学などの校外学習で,ボイスレコーダーやカセットテープを個人やグループで使って,気づいたことを録音していく。学習のふりかえりの時に大いに役立つ。

○マルチメディア作品づくり

調べたことを,パソコンを使って新聞やパンフレット,図鑑などの作品にまとめる時,音声や画像を取り込んだマルチメディア作品にする。パソコンに直結したマイクで録音したり,デジタルビデオカメラから録画したりしながら,様々なマルチメディア作品をつくりたい。

No. 17 I-17 アンケートのとり方

対象学年　4～6年

こんな時に使えます！
◎調べ学習で，もっとよく大勢の人の考えや多くのデータを知りたい時。
◎総合的な学習の時間などで，自分たちで実験，研究したものが，他のクラスや学年，あるいは他校と比べてどうであるのかを調べたい時。

こんな言葉の力が育ちます！
・相手から深く広く情報を引き出す力。
・結果を効果的にまとめる力。

（吹き出し）
「エレベータ利用について、アンケートのご協力をお願いします。」
「いいですよ。」

● アンケートとは

【定義】
《アンケートという用語》
　語源はフランス語 enquete に由来し，「調査，問い合わせ」の意味で，少数の専門家や有識者，組織やモニターなどに，特定の問題について意見を求めることから発した。現在では社会全般で様々なアンケートが行われ，日常的に欠かせないものとなっている。

【準備するもの】
・たとえば学習上の課題やもっと知りたいこと。
・調査項目。
・質問用紙と回答用紙。
・集計票と電卓。
・場合によってはパソコン（インターネット）。
・場合によっては，電話や郵便切手。

【方法・手順】
①目的を明確にする。
　どういうことを知りたいためにアンケートを行うのか，という目的をはっきりさせる。
②対象（回答者）を定める。
　目的を考えて，誰に答えてもらうのがよいかを決める。調査の依頼先を決定する。
③調査の形態を選ぶ。
　調査の形態には電話，面接，モニター，インタビュー，ヒアリングなどがあり，特徴も違うので，目的や内容，回答者を考慮して，適切な方法を選ぶようにする（ここではアンケート用紙を配布するしかた）。
④回答用紙の記入者を決める。
　記入者は調査員（他記式）か，回答者本人か（自記式）を決める。
⑤質問用紙と回答用紙を作成する。
　両者が一緒になっている場合もある。
⑥調査を実施する。
⑦回答用紙を回収する。
⑧集計し，分析する。
⑨発表（公表）し，学習に生かす。
⑩まとめたことを報告文に書く。

ポイント

一般的には（企業などでは），アンケート活動は，①計画立案（Plan）⇒②実行（Do）⇒③点検（Check）⇒④改善（Action）というサイクルで継続的に行うことが望ましいとされる。学校では，一回限りのアンケートになることが多いのではないだろうか。

何事も同じだが，アンケート調査は事前の準備が命である。計画立案に充分時間をかけたい。特に，質問用紙と回答用紙作成の出来具合が，求める調査結果の良し悪しを決定するので注意したい。

答えを選ぶ形式の時には，回答者の誰もが，どれかを選べるように項目を工夫する必要がある。

回答者の名前の必要性の有無は，アンケートの中身によって決まってこよう。

子どもたちが，回答者のところへ出向いてその場で直接質問したほうがよいか，質問及び回答用紙を届けてあとで回収に行ったほうがよいかは，調査内容や時間的なゆとり，調査対象者の都合などを考えて決めていくようにする。

《アンケートの功罪》

一般論として，手順をふまえない，いい加減なアンケートの結果をもとに，重大な判断や決定が行われるとすると，危険で怖いものになってしまう。結果をどうやって出したかというより，どんな結果が出たかのほうが注目を集めやすく，結果だけが一人歩きしかねないからだ。このようなことに私たちは留意しておきたいものだ。

【アンケートの例】◆質問と回答用紙を兼ねた場合

言葉づかいについてのアンケートのお願い

私たちは○○小学校の6年2組の児童です。国語の学習の発展で「言葉づかいに影響をあたえるもの」というアンケートをすることになりました。私たちの学校の5～6年生のふだんの言葉づかいについて調べるものです。
　なお，みなさんの名前は公表しません。アンケートの結果は廊下のかべ新聞で発表する予定です。
　お忙しいところすみませんが，次の質問に答えてください。ご協力よろしくお願いいたします。
　　　　　　　　　　　○○小学校6年2組児童一同

1　あなたは（　　）年生，　性別（男・女）
2　あなたは自分の言葉づかいについて，きれいだと思っていますか。
　　〔そう思う・ふつうだと思う・思わない〕
3　あなたは自分の言葉づかいについて，だれかにほめられたことはありますか。
　　　　　　　　ある　・　ない
4　上の3で，あるといえた人は誰にほめられましたか。（あてはまるもの全部に○をつける）
　　〔親・兄弟姉妹・学校の先生・友だち・
　　　その他（　　　　　　　　　　）〕
8　言葉づかいに影響があると考えられるものを自由にいくつでも書いてください。
　　〔例：テレビ　　　　　　　　　　　　　　〕

　　※アンケートの回収は○○日にうかがいます。
　　　　　　　　ご協力ありがとうございました。

←アンケートを実施する主催者の自己紹介。
←動機や目的などを記入。
←対象者を明示する。
←この場合は氏名未公開。
←集計や発表のしかたを明示。
←協力依頼を丁寧に書く。
←所属や連絡先などを明記。
←回答者個人が確定されないように注意する。
←段階や程度で回答してもらう方法。
←○を付けてもらう方法。
←該当するもの全部を選び，さらにその他を設定する。
←自由記述方式。例を書くと記入しやすい。
←回収の方法を明示する。
←お礼の言葉を忘れずに書く。

■参考文献　酒井隆 著『アンケート調査の進め方』日本経済新聞社，2001年

Ⅰ章　調べるための学習スキル18

No.18　Ⅰ-18　インタビューのしかた・メモの注意

対象学年　1〜6年

こんな時に使えます！
◎調べ学習で，知りたい情報を，それをよく知っている人から聞く時。
◎知りたい人，紹介したい人の取材をする時。

こんな言葉の力が育ちます！
・はっきりと相手の人に伝わるように話す力。
・相手にふさわしい言葉遣いで話す力。
・相手が話したことを理解し，自分の必要な情報を得る力。
・聞いたことの中から，大切な点を落とさずにメモする力。

● インタビュー・メモとは

【定義】
　聞きたい情報を，それをよく知っている人に質問して，情報を得ること。あるいは人物そのものが取材対象になることもある。
　耳から聞いて得られた情報は，記録しておかなければあやふやになってしまう。そのため，聞いたその場でメモをしておく必要が生まれる（「Ⅱ-13」を参照）。

【準備するもの】
・質問を書いたメモ。
・聞いたことをメモしていくノートやカード。
・テープレコーダー。
・カメラ。
・ビデオカメラ　など。

【方法・手順】
①インタビューしたい人を決める。
②その人にインタビューの依頼をし，日時を決定する。依頼は手紙（「Ⅰ-11」を参照）や電話（「Ⅰ-13」を参照）で行う。子どもとは別に，あらかじめ，教師からも，学習協力のお願いをしておき，学習の目的やインタビューの趣旨などを説明しておく。できれば訪問して依頼したい。
③質問事項や挨拶の言葉を考える。礼儀正しい挨拶や丁寧な言葉遣いを学ぶ。メモをあまり見なくても質問できるよう聞きたいことを頭の中で整理しておく。
④質問用紙をつくっておいて，答えもその欄のところに書き込めるようにしておく。
⑤グループでインタビューに行く場合は，インタビューする人，メモを取る人，写真やビデオを撮る人（「Ⅰ-16」を参照）など，役割分担を決

める。各自の役割を練習する。
⑥インタビューに行く。学校に来ていただく場合もある。
⑦挨拶，自己紹介した後，学習の目的と，どんなことを知りたいかを大まかに話す。インタビュー開始。なるべくメモを見ず，相手の顔を見ながら質問したり，聞いたりする。
⑧聞いたことを短い言葉でメモしていく。取材した人の印象や服装も書けるとよい。
⑨お礼を述べて，インタビュー終了。
⑩後日，お礼の手紙（「Ⅰ-12」を参照）を送る。インタビューしたことを記事にした新聞などがあれば一緒に送る。発表会の予定があれば，そこに招待してもよい。

こんにちは。私は，○○小学校の3年1組の○○○○です。今，国語の勉強で，戦争の頃の生活の様子を調べています。教えてください。

初めにそのころの食べ物のことをお聞きします。

ポイント

インタビューは，話す，聞く，書く活動が一体となっており，大人でもむずかしい活動といえよう。まさに，生きた言葉のやりとりが必要になるわけで，高度な言語技術であるという認識が必要だ。そのうえで手順をふまえて，経験を積ませていきたい。相手にも，自分にも有意義で気持ちの

よいインタビューにするために，次のような点を指導したい。

・質問のしかたをしぼって相手が答えやすくなるようにさせる。
　×「どんな物を食べていましたか。」
　○「お昼のお弁当はどんな物でしたか。」
・メモを見ずに質問できるようにしておき，相手の顔を見て話すようにさせる。
・あらかじめインタビューカードをつくっておき，大切な点を落とさずに素早くメモさせる（「Ⅱ-13」を参照）。一言一句書き写さなくてもよいことを分からせる。
・聞き取れなかったところは，恥ずかしがらずに，聞き返したり，確かめたりするようにさせる。
・質問と質問をつなぐ言葉も考えさせる。
「初めに食べ物のことをお聞きします。…」
「食べ物のことはよく分かりました。次に～のことを教えてください。…」
・話を聞いて，素直な感想や驚きの言葉をいえるようにさせるとよい。

発展

インタビュー技術の向上の目的で，いろいろな活動ができる。

・お友達のひみつはっけん
クラスの友達相互にインタビューをする。グループ内でインタビューし合うこともできる。

・私の家族紹介
観察して作文することの他に，インタビューした内容を付け加える。家族へのインタビューということで，気楽に行える。

・○○小学校にはこんな先生が
学校の職員全員にお願いして，インタビューをさせてもらう。子どもたち一人一人（あるいはグループごと）に担当の先生を決め，それぞれがアポイントを取ったり，依頼状を書いたりする体験もできる。インタビューの練習台（失礼！）としては，最適である。

II章
考えを整理するための学習スキル 26

　集めた情報は，そのままではバラバラになりかねない。それは一定の条件のもとに，整理されなければならない。整理をする過程で，様々な思考が伸展する。

　たとえば，集めた資料を順序を考えながら整理してみよう。目の前の情報を，どんな順番に並べたらよいか。重要度の順，論理展開の順，ストーリーの順，あるいは問題の大きさの順，一般論と具体的な事例の順，などなど，全体の構想を考えながら，それぞれの情報を並べ替える。また，順番を考える過程で，全体のまとまりが生まれてくる。こうした作業は，言葉を使って考えることそのものなのだ。

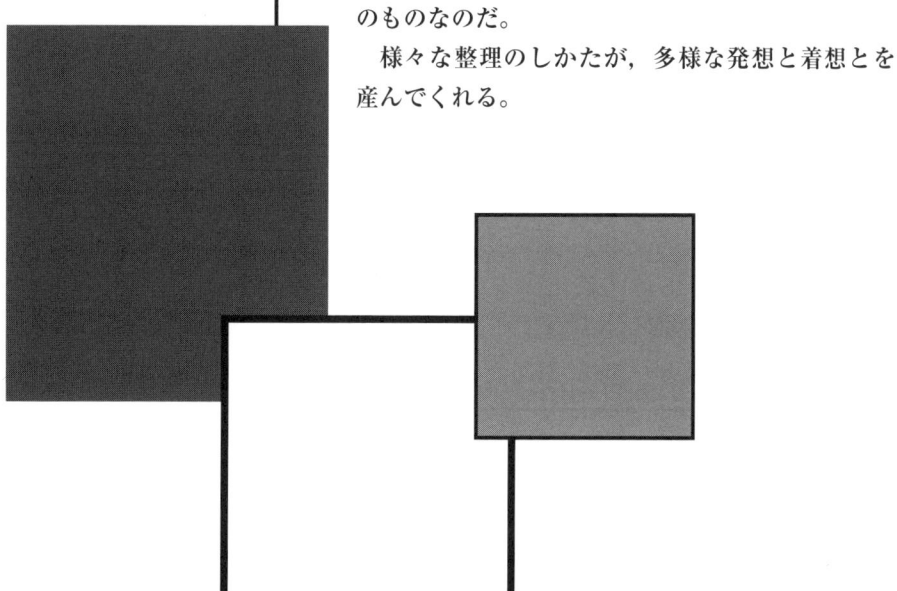

　様々な整理のしかたが，多様な発想と着想とを産んでくれる。

No. 19 Ⅱ-1 言葉のマップづくり（発想・まとめ）

対象学年　1〜6年

こんな時に使えます！

◎詩や作文を書く学習で，題材について構想する時。
◎説明文や物語文の学習で，内容やテーマについての自分の考えを整理する時。
◯生活科や総合的な学習の時間で，活動の計画を立てたり，単元の見通しをもとうとしたりする時。

こんな言葉の力が育ちます！

・言葉の意味やイメージをもとに想像を広げたり，発想を豊かにしたりする力。
・言葉の意味やイメージに着目して，表現したり理解したりする力。
・言葉の関係について考えたり理解を深めたりする力。

言葉のマップづくりとは

【定義】

「言葉のマップ」とは，言葉（単語）を中心に書き，その言葉から連想された言葉や関連する言葉をつなげてできあがったものを指し，イメージマップ，ウェビングともいわれる。語彙のネットワークを視覚化した「言葉のマップ」は，発想や語彙形成の認知的道具として有効である。

【準備するもの】

・言葉マップシート（白紙でもよい）。
・付せん紙や短冊カード（必要に応じて）。
　例：マップシート

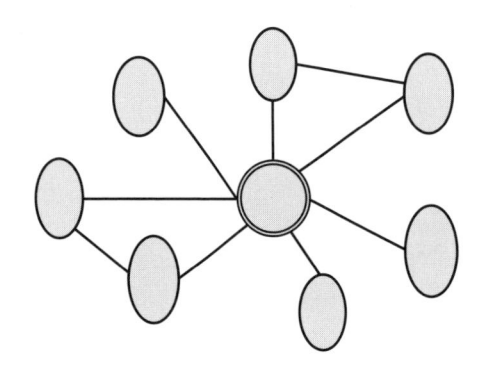

【方法・手順】

①テーマとなる言葉（コアワード）を決める。
　例：「春」「環境」など単語がよい。
②例示しながら「言葉のマップ」のつくり方を知らせる。

マップのつくり方

1. マップの中心に，言葉を書き込む（あらかじめコアワードを記入したマップシートを用意してもよい）。
2. 連想した言葉（第一連想語）を，コアワードの周りに書き，◯で囲み線でつなげる（第一連想語をできるだけ書くようにする）。
3. さらに，第一連想語から連想した言葉（第二連想語）を書き，◯で囲み線でつなげる（このように繰り返して，言葉をつないでいくことを示す）。

・例示は，板書しながら行ってもよいが，高学年では，カードを使うことで操作を通して分類を意識させる方法も有効である。
③マップシートに書かせる。
④「言葉のマップ」を，創作や〈読み〉などの学習活動に生かす。

例：「春」をコアワードにした例示

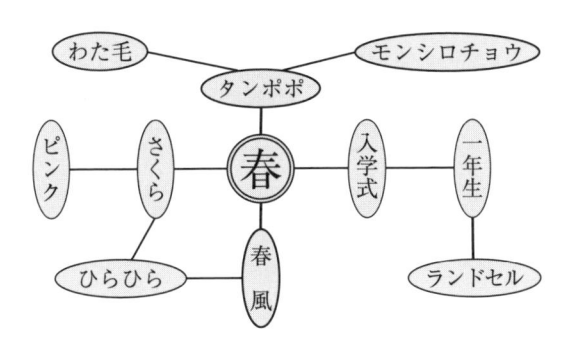

（図：「春」を中心に「わた毛」「タンポポ」「モンシロチョウ」「ピンク」「さくら」「入学式」「一年生」「ひらひら」「春風」「ランドセル」が繋がるマップ）

①分類記述
連想した言葉やキーワードを観点ごとに分類してマップに表す。カテゴリーの意識をもたせ分類・整理できるようにする。

②関係記述
言葉のつなぎ方を工夫することで，因果関係や対関係，時系列の関係などが視覚的に分かるようにマップに表す。

　例：関係を言葉の位置関係（並べ方）で表す。
　　・因果関係を矢印の向きで表す。
　　・関係の強弱を線の太さで表す。
　　・関係の強弱を言葉間の距離で表す。

ポイント

「言葉のマップ」を授業に取り入れる際の，言葉の書き方（記述）のポイントについて，発想とまとめのそれぞれの場面ごとに述べる。

〔発想〕

①自由連想記述
はじめて取り組む時やとにかく量を求める場合には，思い浮かべた言葉を，コアワードの周りに自由に書き連ねていくようにする。コアワードの近くから書くようにするとよい。

②連続連想記述
コアワードを起点に，「入学式」→「1年生」→「ランドセル」…というように，連想語をどんどんつなげながら発想を広げるやり方。コアワードのイメージが変わっていく面白さもある。

③分岐連想記述
連想語の数を最低2つというふうに，条件を決めて行うと，連想をより広げることができる。できたマップは，樹形図のように分岐する。

〔まとめ〕

「言葉のマップ」を学習のまとめの段階でつくる際には，コアワードに連なるキーワードをノートや付せん紙，カードなどに書かせるとよい。カードなどの操作を通してマップづくりを行うことで，子どもたち一人一人の認識の過程を見てとることができる。色をつけてカテゴリーを見やすくしたり，想起順に番号をつけたりする工夫もよい。

発展

○詩をつくる
・題名をコアワードにしてマップをつくる。
・マップの言葉をもとに詩をつくる。
・言葉を連ごとのキーワードに入れる。

○作文を書く
・題名をコアワードにしてマップをつくる。
・マップをもとに，書きたいことを決める。
・マップをもとに，構成メモをつくる。

○説明文の〈読み〉をまとめる
・説明文からキーワードを抜き書きする。
・テーマをコアワードにしてマップをつくる。
・キーワードを並べながら，〈読み〉をまとめる。

作例：「環境」をテーマにした例

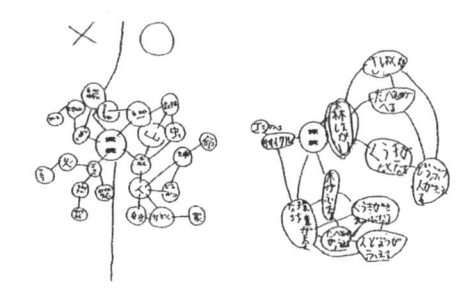

（×と○の対比マップ例）

○物語文の〈読み〉をまとめる
・登場人物の関係を，主な会話文やしたことの記述からマップにまとめる。
・場面の様子を，見つけた表現をもとにマップにまとめる。

■参考文献　塚田泰彦 他著『語彙指導の革新と実践的課題』明治図書出版，1998年
　　　　　　児島邦宏 他編『小学校ウェビングによる総合的学習実践ガイド』教育出版，2001年

No. 20 Ⅱ-2 音読記号

対象学年　3～4年

こんな時に使えます！
◎物語文の学習で，音読を中心に理解を進める時。
◎詩を体感的に味わいたい時。

こんな言葉の力が育ちます！
・文章に集中して読む力。
・言葉の響きや優れた表現を感じ取れるようになる力。

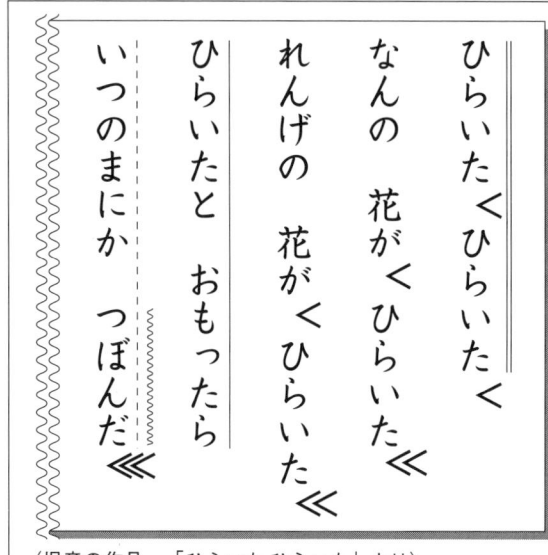

> ひらいた　ひらいた
> なんの　花が　ひらいた
> れんげの　花が　ひらいた
> ひらいたと　おもったら
> いつのまにか　つぼんだ

（児童の作品。「ひらいた ひらいた」より）

一行めと五行めで調子が大きく変わるように工夫して読みました。

● 音読記号とは

【定義】
　文章を声に出して読むことで，内容を理解する活動が音読である。そして，内容の理解と結びつけた音読指導法の一つが音読記号である。
　間や速さ，強弱などを記号化し，文章に書き加えて音読の際の手がかりとする。

【準備するもの】
・鉛筆（色分けする場合は，色鉛筆）。
・文章を印刷したワークシート（教科書に書き込んでもよい）。

【方法・手順】
①音読の際，どんな点に留意するかを話し合う。
　・声の強弱
　・速さ
　・間　など
②視覚的に分かりやすい記号を考え，学級の中で共通のものとする。
　（例）　間　「＜」
　　　　強く「＝」
　　　　弱く「〜〜」　など
③文章に音読記号を書き込み，互いに音読を聞き合って，相互に評価し合う。

記号の一覧（例）

間	＜	≪	⋘
速く	──────		
ゆっくり	-------------		
強く	══════		
弱く	〜〜〜〜〜		

ポイント

記号の種類は最小限に

　多くの種類の記号をつくってしまうと，音読自体に集中できなくなる。理解を深めるための記号であるから，「強弱」「速さ」「間」は必要であるが，それに加える要素はあまり多くない方がよい。

　中学年の学習では，理解するための手立てとして音読を扱うことが中心となる。そのため，まずは漢字の読み方やわかりにくい語句の確かめをしながら「はっきりとした発音ですらすらと読めること」を目指す。この場合，豊かな音読を目指すあまり不自然な抑揚をつけることは，音読の目的からみて適切ではない。

音読と朗読の違い

　音読は内容を理解するために声に出して読む活動であるが，内容理解が深まってくるにつれて，それが音読に表れてくる。聞き手を意識し，表現することを目的とした音読を「朗読」という。

　「音読」も「朗読」も，声に出して文章を読むことでは共通しているが，「音読」の目的は文章の内容を理解することにあり，「朗読」の目的は理解した事柄を表現することにある。実際の学習ではこの両者は重なり合う場合が多いが，教師側として学習の意義と目的とを明確にしておくことが必要である。

音読記号の扱い方は2通り

　音読記号をいつ扱うかについては，①一通り音読したばかりの段階で取り上げる場合と，②ある程度「すらすらと読める」ようになってから取り上げる場合とがある。

　前者は，自分がなぜそのように読もうと考えたのかを音読記号を示しながら互いに伝え合い，修正しながら読みを確かなものにしていく学習である。

　後者はより「朗読」に近い，自分が理解したことの表現に重きをおいた，まとめの読みとしての学習である。

発展

音読記号をもとにした話し合い

　文章の内容を理解するための活動であるため，互いの音読を聞き合ったうえで，どのような考えでそう読んだのかを話し合うことが必要である。「友達の読みを参考に読み深めよう。」と呼びかけても，子どもたちには伝わりにくい。だが，各自が書き込んだ音読記号をもとに話し合いを進めていくことで，個々の読みが深まる。

　なぜそこで間をとるのか，強く（弱く）読もうとしたのかなどを，書き込んだ音読記号を互いに見合いながら話し合う。それぞれの意図を伝え合うことで，自分自身の読みをあらためて確認するとともに，友達の読みを認めることによって読みが深まり，互いに学び合う姿勢が身についていくのである。

詩の学習に音読記号を取り入れる

　詩を読み味わう場合，音読は効果的な学習方法である。自分の感じ方や思い描いた情景を聞き手に伝えるために，音読記号を使う。

　この場合も「こう感じたから，このように読みました。」というように，自分の読みを聞き手に伝え，互いに感想を交流する場を設けるとよい。

No. 21 Ⅱ-3 原稿用紙の使い方

対象学年　1～4年

こんな時に使えます！
◎作文学習で，様々な約束を知り，それを思い出させたい時。
◎作文を書く過程で，推敲の方法を教えたい時。

こんな言葉の力が育ちます！
・自分の使った言葉や文・文章を見直し検討して，適切に表現しようとする力。

■原稿用紙きまり表

原稿用紙の使い方には六つの約束があるんだよ。みんな、おぼえてね。

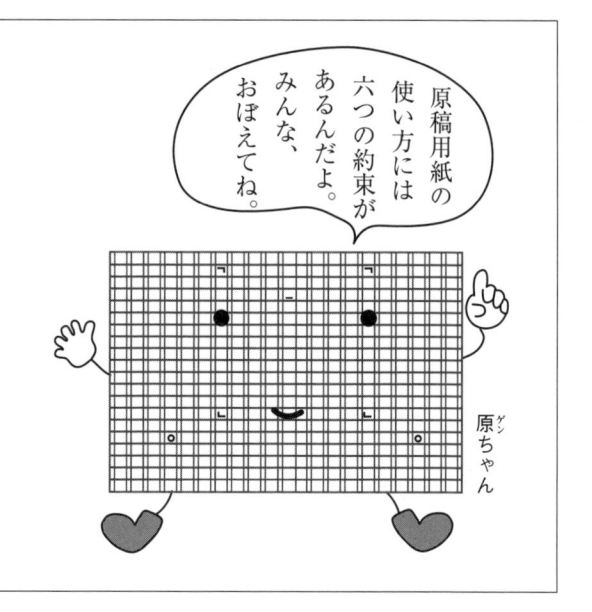

一、二マスあけて題名を書く。
二、名まえのおしりにマス一つ。
三、三行目から本文だ。
四、文の始めは一字下げ。
五、「、」「。」は一マス使う。
六、おしゃべり会話は行をかえて。

原ちゃん

原稿用紙きまり表とは

【定義】
　必要な時にいつでも，一目見れば原稿用紙の使い方が分かるように書いた教室掲示用の表である。
　これを使って作文学習などの前の短い時間に説明することで，子どもたちは原稿用紙の使い方には約束があることを知る。さらに次に原稿用紙を使う時にも活用できるようにするために，常時掲示しておくと便利である。

　原稿用紙には，一般的に使われている20字20行の400字詰め縦書きのものの他に，低学年用の15字16行の240字詰めのものや横書きのものもある。
　しかし形状は違っても，その書き方のきまりは同じであるため，一度使い方の基本について指導することが必要である。一度だけの指導で，子どもたちに定着をはかることには到底無理がある。そこで必要に応じて，子どもたちに意識させ思い出させるために，目につくところに掲示しておくことが効果的なのである。

ポイント

(1) 原稿用紙のきまりを身につける

　原稿用紙のきまりには，「原稿用紙きまり表」にあげたようにはじめて書く時のものと一度書いたものを書き直す時のものの，2段階がある。

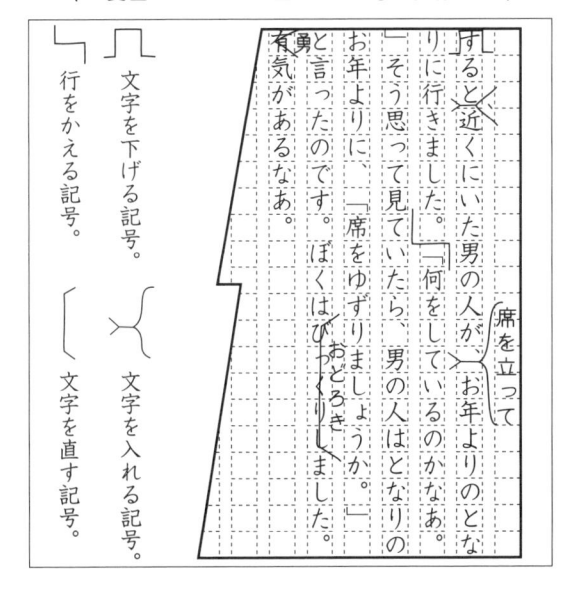

① 2マスあけて，題名を書く。
② 題名の次の行に名前を書く。姓と名の間に1マス，名前の下に1マスをとる。
③ 本文は3行目から書く。
④ 文章のはじめ，段落のはじまりは，1字下げる。
⑤ 、 。 「 」は，1マス使う。
⑥ 会話文は行を改めて書く。

　原稿用紙を使うことが作文学習にとって有効となるのは，上記の約束にしたがって記述することによって読みやすくなったり，字数の確認ができたりする時ばかりでなく，自分の文章を推敲する時である。自分の書いたものを読み直し，自分で足りない所に書き加えをしたり，適当でないと思われる部分を訂正したりする時にこそ，原稿用紙は効力を発揮するといえよう。

(2) 推敲記号を活用する

　推敲のための記号には右のようなものがある。
　現在はパソコンの普及によって，原稿用紙そのものの使用が減ってきているかもしれない。しかし，まず学習の中で原稿用紙を使うことで，文章を書くためには様々な符号があることを知り，それらの符号の活用で，より自分の思いを表現しやすくなっていることに気づくことは，国語という言葉の学習にとって重要であり，作文技能の基礎といえるであろう。

発展

①新聞づくり

　新聞を書くことは，字数を守って書かなければならない日常の学習場面である。グループで一つの新聞をつくるために分担を決め，担当になった紙面にそれぞれ工夫をして，字数制限の中で記事を書くことは，まさに原稿用紙の書き方が生かされる実の場である。

②卒業文集づくり

　学校生活の中で，誰もがもっとも意識して原稿用紙に文章を書かなければならない時といえば，卒業文集を書く時であろう。しかも今の卒業文集では，専用原稿用紙に直書きがほとんどであるので，いろいろな表記のしかたを駆使しなければならない。小学校の「書くこと」の学習の集大成ともいえる作文集が卒業文集である。

No. 22 Ⅱ-4 書き出しノート

対象学年 3～6年

こんな時に使えます！
◎物語文や説明文の学習で，本文への書き込みを整理する時。
◎一人一人の考えを確かにもたせ，それをもとに，感想，疑問，考えたことなどを話し合う時。
◎自分の読みを毎時間ふりかえるような，自己評価を大切にしたい時。

こんな言葉の力が育ちます！
・自分の感想，友達の感想を大切にしようとする態度。
・課題づくりや読みのまとめをする力。
・分かりやすいノートづくりをする力。

物語『わらぐつの中の神様』（光村図書版国語教科書5下）の書き出しノート

十月○日（△） わらぐつの中の神様

わたしの書き出しノート

◎人物の気持ちや考えについて
・おばあちゃんに，わらぐつはいいもんだと言われたときのマサエの気持ちを考えてみたい。
・わらぐつを買い続けてくれる大工さんの心の中をみんなで話し合ってみたい。
・大工さんがいきなりしゃがみこんだのは，一気に結婚を申し込んでしまおうと，決心したからじゃないかな。

◎おもしろかったところ
・おみつさんの正体が，おばあちゃんだったなんてびっくりしたしおもしろかった。
・題名の「神様」ということばが，大工さんの言葉の中にも出てきて，なるほどと思った。

◎好きになったことば
・白いほほが夕焼けのように赤くなりました。

● 書き出しノートとは

【定義】
　物語文や説明文への「書き込み」を，自分のノートに整理するもの。
　「書き込み」とは，自分の感想などを本文に直接に書くことをいい，その素朴な形での感想を「つぶやき」と呼ぶ。

【準備するもの】
・普段使っている自分のノート。

【方法・手順】
①「書き込み」をする
　本文を読んで，自分の着目したいところ（叙述）にサイドラインを引く。次のようなところに目を向けさせるとよい。

〈物語文〉
・登場人物の気持ちが表われているところ。
・場面の様子がよく分かるところ。
・表現が工夫されているところ。
・好きになった言葉／よく分からない言葉。

〈説明文〉
・はじめて知った事柄。
・興味をもった事柄。
・筆者の考えが表れているところ。
・分からない,もっと知りたいと思うところ。
・好きになった言葉／よく分からないところ。

　サイドラインを引いたら,その横に「つぶやき」を書き込んでいく。時間は10分程度とるようにする。

②ノートに書き出す
　下の例は,説明文で書き込みをした後に,感想や疑問を書き出して,学級のみんなで考えたいことへとつなげていったものである。

ポイント

　黒板に書かれたものを写したり,教師に指示された時だけ書いたりするのではなく,自分の考えたことがよく分かるような,自分のためのノートづくりを心がけていきたい。

▶教育出版の教科書の説明文を使っての書き込み実例
▼書き出しノート実例

【書き出しノート実例】

六月○日（△）　花を見つける手がかり

わたしの書き出しノート

・ちょうのことを知るためだけに,こんな大がかりな実験をするなんてすごい。日高先生たちはよほど興味があるんだな。
・においをさせないために,プラスチックの造花を使ったところがなるほどと思った。
・生まれながらにして花を見つける力を持っていることに,びっくりした。「生まれながら」というのは,どういうことなのだろう。

★みんなで考えたいこと
①実験のやり方や結果などをくわしく知る。
②実際にちょうを見たら,何色の花だったか,わたし達も調べる。
③筆者の吉原さんは,どんな考えを持っているのか知る。
④ほかの虫は「生まれながらに」どんな力を持っているのか調べる。

【花を見つける手がかり】　吉原順平

　もんしろちょうは,日本じゅうどこにでもいる,ありふれたちょうです。みなさんも知っているように,もんしろちょうは,花に止まって,そのみつをすいます。
　いったい,もんしろちょうは,何を手がかりにして,花を見つけるのでしょう。花の色でしょうか。形でしょうか。それとも,においをたよりにするのでしょうか。もんしろちょうにきいてみればわかるのですが,そんなわけにはいきません。
　とうだえ（キンモクセイかな）
　日高敏隆先生と東京農工大学の人たちは,この疑問をとくために,大がかりな実験をしました。どんな実験かな
　実験には,たくさんのもんしろちょうが必要です。一度に百ぴき,二百ぴきというもんしろちょうを放し,花を見つける様子をえい画の

漢字★119ページ
一度　必要

42

No. 23 Ⅱ-5 単元ノート

対象学年　3～6年

こんな時に使えます！
◎学習課題について，予想したり考えをまとめたりして学習する時。
◎読んだり調べたりする学習で，書く力を伸ばしたい時。
◎学習したことを友達同士で確かめ合いたい時。

こんな言葉の力が育ちます！
・大事な言葉や文（文章）を見つけて，抜き書き，視写する力。
・読んだり聞いたりしたことを，簡潔に箇条書きでメモする力。
・感想や考えを整理して，要点を押さえて書く力。
・紙面の構成や，記録の取り方を工夫する力。

単元ノートとは

【定義】
　教材によるまとまり，あるいは課題別でのまとまりなどというように，ひとかたまりにした学習内容を単元という。かなりの時間をかけて学習していく場合が多いが，その学習過程を記録していくのが単元ノートである。
　自分の読みの変容の様子，作文の取材や構想メモ（「Ⅱ-11」を参照）など，学習を進めるため，または深めるためなどの思考の跡が記録され，自分の学び方をふりかえることにも役立てることができる。

【準備するもの】
・縦罫のノート（大判の方が使いやすい）。ワークシートをまとめて学習記録にしてもよい。

【方法・手順】
　ワークシートを使って学習記録の取り方を指導していくことも一つの方法である。また板書した事柄をノートに書き取っていくことも，はじめの段階では有効である。
　単元ノートは，基本的には，単元の学習目標や学習計画，学習時間ごとのめあてや学習内容，学習のまとめなどが入る。
　学習時間ごとの紙面は，学習のめあて，めあてについての自分の考え，友達の考えを聞いて分かったこと，みんなで考え合ったことなど，その時間の学習過程が記録となるような事柄で構成していきたい。ノートづくりの基本が定着してくると，ビジュアルな紙面構成や大事な事柄を際立たせたりする工夫もできるようになる。

ポイント

単元によってねらいは異なるが，学習過程の記録になるノートづくりであることは共通している。

読みの学習が中心の単元の場合，はじめに読んで思ったことを書く，読み進めていくうちに見つけた大事な言葉や文，文章を抜き書きする，話し合っていて気づいたことをメモする，自分の考えを書き込むなどの活動がノートに記録できるようにする。

また，調べ学習をした場合は，集めた資料などを貼付したり，どこで誰からどのようにして得たものかなどの事柄を書き留めたりする。まとめの段階で資料が有効に活用できるように整理しておくことも大切なノートの使い方である。

作文が中心の単元の場合，文章が完成するまでの学習過程を記録する。書きたいことが明記され，取材活動で集めた事柄を列挙する。選材活動で決めた事柄に印をつけて構成メモに書き込み，書きたいことに照らして，過不足の有無も検討した後，メモを見ながら，下書きをする。書き加えのスペースをとっておくと，消しゴムを使わずに推敲できる。調べて分かったことをレポートする場合でも，文章化していく手順，ノートの使い方は同じである。

単元ノートは，基本的には自分の学習記録であるが，友達のノートを読み合うことで，ノートの書き方などにより意欲を高めていくことも大切である。

発展

①ワークシートを使って

ノート指導に役立つワークシートを作成する。紙面の構成，記録しておく事柄，学習の手順が分かるワークシートを使いながら，ノートに書く要領をつかませていくようにする。

②板書

板書した事柄をノートに書き写すことから始め，空所に書き込んだり，まとめを書き加えたりすることを増やしていく。板書はノート指導に役立つように，学習のねらいや内容を明瞭に簡潔に書き留めていくことを心がける。そのためには板書計画をもって授業に臨むように準備していくことが大切である。

③ノートの展示コーナー

単元の学習が終わった時，一冊のノートを書き終えた時など，友達のノート交流の場としてコーナーを設け，互いに学び合う。

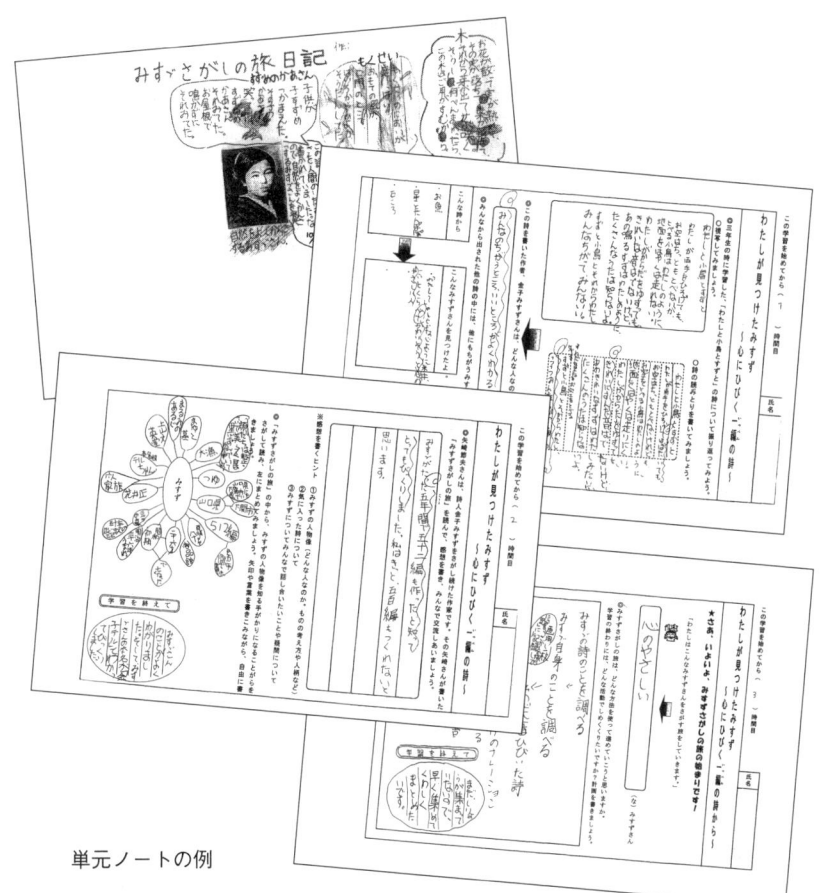

単元ノートの例

II章　考えを整理するための学習スキル26

No. 24　II-6　キーワード連鎖図で文章構造をつかむ

対象学年　3～6年

こんな時に使えます！
◎筆者の論理の展開法を，一目で分かるように示したい時。
◎文章の大意をつかみ，要約指導の際のポイントをつかませたい時。

こんな言葉の力が育ちます！
・文章の全体像をつかみ，適切に表現する力。

キーワードとともに接続語も図にするとよい。

◎筆者の言いたいことがかくされていることが多い。

文章②　←しかし→　文章①

「しかし」が出てきた。注意して読まなきゃ。

「キーワード連鎖図」とは

【定義】
　文章から，文章の中心（文章や作品の主題や要旨，筆者の主張や提言など）に迫るための重要な語句を取り出し，それらのつながり方が，一目で分かるように工夫されている図のこと。

【準備するもの】
・色鉛筆（または蛍光のマーカーペン）。
・定規。
・PPC用（またはFAX用），原稿用紙（方眼罫）。

【方法・手順】
①文章から，その中心に迫る重要語句（キーワード）を選び出す。
②取り出されたキーワードを，縦書きの場合は，右から左へと段落順に，項目や内容ごとに高低差をつけるなどしながら，紙面上に配置する。

ポイント

　キーワードは，文章の意味や内容の中心をつかむ際に，大きな手がかりになるものである。それは，説明的文章だけでなく，文学的文章の中にももちろん存在する。しかし，文学的文章では，それが感動詞や助動詞，助詞にあらわれたり，象徴的な表現や比喩的な表現に示されたりする場合があり，「連鎖図」指導の場面としては困難な点が多い。よって本稿では，名詞や動詞，形容詞といった語がキーワードになることが多い説明的文章を対象に進めていくこととする。
　キーワード選定の際にまず注目されなければならない言葉は，「題名」である。たとえば，題名が『魚の身の守り方』であれば，「魚」「身を守る」「方法」の3つは必ず押さえられなければならない。また『どちらが生たまごでしょう』であれば

「生たまご」とともに「どちらが」という語からそれと対照されているもの（この場合では「ゆでたまご」）の存在が暗示されている。『色とくらし』であれば，「色」が「くらし」にどうかかわっているか，という大筋の内容が予測できる。

次に注目すべき点は，「冒頭の段落」である。ここには文章の全体像がつかめるようになっている場合が多い。また，ここで出された重要語句は以下の文に繰り返し出てくる。

『色とくらし』の冒頭段落を例にとれば，次のようなものである。

> <u>色</u>は，わたしたちに，<u>さまざまな感じ</u>をあたえます。<u>あたたかい感じ</u>をあたえる色や，<u>すずしい感じ</u>をあたえる色があります。また，<u>組み合わせ</u>によって，よく<u>目だった</u>り，<u>目だたなかったり</u>する色もあります。わたしたちのくらしの中には，このようなことを<u>上手に生かしている</u>ものがたくさんあります。

ここで下線を引いた語句が重要語句で，種類や内容ごとに色分けされていくと，あとで整理しやすくなる。それらをもとに枠で囲んだり，矢印で関連づけるなどをしてつくったものが，下の図である（本書では，横書きの形式で示した）。

キーワード連鎖図作成において，「接続語」もまた大切である。特に，〈だが・しかし〉のような逆接や，〈このように・つまり〉のようなまとめの働きをする接続語の後に示される内容は見落とされてはならない。

最終段落には，筆者の意見や主張，提案が書かれている場合が多いので，重要箇所である。それをつかむために，「事実の文・意見の文」の区別をつける練習をしておく必要もあるだろう。

発　展

この構造図は，逆の作業をすると，作文の際の構成表として使うことができる。

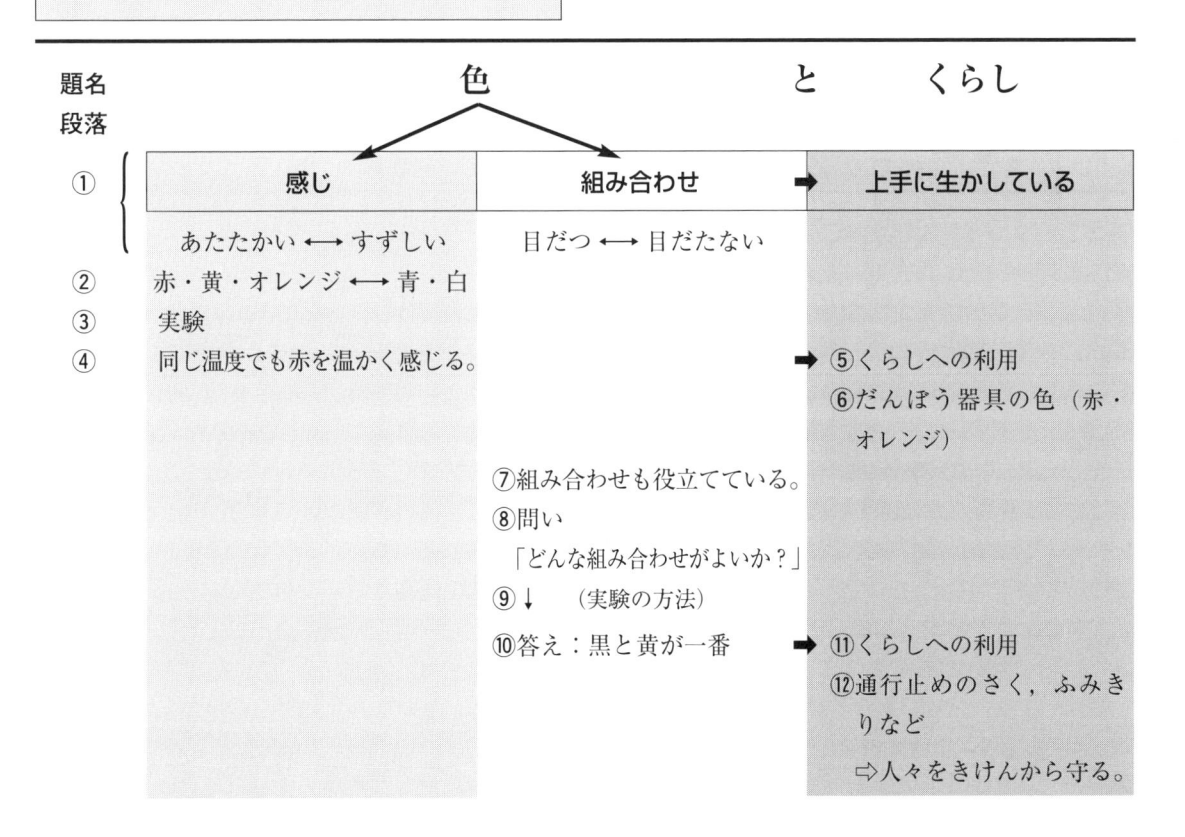

題名 段落	色	と	くらし
①	感じ	組み合わせ	➡ 上手に生かしている
	あたたかい ⟷ すずしい	目だつ ⟷ 目だたない	
②	赤・黄・オレンジ ⟷ 青・白		
③	実験		
④	同じ温度でも赤を温かく感じる。		➡ ⑤くらしへの利用 ⑥だんぼう器具の色（赤・オレンジ）
		⑦組み合わせも役立てている。 ⑧問い 「どんな組み合わせがよいか？」 ⑨↓　（実験の方法） ⑩答え：黒と黄が一番	➡ ⑪くらしへの利用 ⑫通行止めのさく，ふみきりなど ⇨人々をきけんから守る。

No. 25 Ⅱ-7 文章を解体して論理を考える

対象学年　1〜6年

こんな時に使えます！
◎子どもたちに主体的に文章を読ませたい時。
◎段落相互の関係を子どもたちに考えさせたい時。

こんな言葉の力が育ちます！
・教材を主体的に読む力。
・「段落の呼応」「接続語」「キーワード」などに目をつける力。
・自分なりの論理をつくる力。

> まずは時間の流れでこの物語をバラバラにしてみよう。

● 文章を解体して論理を考えるとは

【定義】
　たとえば、説明文には「はじめ・中・まとめ」という筋道がある。
　たとえば、物語文には「起・承・転・結」という筋道がある。
　このような筋道が書き手の形づくる論理である。
　これは、時間や場所の移り変わり、接続語の使用、問題提起・具体例・結論といった様々な要素によって構成されている。
　これらの要素を意識することは、文章を読む場合にも、書く場合にも重要なことである。
　そこで、文章を上にあげたような要素にもとづいて解体し再構成することで、論理の展開のさせ方について考え、自分のものとすることができる。
　また、文章を並べかえたりする活動は子どもたちが大変意欲をもつ活動でもあるので、その意欲をもとにして能力を高めることも期待できる。

　ここでは、以下の活動を通して、文章の解体と論理の構成について考える。
(1)文章の解体。
(2)解体された文章の再構成。

【準備するもの】
・児童用のワークシート。

【方法・手順】
(1)　文章の解体
　観点にしたがい文章をバラバラにすることで、論理を構成する要素に着眼する。

〜物語文や、日記で（記録文、随筆にも有効）〜
①時間の区切りでバラバラにする。
②主役の場所の移動の区切りでバラバラにする。
③出来事の区切りでバラバラにする。
④気持ちの区切りでバラバラにする。

〜説明文〜
①接続語に着目し、区切りをつけて、バラバラにする。
②問題提起文と、結論の文をバラバラにして取り

No.25／Ⅱ-7　文章を解体して論理を考える

文章をバラバラにしましょう

　　　月　　日　氏名

次の文章を、「まず」「次に」「だから」のところで区切ってバラバラにしましょう。

　私は、りほさんのおうちに遊びに行きました。まず、いっしょにしゅくだいをしました。次に、ふたりでテレビゲームをしました。だから、きょうはとっても楽しかったです。

バラバラ文をならべましょう

　　　月　　日　氏名

　つなぎ言葉に注目すると、文をすじみちよくならべることができます。

〔ならべるポイント〕
はじめのつなぎ言葉　　　　まず
二番目のつなぎ言葉　　　　次に
お話をまとめるつなぎ言葉　最後に

バラバラになっている文章をならべましょう。
A　だから、きょうはとても楽しかったです。
B　私は、りほさんのおうちに遊びに行きました。
C　次に、ふたりでテレビゲームをしました。
D　まず、いっしょにしゅくだいをしました。

順番			
記号			

出す。
③具体的なキーワードの含まれている段落と、結論が述べられている段落に分けて、バラバラにする。

(2)　解体された文章の再構成
　観点にしたがってバラバラにされた文章を再構成し、もとの文章と照らし合わせることで、論理の仕組みを理解する。

〜物語文や、日記で（記録文、随筆にも有効）〜
①時間の区切りにしたがってバラバラにされた文章を、時間軸が適切になるように並べる。
②主役の場所の移動に伴いバラバラにされた文章を、正しい順番になるように並べる。
＊この場合は、スタートとなる地点は、明らかにしておく。
③出来事の区切りでバラバラにされた文章を、起・承・転・結になるように並べる。
④主役の気持ちの変化でバラバラにされた文章を、物語が起承転結となるように並べる。

〜説明文〜
①接続語の順序性に目をつけて、バラバラにされた文章を並べる。
＊「まず」→「次に」→「だから」など、順序性のはっきりした接続語が使われている文章で行う。
②問題提起の文とそれに対応する結論の文を、それぞれの位置に並べる。

＊問題提起の文＝文末が「でしょうか。」などの問いかけの形になっている。
＊結論の文＝問題提起の文の問いかけに対して対応している。「つまり」などの接続語を使い、文が起こされている。
といった視点を明らかにして行う。
③具体的なキーワードの含まれている段落と、結論の段落を見分けて、それぞれの位置に並べる。
＊キーワードで具体的に述べられていることが、結論で抽象化・一般化されていることを感じ取らせるために行うものなので、1段落に1キーワード、具体的なキーワードが結論で抽象化・一般化されている文章を扱う。
④バラバラにされた文章を①〜③の観点を総合的に駆使して並べる。

ポイント

文章の長さや難易度の調節により、小学校1年生から6年生まで行える。

発展

・論理の組み立ての要素を活用して、作文を書くことへつなげる活動。
・主役（キーワード）とそれに関する事柄にバラバラにしつつなぎ合わせる活動。

No. 26 Ⅱ-8 心のグラフ（心情曲線）

対象学年　4〜6年

こんな時に使えます！
◎「物語の山場」や「人物の心の動き」をとらえたい時。

こんな言葉の力が育ちます！
・人物の心の動きをグラフ化するという過程で一文一文・一語一語を丁寧に読もうとする力。
・グラフ化することで物語全体の展開や文の構成に気づく力。

海の命との出会いの場面　クエを殺さなかった太一の心のグラフ（立松和平著『海の命』より）

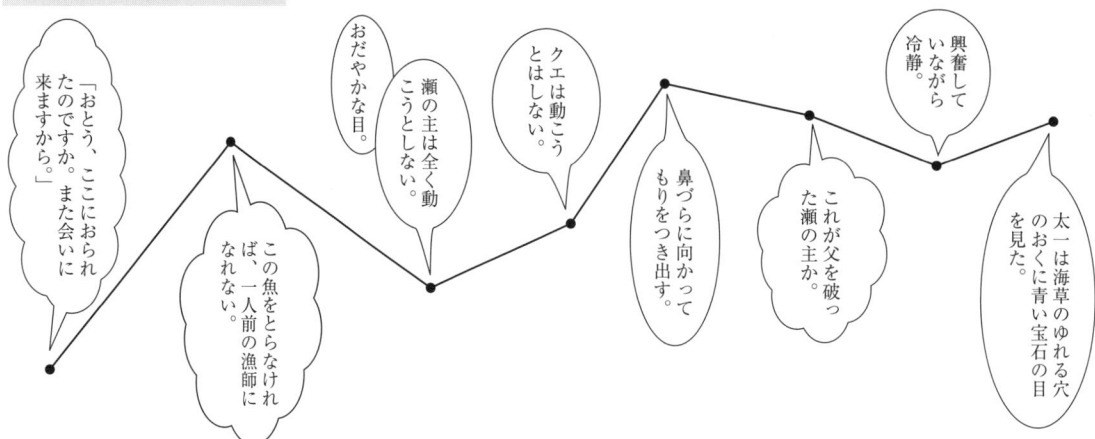

- 「おとう、ここにおられたのですか。また会いに来ますから。」
- この魚をとらなければ、一人前の漁師になれない。
- おだやかな目。
- 瀬の主は全く動こうとしない。
- クエは動こうとはしない。
- 鼻づらに向かってもりをつき出す。
- これが父を破った瀬の主か。
- 興奮していながら冷静。
- 太一は海草のゆれる穴のおくに青い宝石の目を見た。

心のグラフとは

【定義】
　物語の読みの一方法。作業を通して心情の理解を深めることができる。
　人物の心の動きや様子を喜びと悲しみ・安心と不安・興奮と冷静・快と不快などの面からとらえ，折れ線グラフに表す。グラフ全体の動きから，物語の山場や人物の動きをとらえることができ，主人公の心の動きをその時々の断片としてではなく，物語の流れにそって全体的にとらえることができる。

【準備するもの】
・教科書。　・筆記具。

【方法・手順】
①物語を読む。
②登場人物の心の動きを，＋（幸・快・高揚など）や－（不幸・不快・冷静など）を使ってグラフに書き込む。
③その時の様子や言った言葉，読み手のつぶやきなどを吹き出しを使って書く。
④グラフを見て，物語の山場や人物の心の動きや，物語全体についての読みを深める。

ポイント
　物語の読みを行う時，登場人物の気持ちの変化をとらえるのに適した方法である。
　物語の読みで大事にしたいことの一つに登場人

物の気持ちの変化を正確におさえるということがある。文章の一つ一つを丁寧に読み，段落ごと・場面ごとに人物の心の動きを追っていくのも一つの方法であるが，時には違ったやり方をしてみるとよい。

　児童が面白がって取り組み，関心をもつものの一つに，この「心のグラフ（心情曲線）」がある。

　グラフをつくるという目的を達成するつもりで作業をしているが，実は，登場人物の心の動きを含めた，物語の読みを行っているのである。

　グラフづくりをするとみんなの描く曲線はだいたい似たようなものになる。それは同じ物語を読んでいるわけであるから当然のことである。しかし，中にはおやと思うほど違う曲線を描く児童もいる。

　そのようなことがあれば願ってもない学習のチャンスである。どうしてそんな曲線になったのかはそれを書いた子にしか分からない。それなりの理由があってそのようなグラフになったはずである。そのグラフをもとにしてグループなり学級なりで話し合いをしていくと，その過程で物語の読みはどんどん深くなる。各人が自分のグラフと比べながら考えを話すことで，それぞれがどんな読みをしたのかが明らかになってくる。このグラフを素材にして内容を読む際に様々な話し合いができるのである。

　また，グラフの横に書く書き込みは，登場人物の心の動きや様子を文章から書き出す方法・その時々の自分のつぶやきや気持ちを書く方法などがある。

発展

① 「ごんぎつね」で登場人物の心の動きを追う
・ごんの心の動きをグラフに表す。
・グループの中でお互いのグラフを見合って検討し，一つのグラフにまとめる。
・各グループのグラフを黒板にかき，学級全体で検討し話し合う。
・同じようにして兵十の心の動きをグラフに表して話し合う。

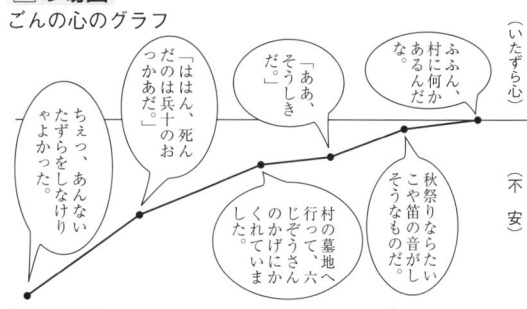

②の場面
ごんの心のグラフ

⑥の場面
兵十の心のグラフ

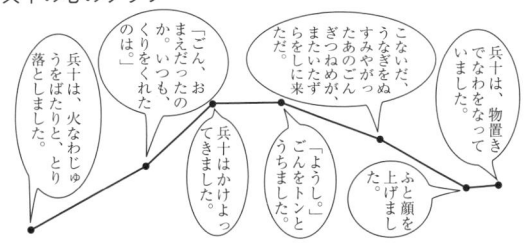

② 「わらぐつの中の神様」で心の動きを比べる
・おみつさんと大工さんの心の動きを一つのグラフの中に表す。
・２つのグラフの変化を見比べることにより，おみつさんの心がどう変化していったか，大工さんはどうだったか，なぜそのように変わっていったのかを話し合う。

大工さんとおみつさんの心の交流の場面

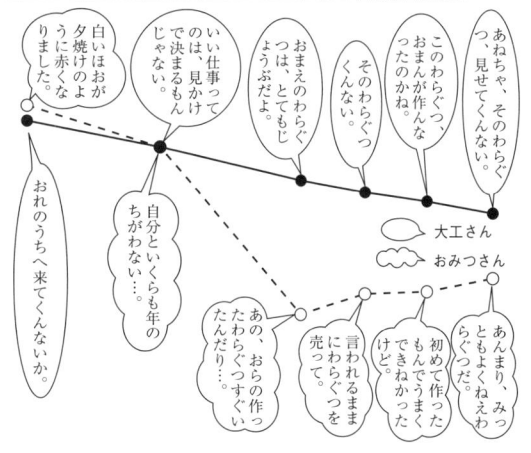

③ 示された心のグラフを見て，どの場面か考える
・心のグラフを示す。
・グラフ全体を見て，どの場面か見当をつける。
・グループで話し合い，山や谷からどの場面か特定し，その理由がいえるようにする。

No. 27 Ⅱ-9 表・図式の見方・活用のしかた

対象学年　4～6年

こんな時に使えます！
◎表や図式から分かることをもとに話し合ったり，報告文などを書いたりする時。
◎ポスターセッションやプレゼンテーションの資料として，聞き手に分かりやすくビジュアルなものを用意したい時。

こんな言葉の力が育ちます！
・表やグラフを見て気づいたことを，事柄ごとに整理して，段落相互の関係を考えながら話したり書いたりする力。
・表やグラフを使って，伝えたいことを分かりやすく話したり書いたりする力。

● 表・図式とは

【定義】
　表とは，こみいった事柄を見やすいように組織的に配列して書き表したもので，図式とは，ものの関係を示すために書いた図や概念の関係を説明するための型のことである（『岩波国語辞典』）。
　子どもたちは，科学読み物や説明的な文章の中でこれらの表や図式に多く出合っているだろう。また，パンフレットや白書といった様々な資料をもとに学習を進める機会も多くなっている。
　表や図式に表されている内容を正確につかむ力はますます重要になっていると言ってよい。
　また，ポスターセッションやプレゼンテーションなどの表現方法で，調べたことや経験したことを報告したり，説明したりする学習も有意義である。この場合，伝えたい内容がビジュアルに分かる資料を用意することで，分かりやすく伝えることができる。効果的に表や図式を作成する力も育成していかなければならない。

【方法・手順】
○表や図式の見方
　まず，表や図式につけられた題名を見て，何について書かれたものなのかを知る。次に，表の縦・横，グラフの縦軸・横軸に表されているものが何かをつかむ。そして，表やグラフから気づいたことを書き出す。どう読み取ってよいか分からない子どもには，数値が特に大きかったり小さかったりするものに着目するよう助言する。
　表やグラフから気づいたことを文章にまとめる場合は，読み手に分かりやすいように気づいたことのカードを並べ替えながら，事柄ごとに分類し

たり，「一つ目に，二つ目に」など，段落の書き出しに効果的な接続語を使うようにする。

また，文章のはじめに何の表やグラフから分かったことなのかを書くこと，終わりに自分の感想を書くようにすることなどを指導したい。

○表や図式の活用のしかた

報告書や白書，パンフレットなどを書く時に，表や図式は，読み手の視覚に訴えたり，内容を正確に分かりやすく伝えたりするためになくてはならないものである。

たとえば，総合的な学習の時間と関連して，駅のエレベーターを利用している人の声や，利用状況などについて調べたことを，ポスターセッション（「Ⅲ-20」を参照）で報告する場合，次のような工夫ができる（右図参照。教育出版版国語教科書4下より）。

まず，A駅のエレベーターを使っている人の数と年齢の調査結果を右図のように棒グラフで表すことができる。年齢が高くなるほど，利用している人が多いことが一目で分かる。

次に，駅長さんや使っている人にインタビューして分かったことを，文章化するだけでなく，吹き出しを使って図式化することで，一つ一つのインタビュー内容が分かりやすくなり，また，インタビューに応じてくださった方の生の声が届いてくるように感じられるだろう。

また，エレベーターができた感想では，横書きでグラフをつくり，便利になったと感じている人が33人と多いことがすぐに分かるようになっている。

このように，分かりやすい見出しをつけ，レイアウトや色などを工夫することで，効果的なポスターを書くことができる。必要に応じて円グラフや折れ線グラフなども指導したい。

ポイント

①ポスターの表題や見出しは，目立つように書く。
②表やグラフには，内容が分かるような題をつける。
③縦軸・横軸に表している項目，単位を明記する。
④写真や絵，吹き出しなどのレイアウトを工夫する。
⑤調査を通して分かったことや自分の感想・意見を書くようにする。

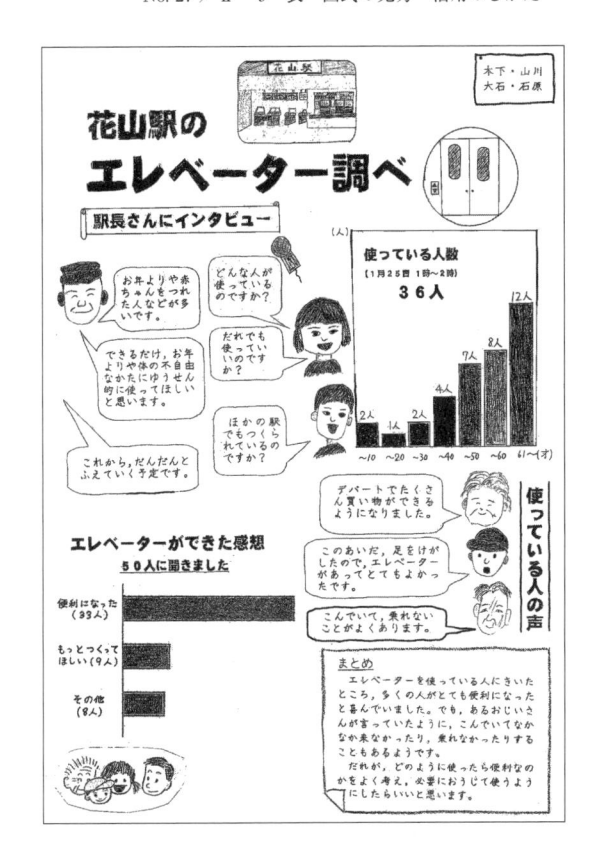

発展

パソコンのプレゼンテーションソフトを使って，ポスターを作成したり，必要なグラフを作成したりしてもよい。文章中に効果的に配置することも指導していきたい。

No. 28　Ⅱ-10　数値データの入った記録の書き方

対象学年　4～6年

こんな時に使えます！

◎実験データ，調査データなどをもとにして，組み立てをはっきりさせて作文を書きたい時。
○総合的な学習の時間においての調べ学習で。

こんな言葉の力が育ちます！

・論理的な文章を組み立てる力。
・データなどの情報をまとめる力。

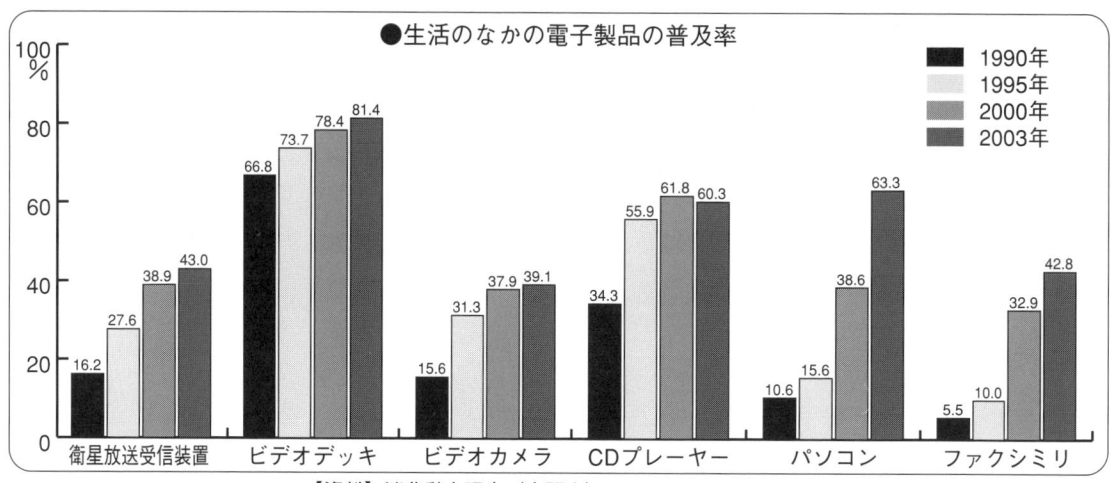

●生活のなかの電子製品の普及率

	1990年	1995年	2000年	2003年
衛星放送受信装置	16.2	27.6	38.9	43.0
ビデオデッキ	66.8	73.7	78.4	81.4
ビデオカメラ	15.6	31.3	37.9	39.1
CDプレーヤー	34.3	55.9	61.8	60.3
パソコン	10.6	15.6	38.6	63.3
ファクシミリ	5.5	10.0	32.9	42.8

【資料】消費動向調査（内閣府）
【注】衛星放送受信装置とファクシミリの■は1992年の普及率。各年とも3月の数値。

ポイント

・記録文，報告文を書く前には，メモの段階で，表や図にまとめて分かりやすくしておく。表や図をしっかりしていれば，文にもまとめやすい。事前の準備が大切である。
・簡潔な分かりやすい文章を書くためには，だらだらと読点の多い文をチェックするとよい。主語・述語の関係を明確にする。
・短い文でも，どこに読点をうつとよいのかを吟味する。

書く準備

●情報の整理

　新聞の切り抜き……新聞名，日付。
　資料・ネット……出典。
　図書……著者名，出版社名，出版年。
　インタビュー……人物名，日付，場所。

　算数で学習したように，数値データは，棒グラフ，円グラフ，折れ線グラフ，表などに効果的に表現する必要がある。パソコンできれいなものが

つくれるので，高学年では挑戦させることもできる。

文章の書き方

●文章の流れ
　①前書き
　②実験あるいは調査方法
　③結果
　④考察

●文章のコツ
　・一文は短く。
　・主語と述語の関係が分かりやすく。
　・同じ言葉を繰り返し使わない。
　・接続語，指示語をやたらに使わない。
　・読点のうち方……主語の後，
　　　　　　　　　　意味の切れ目，
　　　　　　　　　　接続語の後　など。

データの生かし方

　使ったデータと文章との関係が適切か。データを分かりやすく説明できているか。
　　　×「グラフ通りです」ではだめ。
　　　　　　↓
　　　①グラフの内容を一つ一つ説明する。
　　　②グラフの内容をまとめて説明する。

★使える表現★
・「このグラフをみると，」
　　→全体をつかむ時に用いる。
・「なかでも……」
　　→細部の説明・特徴の説明で用いる。
・「これらのことから」
　　→まとめや，考察について述べる際に用いる。

例）「生活の中の電子部品の普及率について」

①身近な生活のIT化
　現在の生活では，なくてはならないものになってきたパソコンやCDプレーヤーなどは，どれくらい家庭に普及しているのだろうか。

②使った資料
・『朝日学習年鑑』（統計編，朝日新聞社，2004年）のP116。
　（消費動向調査　内閣府）

③資料から分かったこと
・1990年から2003年までの13年間で，6種類の電子製品は，すべて普及率が上がっている。
・なかでも，パソコンの伸びが著しい。13年前は10％にすぎなかったものが，現在では63％となっている。
・ビデオデッキは現在で81％の家庭にあり，ほとんどの家庭に普及したといえる。
・衛星放送受信装置は現在，43％の家庭にあり，まだ半分に満たない。

④考察
・パソコンの普及率は，今後インターネットの普及にともない，これからも増えるのではないかと予想される。
・ビデオカメラ，CDプレーヤーについては，各家庭の必要に応じて，ゆるやかにしか増加しないのではないか。
・普及率が上がるにつれて，生活における電子製品の必要度，密着度は，ますます高まる。

Ⅱ章　考えを整理するための学習スキル26

No. 29　Ⅱ-11　付せん紙・カードの活用法

対象学年　3～4年

こんな時に使えます！
◎文章を書く前に構想を立てる時。
◎話し合いの活動で意見をまとめたい時。
○他教科でのまとめや学級活動などでも。

こんな言葉の力が育ちます！
・段落の意味を理解し，内容を整理して書く力。
・段落相互の関係を工夫して文章を書く力。

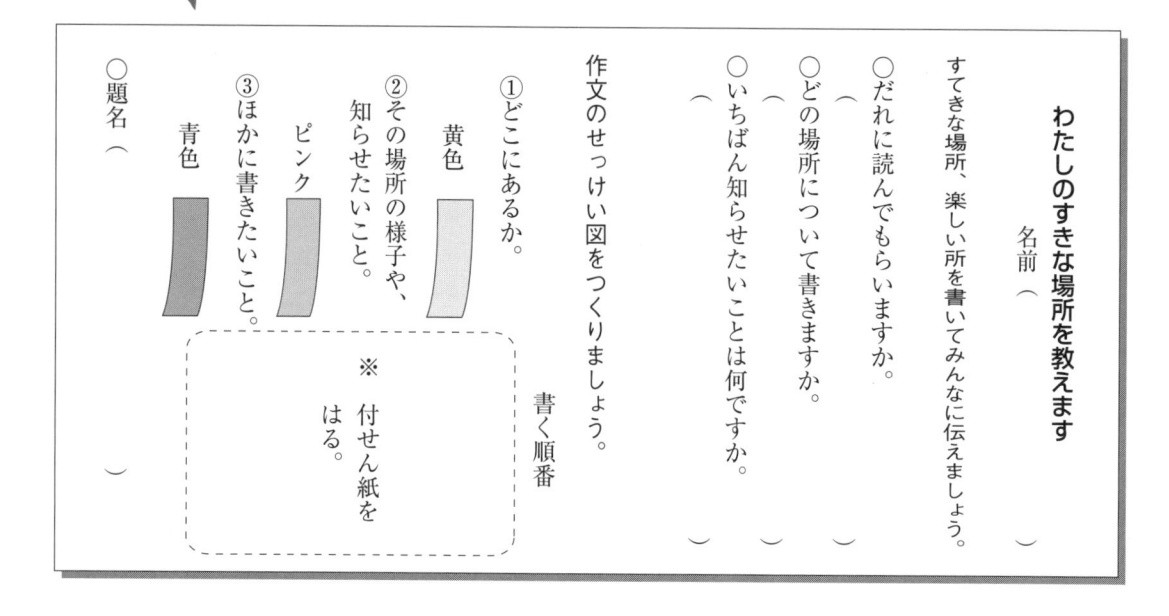

ワークシート例：わたしのすきな場所を教えます

名前（　　　）

すてきな場所、楽しい所を書いてみんなに伝えましょう。

○だれに読んでもらいますか。（　）
○どの場所について書きますか。（　）
○いちばん知らせたいことは何ですか。（　）

作文のせっけい図をつくりましょう。

書く順番
①どこにあるか。　黄色
②その場所の様子や，知らせたいこと。　ピンク
③ほかに書きたいこと。　青色
○題名（　　　）

※付せん紙をはる。

● 付せん紙の効用

　付せん紙は，何度も貼ったりはがしたりできる。そのため，どのような順序で書くか，構想を立てる活動に都合がよい。慣れてきたら三色程度を用意し，内容ごとに色分けするとよい。
　また，中学年の子どもたちは構想メモの意味が分からずに，メモをつくる作業で文章を書いてしまう場合がある。その点，付せん紙なら書くスペースが限られているため，自然とまとめて書かざるを得ない。まさに構想を立てるためにうってつけなのだ。

【準備するもの】
・ワークシート。
・付せん紙（三色）。

【方法・手順】
①構想メモは，書きたい事柄が伝わるように内容を整理しておくものであること，一枚の付せん紙が一つの段落になることを説明する。
②色分けをする場合は，それぞれの色の内容をはっきりさせておく。
③思いついたことから付せん紙に書き，ワークシートに貼っていく。
④一通り貼り終わったら，「伝えたいこと」に照

らして，それぞれの内容や順番を考えながら貼りかえる。また，付せん紙の一枚一枚について必要な事柄かどうかを判断する。
⑤考えがまとまったら，はがれないようにテープでとめておく。

ポイント

3・4年生は，「読むこと」の学習で段落の要点をとらえたり，段落相互の関係を考えたりする活動を行う。そこで身につけた力を，「書くこと」の学習でも生かしていくようにしたい。付せん紙を使って構想メモをつくり，それをもとに文章を書く活動は，段落の要点をまとめて段落相互の関係をとらえる活動を逆にしたものである。子ども自身がそれに気づき，それまでの学習を応用していくのだと意識できるように配慮する。

構想メモをつくる際，付せん紙に書いてワークシートに貼り付けた段階で満足してしまう子もいるが，そこで記述に移ってしまっては，付せん紙を使う意味がない。「誰に対して何を伝えたいか」をあらためて確かめ，そのためには何をどのような順番で書けばよいかをじっくり考える時間を取るべきである。ここでは個別に指導する。いろいろと貼りかえてみて考えがまとまったら，付せん紙がはがれないようにテープで貼り付けて，記述の活動に移る。

構想メモをつくる活動は，考えを整理し順序立てて書く方法として有効である。しかし中には，せっかく一生懸命に考えてつくったのだからとメモにとらわれ過ぎ，かえって書きにくさを感じる子どももいる。「メモと違うことを書いてもいいですか。」といった質問をしてくる場合がそれである。構想メモは，あくまで自分の考えを整理するための方法の一つであることを話し，メモ通りに書くことが大切なのではなく，記述の際は新しく湧いてきたアイディアなどを文章に生かしていくように助言するとよい。

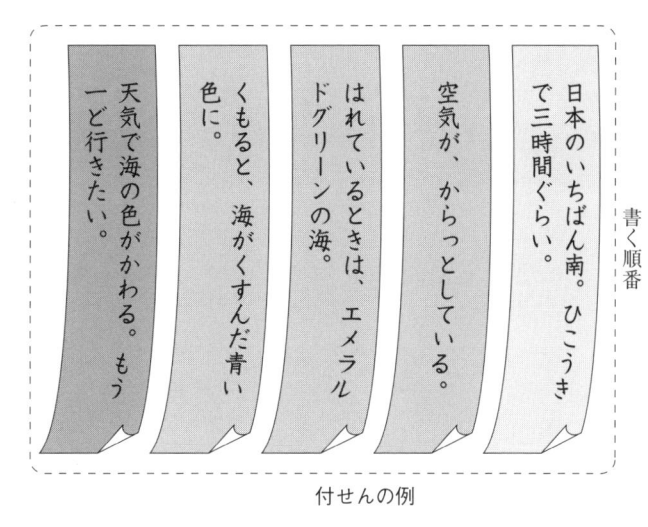

〈おきなわの海の美しさ〉

書く順番

- 日本のいちばん南。ひこうきで三時間ぐらい。
- 空気が，からっとしている。
- はれているときは，エメラルドグリーンの海。
- くもると，海がくすんだ青い色に。
- 天気で海の色がかわる。もう一ど行きたい。

付せんの例

発展

構想メモをつくることで付せん紙の使い方が身についてきたら，それを応用して考えを整理するための道具としての利用を工夫していくとよい。

たとえば話し合いの学習では，構想メモをつくる要領で何を伝えたいかを明確にし，そのためにはどんな内容を盛り込み，どんな順番で話すかを考える。ここでも付せん紙が役に立つであろう。

カードの活用

発表などに備えて発表原稿を書くと，子どもたちはどうしても原稿を「読んで」しまい，「話すこと・聞くこと」の活動になりにくくなる。流れるように上手に話すことが目的なのではなく，相手に分かってもらおうと「語る」ことが大切であることを，活動を通して子どもたちが感じ取れるようにしたい。

そのためには，話し合いや発表の場ではカードのみを用いるようにし，極力聞き手に視線を向けて「語りかける」ように助言する。「聞いている人と目をつなごう。」といった声かけをし，原稿を読むことと話すこととの違いをつかませていくとよい。

この他にも，たとえば「読むこと」の学習でも初発の感想などをカードに書くと，興味・関心別にグループ分けをするのに都合がよい。カードは工夫次第で様々な場面で役に立つ。

No. 30 Ⅱ-12 メモのしかた

対象学年 2～4年

こんな時に使えます！
◎発表会などで，話の要点をとらえる時。
◎「書くこと」の学習で材料を集めたり，構想を立てたりする時。
○他教科などや日常の生活でも，記録や備忘のために。

こんな言葉の力が育ちます！
・必要な事柄を記録していく力。
・箇条書きなど，簡潔に表現する力。
・効果的に表現したり，正確に理解したりする方法の一つとしてメモを使いこなす力。

（吹き出し）理由をこれから二つ言います。

● メモとは

【定義】
　memorandum（英）の略。備忘録，覚え書きの類。簡潔に記録する必要から，箇条書きや省略した表現で書くことが多い。
　メモの種類としては，備忘録，理解，伝達，表現などがあり，その目的は多様である。また用具としては，手帳の他にプリントやカードなども用いることがある。

【準備するもの】
・鉛筆。
・手帳（紙片やカードなど適宜に。屋外でプリントを用いる場合は，紙ばさみも準備する）。

【方法・手順】
　活動に応じたメモの目的や必要性を自覚できるようにし，活動を通して技能が身についていくように指導を進める。

①メモの必要性や目的を明らかにする
・理解のためのメモ。
　（話の聞き取りや要点のまとめなど）
・表現のためのメモ。
　（取材，構想，発表のための備忘録など）

②メモの指導
・必要な項目。
　（月日，時刻，場所，対象，タイトル，件名など）
・簡潔な用語，箇条書きのしかた。
・記号や略語などの記述法。

ポイント

　3，4年生の言語活動例には「要点などをメモに取りながら聞くこと」と示されている。もともと日本語の文字は縦書きが基本であり，話を聞きながら要点を記録していくような場合は，速記に適した縦書きの方がよい。
　話の要点を記録するためのメモには，次の項目

が必要となる。

・発表者
・題目
・内容

「内容」が要点のまとめとなる。箇条書きとはどのようなものかを知らせ，実際に箇条書きで書く練習をしたうえで，簡潔に記録していくようにする。なお，発表会のような場ではこの他に，

・感想
・発表者へのアドバイス

などの項目を加えてもよいであろう。

一方，理数系の学習では，横書きの方が一般的である。数式が横書きであること，図やイラストなどが配置しやすいという便宜からである。なお，横書きのきまりについては，2年生で次のような指導をする。

・左から右に向かって書く。
・読点は通常「，」を使う。
・算用数字を使い，単位は記号で表記する。

メモの目的や機能は多様であり，学習活動に応じた指導が必要となる。子どもたちが必要感をもってメモを取るような場の設定が求められる。

発展

発表メモ

学習の成果として発表をする場合，発表原稿を書いてしまうとどうしてもそれを読んでしまう。書いてある文章を読むのと聞き手に語りかけるのとでは，伝わる力が大きく異なる。「伝え合う力」を高めるためにも，発表原稿を読むといった形態は避けたい。

そこで役に立つのが発表メモである。手の中に収まる程度のカードに，伝えたい内容を箇条書きで書き留めておく。それを時おり確認しながら，聞き手と視線を合わせて語りかけるようにするのである。多少つっかえようが，口ごもろうが，聞き手に向かって「語りかけよう」「伝えよう」という姿勢が，聞き手の「受け取ろう」という気持ちを引き出すのである。

発表メモの例

テーマ：「自分の気持ちを伝えるためには，手紙がよいか，話をしたほうがよいか」

「手紙のほうが伝わる」
○自分が思っていることをまとめて伝えられる。

○話のよさと欠点
・口調を身ぶりなどで，よりよく伝えられる。
・後に残らない。

〈結　論〉
○受け取った人が読み返せる。
○受け取る楽しさがある。
（例）○○さんからもらった手紙を大切にとってあること。

題材メモ

「書くこと」の学習でも，メモは役に立つ。作文単元の学習でいきなり「○○について書きましょう。」と指示するのではなく，日常から題材に関連する事柄をカードなどにメモしていくように促し，子どもたちの「書きたい」という意欲を高めていくようにする。

書く材料を集めた後は，それらを取捨選択しどのような順序で書くかを考える。その際につくるのが構想メモである。構想を立てる際は，付せん紙を利用すると効果的である（「Ⅱ-11」を参照）。

No. 31　Ⅱ－13　聞き取りのためのメモ

対象学年　3～6年

こんな時に使えます！
◎総合学習やその他の調べ学習で、取材に行った時。
◎発表会で、友達の発表を聞く時。
◎授業や講演会で、話を聞く時。

こんな言葉の力が育ちます！
・話の中心に気をつけて聞く力。
・要点などをメモに取りながら聞く力。
・話し手の意図を考えながら話の内容を聞く力。
・目的意識をもって相手の話を聞く力。
・書く必要のあることを整理して書く力。

（吹き出し：理由は三つあるんです。まず一つめが……）

聞き取りのメモとは

【定義】

　メモには、学習したことやまとめたことを伝える発信者となるためのメモ（スピーチメモ・三段メモ）と、情報の受信者として聞き手となるためのメモ（聞き取りのメモ）に大きくわけることができる。

　そしてさらに「聞き取りのメモ」には、メモの取り方によって次の2つの段階が考えられる。すなわち、①見学や調査など取材の前に、あらかじめ聞きたい項目を用意して、それに沿って質問したり、取材したりするための「聞き取りメモ」と、②準備することなくその場で話を聞きながら、柱だてをしたり、内容を整理したりしながらメモを取る「聞き書きメモ」の2段階である。

　「聞くこと」と「書くこと」の両方を同時に行うという点では、両方とも同じように思われるが、聞き取りのためのメモの取り方としては、頭の中にある程度の準備ができている「聞き取りメモ」より、「聞き書きメモ」の方が難しく技能を要するものといえよう。

　つまりメモを取る時に気をつけたいのは、聞きながら書き写すという作業の難しさである。聞いた話をそのまま書き写すのではとても書ききれず、結局大事なことを聞き落としてしまうことになる。そのため要点をとらえ、まず箇条書きができる力をつけることが、メモを取ることの基礎的な力といえるだろう（「Ⅱ-11」「Ⅱ-12」を参照）。

ポイント

〈聞き取りメモ（構造メモ）の例〉
○見学の時など、事前に質問項目を用意しておく時。

課題	使われなくなった自動車は、どうリサイクルされるのか。	
調べたいこと		わかったこと
一台あたりの部品数。		
どのくらいの部品がリサイクルされているのか。		
どういうリサイクルの方法があるのか。		
そのほかに見学してわかったことや感想など。		

〈聞き書きメモの例〉

①発表会などで感想や質問をまとめる時。

名前	内容	感想や質問
本山	◎	・色には意味があるのか。
田中	○	・たくさんつくっていた。 ・色をもっとくふうしたらよいと思う。

②聞いたことを項目ごとにカードにまとめ、あとで整理する時（個票にする）。

10/10	リサイクルについて
調べ方	・インターネット ・取材（アイクルの山田さん）

発 展

話の要点を聞き取る練習として、次のようなゲームをすることで、子どもたちに楽しみながら「聞こう」とする場面を意図的につくっていきたい。

①お話・再放送

お話を聞いて、それを聞き取りカードにまとめる。その聞き取りカードをもとに構成を考え、聞いたお話を再放送してみる。両方を聞いていた聞き手に、2つの話の違いは何だったかを聞く。

②メモ伝言ゲーム

子どもたちが喜んで行う伝言ゲームの変化型。長い伝言を聞いたとき、制限時間の中でメモをすることを許す。ただし聞き直しをしたり、メモに時間がかかったりしてはならない。

［伝言文例］
「学校を出て3つ目の角を左に曲がってしばらく行くと、ポチ太という大きな犬のいる家があります。その家から5けん目に洗濯屋さんがあるから、そこでワイシャツ6枚とズボン1本とセーター2枚をもらって来てね。」

③キーワードは何だ！

一つのお話を聞いて、その話の要点を3つにしぼってまとめるゲーム。話の中心になっていたことは何か、話のキーワードになる言葉は何かを聞き取ることの練習になる。

Ⅱ章　考えを整理するための学習スキル26

No. 32　Ⅱ－14　読書記録

対象学年　3～4年

こんな時に使えます！
○自分が調べたことをまとめたり，発表したりする時。
○自分にとって必要な情報を整理しておき，見返して使う時。

こんな言葉の力が育ちます！
・その場その場にあった読み方（さっと読んだり，じっくり読んだり）をする力。
・多くの情報の中から大事な情報，必要な情報を抜き出す力。

（吹き出し）カラスとゴミ問題については、この前読んだ本に説明が…

● 読書記録とは

【定義】
　読書をして得られた情報はどんどん心の中にしまわれていく。必要な時にどうやって取り出すことができるか。こんな時に役立つのが読書記録である。

【準備するもの】
・読書記録カード。
・リング。

【方法・手順】
(1) 情報のありかを探す
　①書物
　　必要な情報が載った書物を探すには，図書館に行き，分類表を活用して本を探すとよい。たとえば，歴史に関することについて調べたい場合は，十進分類表にしたがって「2」のコーナーへ行けばよいのだ。更に，「2」の中も細分化されているので，学年の実態に応じて指導するとよい（「Ⅰ-4」を参照）。

　②インターネット
　　インターネットで調べる場合は，キーワード検索をする（「Ⅰ-7」を参照）。
　③取材
　　情報は，書物やインターネットだけではない。直接，関係者に聞いてくることも大事である。

(2) 書物から情報を探す
　①目次を見る
　　手に取った本に自分の必要とする情報があるかどうかを知るには，まず，目次を見る。
　②索引を活用する
　　もう一つの方法として，インターネットのキーワード検索と同じで，本の終わりの方についている索引で調べてみる。
　③本文を見る
　　①または②の方法で分かったページを開き，前後を読んでみる。

(3) 必要な事柄を記録する

　いずれかの方法で，自分の求めている情報が見つかったら，特に書物の場合は，書名，作者・筆者名，出版社名，読んだ日などを記録しておく。インターネットでは，サイトアドレスを記録しておく。これは参考文献の記録になり，極めて大切である。

(4) 情報を書きとめる

　説明的文章では，要旨やはじめて知った情報，残しておきたい情報などを書いておく。

　文学的文章では，感じたことや心に残った言葉（箇所），主人公の言葉など，その本の中で心に残った部分を2～3行抜き書きしておくとよい。

(5) イラストをそえる

　カードの裏に絵を描いておくのもよい。

ポイント

　何も指導しないと，自分が得た情報を丸写しにして，それがあたかも自分のものであるかのような振る舞いが見られる。参考文献，引用文献，出典などを明らかにしておくよう，きちんと指導し，習慣づけていきたい。

　手にした書物が大人向けの難解な文章であったりすると理解はなかなかおぼつかない。子どものレベルに合った書物であることは大事な条件である。

　また，丸写しにするだけだと，立派に調べたように見えるが，書かれていることを理解したとは限らない。

　多くの情報の中から必要な情報を見つける力，多くの情報を要約する力をつけておかないと，写す作業をただ行っただけで終わってしまうことになるので留意したい。

　文学的文章は，裏面に登場人物の人間関係図をつくっておくとよい。

　カードは，リングで1枚1枚綴じられるようにしておくと，順番の差し替えができて便利である。

```
        ○       ○
         読書カード
               氏名（　　　　）
  本の名前　[　　　　　　　]
  書いた人・筆者
  出ぱん社
  読んだ日
  ＜メモ＞
```

発展

　高学年で，パソコンが使える子は，書物ばかりではなくインターネットを活用して調べ，それをカードではなく，ファイルとしてデータベース化しておくこともできる。

　また，デジカメで撮った本の表紙の写真を貼り付けておいたりすることもできて便利である。

No. 33 Ⅱ-15 報告のしかた

対象学年　1〜6年

こんな時に使えます！
◎総合的な学習の時間や，その他の調べ学習で，取材に行った後のまとめの時。
◎自分の課題に合わせて調べ，それをまとめる時。

こんな言葉の力が育ちます！
・知らせたいことを選び，事柄を順序を考えながら相手に分かるように話す力。
・相手や目的，意図に応じて自分の考えを書く力。
・書く必要のある事柄を集めたり，選んだりする力。
・書く必要のあることを整理しておく力。

（吹き出し）
明日の報告は，この花を題材にしましょう。
そうだね。

● 報告のしかたにはどんなものがあるか

【定義】
　ここでいう報告とは，自分の課題をもって観察・実験したり，見学したり，調べたりして得た情報とその事実をもとに考えたことを，友達や先生に知らせることをいう。
　そして，その方法には，口頭でのもの・文章にまとめたものがある。
　この時に気をつけなければいけないことは，情報をそのまま連ねることが，報告ではないということである。最近は，インターネットの普及によって，子どもたちの多くが情報を得るためにこれを利用している。しかも簡単にプリントできるために，たくさんの情報が手に入ればそれで学習がすんでしまったかのように，錯覚しているふしが見られる。あふれるほどの情報の中から，自分の必要としているものはどれなのか，自分の課題に適しているものは何なのか，まずはそれを見極めることから，報告は始まるといってもよいだろう。
　そして，単なる情報の羅列にならないためにも，報告のしかたの基本を子どもたちに伝えることが，不可欠である。

【方法・手順】
①自分の課題・テーマをはっきりともつ。
②その課題を追究するためには，どんな情報をどんな方法（インターネット，辞典や事典，新聞，アンケート，インタビュー……）で集めるのか，計画を立てる。
③情報は，どんな形式で集めるのか考える（情報カードは，どんな形のものに，どんな書き方をす

るのかを決める)。
④情報を集める。
⑤集めた情報の中から，必要なものや必要な部分を取捨選択する。
⑥選んだ情報をもとに，報告をする（報告の手段は，「報告文を書く」「スピーチメモをつくって口頭で伝える」「新聞にまとめる」など)。

ポイント

「報告のしかた」について教育出版の国語教科書では，各学年ごとに次のように扱っている。

1年）友達に知らせたいことを書く。
2年）「はっけんカード」をもとに書きたいことを集める。
3年）観察したことを選んで書く。
4年）実験したことをもとに調べたことを整理して書く。
5年）見学をもとに情報を整理して書く。
6年）社会に目を向けて，情報を確かめて書く。

　ここでは，報告書として「書くこと」による報告のかたちが取り上げられているが，1年生の最初では，まず「せんせい，あのね」という口頭による報告から始める。1年生の段階で，自分の思いや考えを相手に伝える経験をつんでおくことが，報告の第1歩である。
　また，報告書を書く時には，何よりも情報をどんな方法でどれだけ集め，それをどんな視点で整理するかの見通しをしっかりもつことが大事である。その時に使う手だてとして，各種のカードがある。先にも書いたように，見学したり，調べたり，取材したりした様々な情報をもとに自分の考えをまとめるためには，まず情報を集めるためのカードやメモの書き方の指導が基本である（「Ⅱ-12」「Ⅱ-13」を参照)。
　メモやカードの書き方の例としては，次のようなものがある。

　書き方で大切なことは，要点を箇条書きにすることである。長くだらだらと書くのではなく，要点を見極めて短い言葉で書く練習を重ねることは，自分で文章を読んだ時にも，その中の大事なことをとらえる力にもつながっていくことだろう。

発展

同じ題材やテーマの作品を集めて文集にする。
　友達の書いた作品を読むことによって，物に対する様々な考え方・とらえ方・感じ方を知り，次の自分の作品へのヒントにしたい。

No. 34　Ⅱ-16　ファイリング・スクラップ

対象学年　5〜6年

こんな時に使えます！
◎調べたことや聞いてきたことなどを文章にまとめたり，報告やプレゼンテーションなどに活用したい時。
◎インタビューや見学などでメモを整理する時。
○他教科や総合的な学習の時間で集めた資料を整理する時。

こんな言葉の力が育ちます！
・情報を収集する力。
・情報を整理，処理する力。
・情報を活用する力。

ファイリング・スクラップとは

【定義】
　ファイリングとは，事務合理化のために書類などを必要な時に取り出せるように配列・整理しておくことをいう。
　スクラップとは，新聞などの切り抜きのことである。
　ここでの「ファイリング・スクラップ」は，国語科や社会科，総合的な学習の時間に利用するために，本のコピーやインタビューの際のメモ，デジカメで撮ってきた写真などを整理して，必要な時に容易に取り出せるように保管することをいう。

【準備するもの】
・見出しシール。
・鉛筆。
・アルバム。
・カラーペン。
・付せん紙。
・スティックのり。
・A4の紙袋かクリアファイル。

【方法・手順】
①袋やクリアファイルに整理する
　資料のテーマ別に袋の色を変えてとりあえず入れておく。
　色別の袋が用意できない時は袋にカラーで印をつけておくとよい。
　資料の量が少ない時や紙の資料が多い時はクリアファイルが便利だが，その時も色別のファイルにするとよい。
　袋の中に入れる資料にも，細かく分類した時の内容別に印をつけるか，付せんをたてておく。
　このようにしておくと，とりあえず入れたものをあとでゆっくりと整理していく場合にも役立つ。

②出典を明らかにしておく

　どこから集めたのか，誰からの情報なのか，いつのものなのかなどの出典を明記しておく。

　本や雑誌のコピーなどの場合は，書名・著者名・発行所名を記す。また，新聞の場合は，新聞名・日付を記しておく。

発展

情報をグループに分ける。

①集めた情報を一つずつ短く分かりやすい言葉で表して，カードに書き出す。

- こう水の多い町だった。
- 近年，ヒートアイランド現象が問題となっている。
- 昔は自然が豊かだったという話をよく聞く。

②仲間だと思うカードを集めて，グループ分けをする。はじめは，大きく2，3のグループに分けて，それを次第に細分化していくとよい。グループごとにタイトルもつけておくようにする。

――町――
- こう水の多い町だった。
- 駅前は個人商店が多かった。
- 道路が整備された。
- 大企業の支社が増えた。
- 昔は川が流れていて，自然も豊かだった。
- 海沿いに高層ビルが建ち地方都市化した。

――くらし――
- 下水道の整備が整った。
- 井戸水で生活していた。
- ひっこしてくる人が増えた。
- 郊外で田畑がなくなり住宅街になった。
- 地下鉄が開通した。
- ごみが増えている。

> 一つのグループのカードが五枚にになるくらいまで繰り返そう。

③関係があると思うものを矢印で結びながら，全体の様子を見て気づいたことを話し合う。

――町――

昔のすがた
- 昔は川が流れて自然も豊かだった。
- こう水が多い町だった。
- 砂利道が多かった。
- 駅前は個人商店が多かった。

今のすがた
- 地下鉄が走り，郊外も都市化していった。
- 道路が整備された。
- 海沿いに高層ビルが建ち並び，大企業の支社が増え，地方都市化した。

――くらし――

人（今のすがた）
- 一年間の光熱費が増えた。
- ひっこしてくる人が増えた。

ごみ（今のすがた）
- ごみが増えている。
- 環境を守る意識が高まっている。

気候（今のすがた）
- 海から入ってくる風が高層ビルにさえぎられ，ヒートアイランド現象が問題化。
- 自然が少なくなった。

――産業――

今のすがた
- 海沿いを中心に地方都市化して，大企業の支社が増えた。
- 企業が増えたため，郊外に住宅街が増えた。

④テーマを決めて新聞の切り抜きを続けて，自分の考えを書き込んでいく。客観的事実と自己の考えや思いを明確にしながら，プレゼンテーションを行う。

No. 35 Ⅱ-17 意見文の書き方

対象学年　5～6年

こんな時に使えます！
◎意見文について知り，意見を文章で表現する意欲をもたせたい時。
◎自分の考えを，筋道立てて効果的に書く方法を学ばせたい時。
○学んだことを生かして，周囲の人に訴える文章を書く時。

こんな言葉の力が育ちます！
・論理的に相手を説得する力。
・自分の主張をはっきりと筋道立てて構成する力。

> 電車のマナーについてのアンケート調査の結果が出てるよ。
> 意見文を書く時の資料になるね。

まず，意見文を読んでみよう

「意見文っていつも書いている作文とどう違うの？」「主張があるのが意見文だよ。」
　これで「意見文」のイメージがわくといえるだろうか。子どもたちは，意見文と意識して文章を読むことが少ない。まず，たっぷり意見文を読んでもらうことから始めよう。
　新聞の投書欄から，子どもも読める多種多様な意見文を収集する。難しい漢字にはルビをふる。新聞の切り抜きを簡単な台紙に貼って，みんなで回覧する。別紙に「意見文一覧」を用意しておき，一人一人読んだ後で，興味をもった文のタイトルに○印をつけておく。

興味のある意見文はどれ？

「電車の中のマナーについて」「ごみの出し方」「○○事件の再発を防止せよ」「買い物に行ってうれしかったこと」「選挙の投票に思う」などなど。
　政治・経済・社会・日常……多様な意見文に出合うことができる。新聞の投書欄のよさは，比較的短文であること，老若男女，書き手が様々であること，内容が単純で明快であること。雑感ではなく，主張があることである。
　短時間で複数の投書が読めるので，「意見文」のイメージをつかむにはぴったりだ。

意見文に物申す

　さて，読んで○印をつけたものの中から一つを選び，その投書に対する自分の意見を書いてみよう。「賛成」でも「反対」でも自由に，読み手に通じるように。
　賛成なら賛成の意図が分かるように書く，反対なら，反対の根拠をはっきりさせて書く。

ここまでは2時間あれば，読んで選んで書くまでができる。

意見文とは何か

投書本文を読まずに投書の題名だけに着目して，投書に対しての自分の意見文を書く。書いたら交換し合って読んでみる。すると，第三者が理解できる意見文になっているかどうかが客観的に判断できる。「一人よがりでは意見は伝わらない」，これが読み合う学習で学びとるねらいである。

意見文には，筆者の主張とその根拠が必要。それが分かったら，いよいよ本番である。

意見文のコツ

(1) 身につまされる体験

根拠の種類にはいくつかある。学習の中で気づかせたい。まず，「こんな体験をした」という事実が根拠になる場合がある。読み手が「そうだろうなあ」と共感できるような体験もあれば，「えっ，そんなことがあったの？」とびっくりするような体験であることもあるだろう。

「その体験が私にこう言わせている」と分かるような書き方をすればよいのだ。

(2) 反論を承知で説得

書き手が自分の主張をするのは，それが正しい意見であるからではなく，「分かってもらいたい」し，「共感してもらいたい」からだ。したがってみんなが賛成とは限らないが，まず聞いてくださいという気持ちが大事になる。

しかし，まったく反論を意識しない意見文は，説得力をもたない。こういう考えもあるかもしれないが，私はこの点を強調したいというところを明確にすると，説得力が出てくる。

(3) データをもってくる

意見によっては，自分の体験や考えだけではなく，自分の考えを支持する他の人の考えや，数的なデータが意見を補強することも多い。

専門家の意見，アンケートや調査による数字を主張の根拠にする方法も提示したい。

ただし，データを自分の都合のよいように解釈して主張すると，かえって信用がなくなることにも気づかせたい。

ポイント

①一番言いたいことはなに？
②なぜそう主張したいの？
③そう考える理由・根拠は？
④誰に語りかけるの？
⑤上の①～④を順序を工夫して書く。

● 「書く」と「話す」を結んで ●

以上は「意見文」を書くことに焦点を合わせて紹介したが，意見文を書くにあたって，その意見を友達に話す活動を組み合わせることもできる。

同じテーマで話し合い，賛成意見や反対意見，体験や資料を取り入れて，最終的に自分の意見文にする方法である。

話す活動と結ぶことで，考え方に幅は出るが，ああもいえるがこうも考えられると，主張があいまいになってしまう場合もあるのが難点だ。

意見文を書く実際の場をつくろう

総合的な学習などで調べたり考えたりしたことを自分たちの生活に結びつけると，このことをぜひ多くの人に訴えたいという気持ちになることがあると思う。その時こそ，本物の意見文を書くチャンスである。ビラにして配る，新聞や広報誌に投書する，その他，実際の場に働きかける意欲をぜひ実現させたい。

Ⅱ章 考えを整理するための学習スキル 26

No. 36　Ⅱ-18　絵巻物をつくる（時系列の話）

対象学年　2〜6年

こんな時に使えます！
- ◎時間の順序を考えて，内容を整理する力を伸ばしたい時。
- ◎お話づくりや発表原稿をまとめる学習で，話の筋道や順序を考える力を伸ばしたい時。
- ◎場面やひとまとまりの内容を構成する力を伸ばしたい時。

こんな言葉の力が育ちます！
- 物語や説明など話の構成をしっかり把握する力。
- 場面と場面のつながりを考えることができる力。
- 絵に必要な文章を考え，簡潔にまとめて書く力。

（絵に合う文を短く書こう。）

● 絵巻物とは

【定義】
　巻き物にかいた絵画作品で，文章とそれに対応した絵とが交互にかかれている形式が多い。
　『源氏物語絵巻』などの古典作品があり，寺社縁起などを物語る作品も多い。
　この形式を国語学習に取り入れ，場面ごとに絵をかき，絵を説明する文章を書き加えて，一つの作品にまとめたものを絵巻物といっている。

【準備するもの】
- 巻き物になるような横長の用紙。障子紙のように巻いてあるものがよい。
- 巻き物のしんにする棒。
- マジックインキ，ポスターカラーなど，紙が縮んだり，紙に汚れがついたりしないもの。

【方法・手順】
① 絵巻物にしたい物語を読んだり，事柄を整理したりして，絵巻物にするために必要だと思う場面をいくつか選ぶ。
② 選んだ場面がかける長さの用紙を準備する。ロール状になっている用紙は，必要な長さに切って使えるよさがある。
③ 物語の場合は場面や人物を想像して，説明や報告の場合はできごとや事柄を思い出して，絵を丁寧にかく。絵と文章の構成を考えて，構図を決めてからかく。
④ それぞれの場面ごとに，絵でかいたことを説明したり，補ったりするような文章を丁寧に書く。全体を読みかえしてつけ加えなどを考え仕上げる。

ポイント

①全体の構成をきちんとたてる

　絵と文章を読みながら、物語や説明などを理解していくので、話の展開に対応した場面の選択を考えることが大事である。場面が飛んでいると、その間の説明がなければ分からなくなることも考えられる。まずどんな場面を選択するかということが絵巻物の成功を左右する。

　そのためには、話がどのように展開しているかを大まかな構成表に整理してみるとよい。話の展開で起承転結となる場面を押さえてから、その他にどの場面をつけ加えるか考えさせる。また、読者の立場に立って、必要かどうかを検討してみるのもよい。選択の吟味をしていくうちにいくつかの場面がしぼられてくる。

②絵だけであらすじが分かるようにする

　次は、絵である。絵巻物であるから、絵を見るだけで、物語や説明の大体が分かるようなものが期待される。

　人物の気持ちや場面の様子をよく考えて、表情や動き、雰囲気や時間の推移なども分かるようにかいたり・説明したいことをできるだけ正確にかいたりして、絵で丁寧に表現していくように指導する。

　絵巻物は、どのように絵で表現しているのかということを見ていくところに楽しさがある。それぞれの感じていることの違いやかいた人のもち味が表れているところに面白さがあることに気づかせ、上手・下手をあまり意識しないようにさせたい。

③説明の文は簡潔にする

　絵巻物は絵が中心なので、説明したり補足したりする文章は、短く書くことが大切である。絵と合わせると、その場面がより分かるような文を書き添えるために、絵で表現できていることを見直してみる。絵では足りないものは何か。つけ加える必要があるか。簡潔に書くことはできないかなどと考えて、文づくりをすることが大事である。

　全体を読み直し、場面と場面とがよくつながっていることを確認して、最後に奥付を記しておく。題名、作者、製作年月日を入れて完成。軸やひもをつけて一巻のできあがりとなるようにしたい。

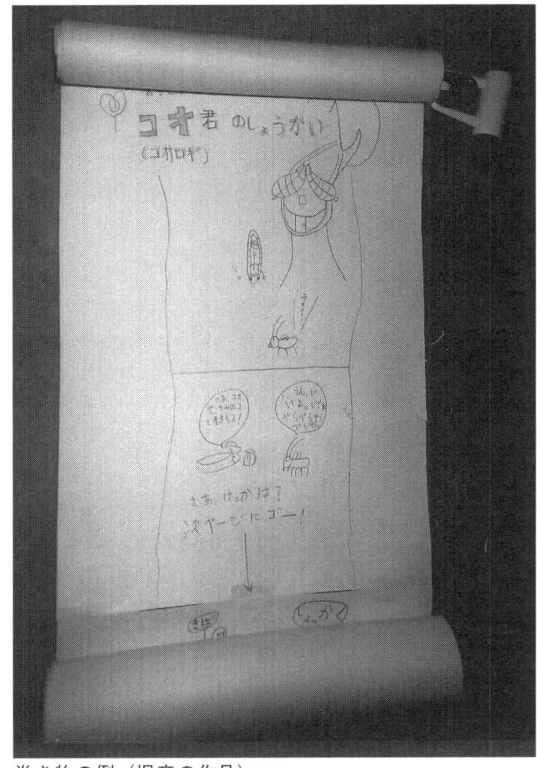

巻き物の例（児童の作品）

発展

①折りたたみ型絵巻

　絵巻物は巻き物であるが、場面ごとの大きさを同じにして折りたたむと、びょうぶのように立て掛けて見ることができる。場面の大きさが一定であるところ以外は、つくり方は同じである。

②ノート活用型めくり絵巻

　見開きページを1場面のスペースとして、絵と文で学習した場面を整理していく。物語を読み進めながら仕上げていく楽しさがあり、学習後のふりかえりにも役立てることができる。

No. 37 Ⅱ-19　年表づくり

対象学年　5～6年

こんな時に使えます！
○年月・日時が数多く出てくる文章を時間を追って内容を理解したい時。
○ある人の生涯、略歴などを参考にして話し合ったり、考察をしたりしていく時。

こんな言葉の力が育ちます！
・書かれている内容を、時の流れにしたがって表に整理し、理解していく力。
・「いつ」「どこで」「誰が」「何をした」が出てくる長い文章や段落の内容を簡潔に要約する力。

＊年表にすると、田中正造の伝記の内容がもっとよく分かるね。

年表とは

【定義】
　時間的な経過が述べられている説明的文章や伝記などを理解する時、また、生涯、略歴などを書く時、年月順、時の流れの順に表にして表すと、更に見やすく分かりやすくなる。そのための表。

【準備するもの】
・年表台紙A（右図の表のすべて）。
・パーツ年表用紙B（右図太枠網掛け部分）。

【方法・手順】
(1)　年月、日時を表す言葉に線を引きながら文章を読む。
(2)　年表をつくる。
　①国語科では、基本的には縦書き形式で書く。
　②年月、日時をもとに読んだ内容を要約して〈パーツ年表用紙B〉に書き込んでいく。
　③書き込みが終わった〈パーツ年表用紙B〉を〈年表台紙A〉に配列してみる。クリップやセロテープで仮どめしておくとよい。

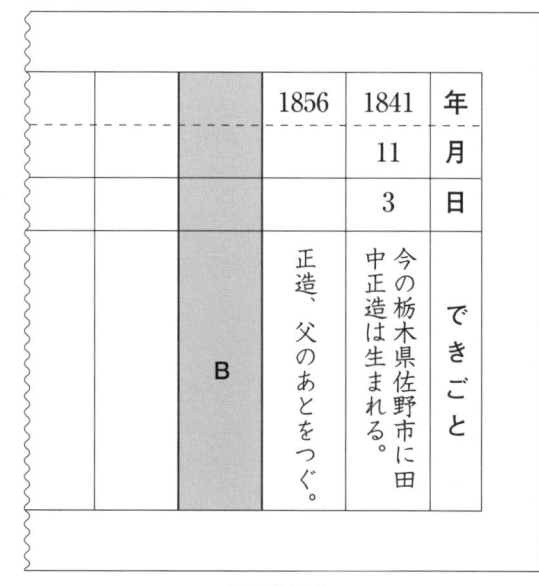

年	1841	1856		
月		11		
日		3		
できごと	今の栃木県佐野市に田中正造は生まれる。	正造、父のあとをつぐ。	B	

年表台紙A

④配列した〈パーツ年表用紙B〉を見返し，付け加え，削除，配列直しなどを必要に応じて行う。

⑤見直しが終わったら〈パーツ年表用紙B〉を〈年表台紙A〉に糊付けして年表完成。

(3) 年表を使って。

つくった年表を見ながら，その人の生き方について考えてみるとか，その人がやってきたことについて感想を述べ合うとか，何らかの考察を加えてみるなど，今後の学習に生かしていく。

ポイント

文章を読む時は，年月，時間を示す言葉を探しながら読む。年月，時間を示す言葉は，段落の冒頭，あるいは文頭にあることが多いので，線を引きながら読んでいくとよい。

できごとを要約する際，「いつ」以外の，「誰が」「どこで」「誰と」「何をした　どんなことが起きたか」を中心にして端的にまとめるとよい。

年表をつくる際，パーツ年表用紙を使う理由は，見直しをした際，もし，年表に付け加えや漏れなどが発見され，直す必要に迫られた時，また初めからつくり直す恐怖と苦労から解放されるよさがあるからだ。

〈年表台紙A〉は，画用紙のような少し厚手のものが使いやすく，〈年表台紙A〉の色と〈パーツ年表用紙B〉の色を違った色にしておくと見やすくてよい。さらに，〈パーツ年表用紙B〉よりも〈年表台紙A〉の方が一回り大きいものを用意するとよい。

年表をつくることだけを目的にしないようにしたい。文章の内容やある人の生涯や略歴などを年表にまとめることによって，文章よりも，見やすく分かりやすくなる。内容を理解しやすくするための一つの手段であることを忘れないようにしたい。したがって，年表をつくった後，それを使って子どもたちがどんな学習をするかを教師は明確にしておく必要がある。そうでないと，ただ作業をしただけで終わってしまう。

発展

壁などに貼って展示する場合は，下図のように〈年表台紙A No.1〉と〈年表台紙A No.2〉とをそのまま横につなげ，横長の年表にする。

壁などに展示せずに，本のようなコンパクトな形式にする場合は，②の表面と③の表面とを貼りつなげて，蛇腹のようにすれば，見やすく，かつ，場所をとらず折り畳むことができる。

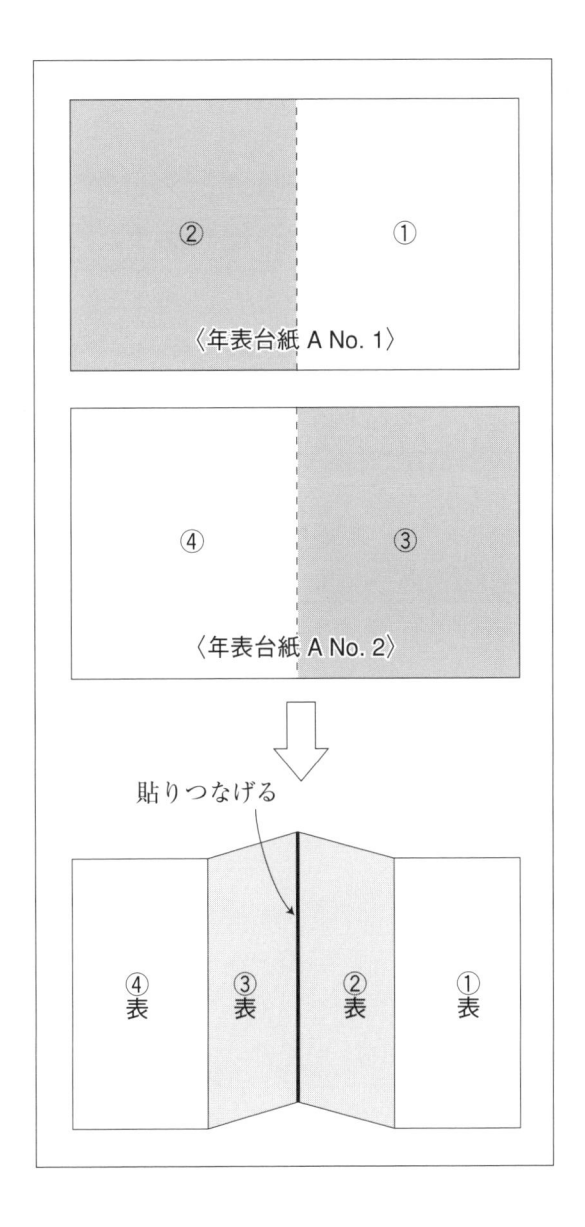

No. 38 Ⅱ-20 話し言葉日記

対象学年　1〜6年

こんな時に使えます！
◎身の回りのできごとや，したこと，見たこと聞いたこと，想像したことなど，様々な内容について思いを膨らませて楽しんで表現したい時。
◎家庭での生活の様子を生き生きと伝えたい，と思った時。

こんな言葉の力が育ちます！
・書く必要のある事柄を収集したり選択したりする力。
・事柄の順序を考えながら，語と語や文と文との続き方に注意して書く力。

（吹き出し）話し言葉だとスラスラ書けるなあ。

● 話し言葉日記とは

【定義】
　毎日の生活をふりかえって，自分や周囲の人々の会話や話し言葉を書き留めた文章や日記のこと。

【準備するもの】
・ノート（発達段階に応じた形式のノートがよい）。
・筆記用具（低学年の場合はクレパス・色鉛筆）。

【方法・手順】
　この活動は，ぜひ帰りの会に行いたい。一日のできごとをふりかえる時間を取る。次に，今日誰とどんな会話をしたかを思い出す。そして，その言葉を書き留めていく。
　慣れるまでは，学校生活から題材を取って，書くとよいだろう。指導する側も知っている場面が書かれていると，指導をしやすいからである。
　一人でどんどん書けるようになったら，家でのできごとを会話で記録してみるとよい。会話文を書くということが，実はできごとの断面を切り取っている行為につながることに，児童も自然と気づいていくだろう。
　話し言葉日記にはいくつかのスタイルがあるので，ここに紹介する。

★1「ただいま」日記
　放課後の自分の生活を記録していく日記。
　家に着いて，最初に「ただいま」を言う相手は誰だろう？　母親・父親・祖母・学童保育の先生・お手伝いさん…児童を取り巻く多くの人々が登場してくるだろう。誰も返事をしてくれない，という子もいるかもしれない。
　この「ただいま日記」は少ない字数で書き上げた方が，帰宅した瞬間の様子をくっきりと表現できる。

> 作品①：3年女子
> 「ただいま。」
> と，わたしが，言う前に，お母さんが，
> 「おかえり。」
> と，言った。お母さんがミシンをかけていた。わたしはそれを見ながらおやつを食べていた。
> 「今日は，ピアノのレッスンの日だ！」
> と，わたしはお母さんに言いました。
> 「早く，したくしなさい。」
> と，お母さんに言われて，わたしは急いで，レッスンバッグを持ちました。
> 「いってきまーす。」
> 月曜日は，とてもいそがしいのです。

★2「おやすみなさい」日記

　これは，会話を記録するというよりも，「おやすみ」と言った後のできごとや自分の気分などを見つめて書く，という活動である。
　「ただいま日記」や「休み時間日記」を会話をもとに書く，という活動を積み上げた後に，ぜひ心の中でのつぶやきや，夢の中での会話などを題材にして，書いてみたい。

> 作品②：2年女子
> 「おやすみ。」
> と，言ったら，お母さんが，
> 「おやすみ。」と言ってくれた。めざまし時計のスイッチを入れた。ふとんに入ると，プーさんのぬいぐるみをだいた。時間がたつといつのまにかねてしまった。
> 「あしたも，はやくおきるぞ。」
> と，思って，ねた。

★3 音で始まる物語

　この作文では，たくさんの擬音・擬声語を駆使して臨場感あふれる文章を書ければ，ねらいは達成されたことになる。まず「何の音」を取り上げるかが最重要課題であろう。書き出しに，どんな音をもってくるかさえ決まれば，その後はスラスラと書き続けるに違いない。
　指導に際しては，いくつか例文を紹介して，イメージをもたせてから，紙に向かわせるとよい。

> 作品③：6年男子
> 「ガッシャーン！」
> 　台所ですさまじい音がした。また，母が何かしたのだろうか。案のじょう，お皿が床に散乱していた。
> 「カシャ。カシャ。シュー。ガサガサ。」
> 何かがすれるような音がする。
> 　母が，割れたお皿のかけらを拾っているのだろう。
> 「お母さん。また割ったのー。」
> 「えへへ。ちょっとね。手がすべったのよ。」
> 「またー？ この間も花びんを割ったじゃない。」
> 「そ，そうね。」
> 「お父さんに，またおこられるよ。」
> 「あら，いいのよ。お父さんは，お母さんがそそっかしいところも好きだよ，って昔言ってたもの。」
> 「それは，昔でしょ？」
> 「カサカサ。」
> 　お母さんはぼくの言葉を無視して，片づけていた。

発　展

★4「架空個人面談」

　この活動は，実際に起こったことではなく，架空の「個人面談」を設定して，「もし，親と先生が個人面談をしていたら，こんな会話をするだろう」と想像して，書く活動である。

> 作品④：3年男子
> 「ガラガラ。」
> 「おはようございます。」
> 「うちの子，学校ではけんかとかしてませんか。」
> 「してませんよ。いつも元気にあそんでますよ。」
> 「よかった。給食で，すききらいしてませんか。」
> 「よく食べてます。それに勉強もがんばってます。」
> 「そうですか。元気でよかったです。このごろ，家でお皿をあらってくれるんです。」
> 「それは，えらいですねえ。家でいいことをたくさんやってるんですね。」

　話し言葉の中に，児童が「こうなりたい」と思う自分の姿が，見え隠れしているのが分かる。「架空の会話」の先には，子どもたちの願いと未来があるのだ。

Ⅱ章 考えを整理するための学習スキル26

No. 39 Ⅱ-21 登場人物の日記

対象学年 2～6年

こんな時に使えます！
◎登場人物の気持ちや考えなどの読みを深めさせたい時。
◎物語で読み取ったことを，子ども同士で交流させたい時。

こんな言葉の力が育ちます！
・人物の心の動きを読む力。
・人物の行動の意味を考える力。
・友達と学び合う力。

ごんの日記〈まつたけを持って行った日の夜〉

今日は、くりをどっさりと、まつたけを二、三本持っていった。兵十もう食べたかな？ この前のいわしのことでは、悪かったな。もうきずだいじょうぶかな。なんか、さいきん、いたずらしてないな。でもなあ～。どうしようかな。なんか、兵十となかよくなりたいって思うこともある。よぉ～しっ。明日は、早く起きて、おいしいくりどっさりとまつたけをさがしに行くぞっ！

登場人物の日記とは

【定義】
　作品中の人物になったつもりで書く日記。できごとの他に，気持ちや考えたことを想像して書かせると，子どもの読みを広げることができる。
　物語の読みでは，子どもに学ばせたいことはいくつもある。授業の展開も様々に考えられる。
　だが，なんといっても子どもは人物にそって読む。人物が，ある状況の中でどのように行動し，どんな言葉を言うのか，しっかり読ませたい。そして，その後に人物について自分はどう考えるか，という段階がくるといえるだろう。日記は人物を読む有効な方法だが，独りよがりでなく，本文に基づいたものにしたい。

【準備するもの】
・ワークシート（普段使っているノートでもよい）。

【方法・手順】
★1 単元全体で，1，2回取り入れる場合
　物語の中で，大きなできごとがあった後や，ストーリーの展開にとって大切なある一日などを取り上げる。

88

①人物を決める
　学級共通の方がよい場合と，各自が選んだ方がよい場合がある。
②観点を押さえる
　「〜したい時のことが分かるように」「〜した理由を必ず入れて」「家に帰ってからどんな気持ちだったかを中心に」など，押さえたいポイントを示す。これは，本時の目標とたいてい重なる。
③ワークシートに書く
　子どもの実態に合わせて，紙のサイズや罫線の幅や余白の量などを工夫する。
④読み合い，発表をする
　早く書けた子どもは前に出てきて床に座り，できた子同士で読み合いをする。
　全員が書けた段階で，全体の読み合いに入る。発表した子どものよいところを押さえ，さらにそれらについて話し合いができるとよい。

★2　単元全体を「○○日記ファイルをつくろう」とする場合
①迫りたい人物を決める
　はじめの2〜3回は，同じ人物の日記を，毎時間書く。
②別の人物の日記を書く
　今度は，今まで書いてきた人物と別の人物を選ばせる。これは，視点を変えて読むことに自然につながり，新しい発見が生まれやすい。
③まとめる
　ワークシートを使った場合は，きれいに貼り合わせて表紙をつける。

ポイント

　「日記」は，一日をふりかえって書くものなので，人物になりきって，いろいろに思いをめぐらすことができる。本文を押さえつつ，想像も広げることができ，小学生に適した活動といえる。
　ただ書けばよいというのではなく，大切なのは，教師が適切な部分を取り上げてやることだ。そうでないと，活動だけはあるが，自分勝手な内容になりがちだ。常に本文の言葉を大切にしたい。

発展

○創作日記
・本文には直接書かれていない場面の日記を，前後のつながりから考えて，創作する。
　　（例）ごんにうなぎを盗まれた日の，兵十の日記（『ごんぎつね』）
・作品中で話すことのないものの日記
　　（例）じさまに甘えてばかりいる豆太をずっと見守っているモチモチの木の日記（『モチモチの木』）

○ふきだし
　「日記」は，1日というやや長い時間のできごとをふりかえるが，「吹き出し」は，ある場面のその時の思いや考えを，人物に語らせるものである。手軽に人物になって語ることができる学習方法である。

児童の作品

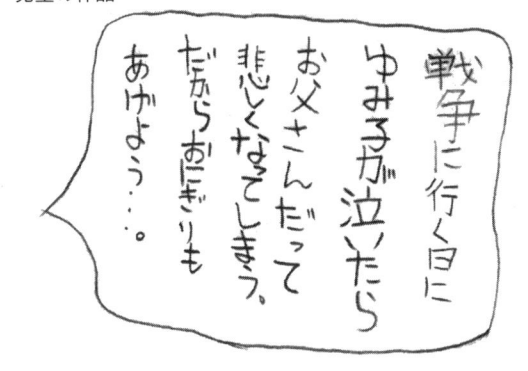

> 戦争に行く日にゆみ子が泣いたらお父さんだって悲しくなってしまう。だからおにぎりもあげよう…。

○人物への「手紙」
　「日記」と「吹き出し」が，人物の立場にたって書くのに対して，「手紙」は，子ども（読み手）が人物に対して書くものである。必然的に子どもの考えが直接反映される。「日記」をたくさん取り入れた場合は，最後にこの「手紙」を人物に書かせると，視点が変わって，自分の読みをまとめることができる。
　ただし，〈人物から人物への手紙〉を創作することも可能である。これらを上手く組み合わせることで，豊かな読みへ広げることができる。

No. 40 Ⅱ-22 登場人物を変換して作文を書く

対象学年　1～6年

こんな時に使えます！
◎視点人物を変えて登場人物の心情や情景についての読みを深めたい時。
◎「読む」「書く」の活動を関連させて物語のサイドストーリーなどを創造したい時。
◎作文で通常と違う視点で書きたい時。
◎総合的な学習の時間などで，かかわった人やものの立場になって，感想を書きたい時。

こんな言葉の力が育ちます！
・登場人物の心情を読み深め，まとめて表現する力。
・ものをじっくりみつめ，考える力。
・相手や内容にふさわしい文体で書く力。

登場人物を変えると、新しい発見が見つかるね。

変換作文とは

【定義】
　文中に登場する人物の性格や立場，語り口などを変換したり，様々な文体で書いたりする作文のことである。話者・語り手（視点人物）を他の登場人物に変えたり，新しい人物を登場させたりする。
　登場する人物の伝えたいことを立場を変換して表現することで，作品世界を楽しみ，新しい発見や豊かな読みを展開する可能性を広げることができる。
　設定する人物のキャラクターに合わせて文体や語調を変換して書くこともできる。それに付随して，時間や空間などの設定も変換できる。設定の変更は目的によって多様である。

　ここでは一番基本的な変換の方法・手順を紹介する。

【準備するもの】
・書き換えるもととなる作品。

【方法・手順】
①登場人物や語り手を確認する。
②語り手にする人・ものを決める。
③変換した人物の視点で，原文の意味を変えずに書き換える。
④書き換えた表現を2人組やグループ内で交換して読んだり，クラス内で交流したりする。
⑤新たに発見したことを話し合う。

ポイント

変換して作文を書くことで何が見えてくるか。

物語や説明文の「読み」の中で語り手を変換することで，作品の構造や表現を深く考える必要性に迫られる。また，変換したことで作品の新たな読みを発見したり，書き手の新たな一面をひらいたり，読みの可能性を豊かに広げる。

生活文や意見文などの作文活動で，視点を変換して書く場合は，視点人物とした対象へのかかわり方や自分の考え方・生き方が書きながら見えてくるであろう。対象への自己認識がされるのである。

また，表現したものを交流させることで互いの読みや考え方が分かりあえることであろう。

「書いて終わり」ではなく，子どもが書いたものを学習材として，さらに学習を展開していってほしい。

以下，変換の設定例をいくつかあげる。

1．語り手を変換して書く
- 作品中の登場人物の視点で描く。
- 作品中で語っていない人（もの）が独白する。
- シリーズ本や他の作品に登場する人（もの）となって書く。
- 全く新しい人（もの）を登場させる。
- ＊1人の人物の独白で書く場合や何人かの人物の会話や対談形式で書いてもよい。

2．表現方法を変換して書く
- 日記
- 俳句や短歌
- 替え歌
- 新聞記事
- ニュース
- 実況中継
- シナリオ（劇）
- 独り言もしくは対談
- インタビュー
- 五感から一つだけを選んで　など

3．語調を変換して書く
- 方言
- 昔話
- 赤ちゃんや幼児語
- 上品，丁寧
- 下品
- 動物の鳴き声
- 鼻もげら語（音だけのイメージ）
- テレビやマンガのキャラクター
- ギャル風
- 文句や説教調　など

発展

〈「お手紙」のサイドストーリーづくり〉

「お手紙」（アーノルド・ローベル作）は，お手紙がこないことを悲しむかえるくんにがまくんが手紙を書き，配達をかたつむりくんに頼む展開である。その後，「四日たって，かたつむりくんがいえにつきました。」となる。

本文中，かたつむりくんの台詞は「まかせてくれよ。」「すぐやるぜ。」のみである。届けた時の，がまくんとかえるくんの2人の様子をかたつむりくんの視点で書く。また，絵本『がまくんとかえるくんシリーズ』（4冊）の中の動物を登場させて，2人が手紙をしあわせな気持ちで待っている場面を会話で表現する。

2人の気持ちを別の角度から書くことで，より確かな読みを展開し，お話のよさを楽しむことができる。

〈運動会を実況中継風の作文にする〉

C：さあ，いよいよ次はつなひきです。きょうの見どころはどこでしょう。解説のSさんお願いします。

S：そうですね。紅組のKくんが「腰を低くしてがんばるぞ。」って言っていましたから，どちらが腰を低くできるか，でしょうね。

C：なるほど，白組のTくんは，「綱を脇に抱える。」と言っていましたが，2人の作戦はうまくいくでしょうか。始まります！……。

KとTが，自分たちのことをアナウンサーと解説者に変換して実況風に交互に作文する。

■参考文献　府川源一郎・高木まさき・長編の会 編『認識力を育てる「書き換え」学習』東洋館出版社，2004年

No.41 Ⅱ-23 なりきり作文

対象学年 3〜6年

こんな時に使えます！
◎遠足・運動会など学校行事を思い出して作文を書く時。
◎物語文を読む学習で，主人公の気持ちを想像して，書きたい時。
◎子どもたちが「普通の作文に飽きた」という顔をした時。

こんな言葉の力が育ちます！
・目的や意図に応じ，考えたことや伝えたいことなどを筋道を立てて文章に書くことができる力。
・考えたことや伝えたいことを，効果的に表現しようとする力。

● なりきり作文とは

【定義】
　何かになりきって，一人称文体で書く作文。別名・変身作文。たとえば，遠足の作文で「くつ」になって書く。「ごんぎつね」を読んで「ごん日記」を書く。こうした「書く」学習方法の一つを指す。

【準備するもの】
・作文用紙（発達段階に合った形式のもの）。あるいはワークシート（吹き出しなどをかけるタイプ）。
・筆記用具。

★1 登場人物になりきって書く

> 作品例：「ごん日記」4年
> 　おいらは，きつねのごん。ひとりぼっちで暮らしてるんだ。いたずらが好きで，いつも村人をこまらせている。でも，本当はさびしがりやなんだよ。しょっちゅう，兵十をからかったり，いたずらをしかけたりしてるのも，兵十をきらいだからじゃないんだ。本当は，おいらのこと気づいてほしい，好きになってほしい，と思ってたからなんだ。
> 　でも，このごろ，兵十の様子が変なんだ。元気がない。どうやら，おっかあの病気が重いらしい。

★2 自分が身につけていた物になって書く

例A　運動会の作文
　（運動靴・ハチマキ・帽子・リレーバトンなど）
例B　遠足の作文
　（リュックサック・お弁当・靴・水筒など）
例C　教室での生活を書く作文
　（筆箱・鉛筆・消しゴム・ノート・本など）

下の作品例は例Bのタイプの作文である。

> **作品例：「わたしは，くつ」３年**
>
> わたしは，くつです。みきちゃんにはかれているくつです。わたしは新品です。十月ごろ，みきちゃんの家に来ました。
> 　明日は遠足です。みきちゃんと行くのが楽しみです。
> 　わたしは晴れるかどうか，どきどきしていました。その時リュックくんが言いました。
> 「楽しみだね。」
> わたしも楽しみでした。
> 　次の日，わたしはいつものようにみきちゃんにはかれました。わたしとみきちゃんはスキップをしながら，学校に行きました。わたしは，遠足に行けることがうれしくてたまりませんでした。…

　この場合には，まず児童が書きたいと思っている題材を掘り起こして（お弁当の時間・遊んだこと・前日の楽しみな気分など）それに合わせて，変身する「もの」を何にすると効果的か，を考えるとよいだろう。

　もし，何に変身したらよいかを思いつけない児童がいたならば，黒板に例として，たくさんの「もの」を列記して参考とするように助言する。

★3 全知視点で書く

　全知すなわち「すべてを知っている・見ている」視点で書く活動を指す。

　遠足だったら「空」「太陽」，学校だったら「校舎」「校庭の木」，教室だったら「壁の時計」など，大きな視点でもって，私たちを上から見ている「もの」を取り上げると，面白い作文が書けるだろう。ただし，かなり難しい視点で書くことになるので無理をさせずに取り組ませたい。

> **作品例：「わしはイチョウの木」６年**
>
> わしは，校庭のイチョウの木じゃ。百年前から，この小学校のことを見てきた。
> 　今から約六十年前，大きな戦争があってのう。この小学校の子どもたちも，大勢死んだんじゃ。町にはたくさんのばくだんを積んだＢ29が来て，みんな燃えたんじゃ。だが，不思議と，この学校だけは燃え残って，町のみんなは命からがら小学校の体育館に逃げてきた。その時も，わしは葉を大きくそよがせて，人々が炎にまかれないようにしたものじゃ。
> 　そのころ，校舎は木造二階建て。子どもの数も五十人くらい。小さな学校だった。
> 　じゃが，みんななかよしで，元気な子どもたちだったよ。だが，あの戦争で，たくさんの子が亡くなったのじゃ。今日は，その話をしようかのう。空襲で母親とはぐれた，あの子の話を…。

発　展

★吹きだしを使った「なりきり作文」
《ワークシート》「のらねこの気持ちになって」

のらねこの気持ちになって書こう！
名前（　　　）

「のらねこ」本文

　すると，のらねこは，のっそりと歩き出し，かんづめのえさをゆっくり食べ始めました。
　とてもおなかがすいている，というふうではありません。

> **作品例①：「おれさまは　のらねこ」３年**
>
> おれさまはちっともおなかはすいてないが，リョウのねこの分を食べるというのはなかなかよい気分だ。食べ終わったら，かわいがられるとするか。でも，いったいかわいがるってなんだろう。

> **作品例②：「どんなふうに」３年**
>
> それじゃあ，食べるとするか。一口分といったのに多めにおいてくれたんだから，いやだけれどしかたがない。かわいがられてやろう。どんなふうにかわいがるつもりかな。

　のらねこになりきって書いた時，どんな新しい読みが生まれるだろう？「なりきり作文」は多くの可能性を秘めている活動である。

■**参考文献**　府川源一郎・高木まさき／長編の会 編『認識力を育てる「書き換え」学習』東洋館出版社，2004年

Ⅱ章　考えを整理するための学習スキル26

No. 42　Ⅱ-24　文章を絵にする

対象学年　2～4年

こんな時に使えます！
◎物語教材を場面を区切って，印象深く読みたい時。
◎物語を自分の視点で表現したい時。
◎伝えたいことをどのように表現するかを考えさせたい時。

こんな言葉の力が育ちます！
・物語を自分の思いに合わせて読み深めたり，想像したりする力。
・伝えたいことをより分りやすく話す力。

ポイント
・相手に情報を伝える方法として，文章だけでなく，ビジュアル（視覚）に訴えることも効果的である。
・物語のある場面の状況を整理して考えるために，絵にしてみる。文字だけを読んでいるよりもはっきりとイメージできる場合がある。

学習例
①「町かどをまがれば……」（今江祥智）より

　あそびがすぎて，気がつくともう夕ぐれでした。夕日がぐんと大きくなって，町のむこうにしずんでゆきます。しゅんちゃんは，みんなにさよならすると，かけあしで家へいそぎました。
　パンやをすぎ，とこやをすぎると，かどっこが小鳥やです。ここまでくれば，もうあんしん。その町かどをまがれば，海がみえるはずでした。その後は，目をつむっていても，かえることができました。そこで，しゅんちゃんは，ほんとに，目をつむってゆくことにしました。
　目をつむって，七歩，八歩，九歩……このあたりにポストがあるはずです。それをよけて左へ一歩ふみだしたとたん，しゅんちゃんは，ふわふわした，なまあったかいものに，でんとぶつかってしまいました。

■参考文献　今江祥智 著／和田誠 絵『今江祥智ショートファンタジー　おれはオニだぞ』理論社，2004年

②「川とノリオ」（いぬいとみこ）より

　ススキはそれからも川っぷちで，白くほほけた旗をふり，――かあちゃんとノリオは橋の上で，夕やけをながめていた。くれかけた町の上のひろいひろい空。かあちゃんの日にやけたほそい手が，きつくきつくノリオをだいていた。

　ぬれたようなかあちゃんの黒目にうつって，赤トンボがすいすい飛んでいった。川の上をどこまでも飛んでいった。

　＊情景を描いてみよう。

＊きつくきつくノリオをだいている母とノリオの位置を描いてみよう。
　（ヒント：ぬれたような母ちゃんの黒目に映って，赤とんぼがすいすい飛んでいった）

発展

【道順を地図にする】

　道順を教えるのは，案外難しい。自分の伝えた道順で，相手が正確な地図を描くことができるかを試してみる学習も面白い。

展開例

①学校から家まで，あるいは駅から学校までなどを文章に書き表してみる。
②自分の文章をゆっくり読み上げたり，相手に読んでもらって，それをもとに地図を描いてもらう。
③正しく描ければご名答。

　分かりにくい地図だったら，自分の文章をもう一度見直したり，相手とどこが分かりにくかったかを話し合ってみる。

・東西南北，左右などの方向をはっきりさせる。
・目印になる，交番や図書室，店などを使う。
・いくつめかの角，およそ何メートルなどの数字を示す。
・坂道や細い道，大通りなど道の様子を伝える。

例）
　H駅の改札を出たら，タクシー乗り場と書いてある看板のほうの階段をおりて行きます。階段をおりたら，そのまままっすぐ線路沿いに歩道を歩いて行きます。300メートルくらい行くと，歩道橋があります。歩道橋を渡ります。渡りおわったら，右側に急な坂道があります。その坂道を道なりにのぼって行きます。100メートルくらいのぼると左手に図書館があります。まだそのまま50メートルくらいのぼって行きます。すると，右手に小学校の体育館がみえてきます。体育館に沿って歩くと校門です。

■参考文献　いぬいとみこ 作／長谷川集平 画『川とノリオ』理論社，フォア文庫，1982年

No. 43 Ⅱ-25 漫画を作文に　作文を漫画に

対象学年　5〜6年

こんな時に使えます！
◎子どもたちがなかなか作文学習に興味を示さない時。
◎起承転結のある作文を書かせたい時。
◎表情，感情，音声，動作などを入れて文章表現を豊かにさせたい時。

こんな言葉の力が育ちます！
・文章を書こうとする意欲。
・筋道立てて文章を書く力。
・豊かに描写する力。

4こまマンガで作文を作ろう
月　日　氏名

こま ①登場人物の表情・動き ②ふきだし(感情語) ③音を入れる ④背景を簡単に	コピー (○○している△△)

漫画を作文に，作文を漫画にとは

【定義】

　漫画を作文に変換させることで三つの効果がある。

　一つは，漫画のひとこまに描かれているものを取り出していくことで，どのような要素が描写の中に含まれるか理解することができるということである。

　二つは，4コマ漫画を活用することで，起承転結のある構成を理解することができるということである。

　三つは，漫画の視点を作文や物語と比較させることで，視点の転換による主題の強調効果をとらえることができるということである。

　続いて，作文を漫画に変換することで生まれる二つの効果である。

　一つは，自分の文章に描かれていたことを漫画に書き直すことで，自分の文体の中で使っている描写が見えてくるということである。

　二つは，文章全体を4コマ漫画に書き換えてみることで，自分の文章の中に起承転結を意識づけることができるということである。

　そのうえで，漫画メモを制作してから作文を書かせるとこれまで作文メモから作文を書くことができなかった子どもたちも，ぐいぐい作文を書くことができるのである。

【準備するもの】
・児童用のワークシート。
・子どもが好きな漫画本。
・子どもたちの家庭で購読している新聞（4コマ漫画が掲載されているもの）。

【方法・手順】

★パターン1

「漫画のコマあてクイズ」

　漫画に込められている登場人物の表情・感情・音・情景などを取り出すことで，描写の効果や要素を理解することができる。

①子どもは自分の好きな漫画本を持ってくる。自分の好きなひとコマを選ぶ。

②そのコマを作文に書き換え，友達にどのコマを作文にしたか当てさせる。
③どうして分かったのか話し合うことで，漫画に込められている登場人物の表情・感情・音・情景などの工夫を知り，作文を書く時に生かそうという意識をもつ。

★パターン２
「４コマ漫画で起承転結を知ろう」
文章の構成としての起承転結を知り，４コマ漫画で確かめる。
①物語には，起（物語のはじめ）・承（できごとの始まり）・転（できごとの中心）・結（できごとの終わり・話のオチ）があることを説明する。
　付）４コマ漫画の起承転結には大ざっぱにいって，「転」で話を盛り上がるパターンと，「結」でオチをつけるパターンがある。
②自分の家でとっている新聞に掲載されている４コマ漫画のコマに「○○している△△（登場人物の名前）」とコピーをつけ互いに見合い，起承転結になっているか評価し合う。

★パターン３
「漫画の視点を考えよう」
①子どもたちに好きな漫画を持ち寄らせ，それぞれの視点について考える。
②三人称全知視点の他に，一人称になっているところを探す。
③作者が強調したいところで視点が転換されていることに気づく。
④教科書掲載の物語でも「ごんぎつね」のように視点が転換していたものがあったことに気づく。

★パターン４
「自分の作文をひとコマ漫画にしてみよう」
①これまでに書いた作文中のひとつの場面をひとコマの漫画にする。漫画にする時にどのような要素が入っていたか出し合う。
②実際の漫画に含まれている描写の要素と比較し表現を豊かにしようという意識をもつ。
＊文章表現では読者の想像力にゆだねる部分もあり，そこがよい点であることも補足する。

★パターン５
「自分の作文を４コマ漫画にしてみよう」
自分の作文を４コマ漫画にしてみることで，文章の中に起承転結があるか検証する。

★パターン６
「４コマ漫画メモで作文を書こう」
自分の体験したことや創作を，起承転結を意識して，表情・感情・音・情景を入れ４コマ漫画に表す。
①登場人物の表情・動きを入れ，セリフ（感情語）を入れる。
②音を入れ，背景を簡単に描く。

★パターン７
「漫画メモをもとに作文を書こう」
４コマ漫画にしたものを，起承転結があり登場人物の表情・感情・音・情景などが描かれた作文に書き換える。

ポイント
・ステップにしたがい行うことで，子どもが無理なく楽しく学習を進めることができる。

発展
・物語を漫画に書き換えることで，物語作品の構造や描写に関する「読み」を行う学習。
・パターン７を発展させることで，視点の効果を考えた作文を書く活動。

| No. 44 |
| Ⅱ-26 |

本にしてみよう（簡易製本）

対象学年　4～6年

こんな時に使えます！

◎個人文集を整理してまとめる時。
◎学級文集にまとめる時。
◎「生い立ちの記」をまとめる時。
◎卒業記念文集をまとめる時。
◎学期ごとや1年間の学習作品をまとめる時。

こんな言葉の力が育ちます！

・本の構造を理解し，本をつくる技能。
・原稿を整理してまとめ，本を構成する力。
・文字や絵をレイアウトする力。
・自分の考えを伝えようとする意欲や態度。

● 簡易製本とは

　リーフレットやパンフレットより厚めの本になるような場合，ハードカバーはつけないで手軽に体裁の整った本にしたい時の製本の方法である。子どもたちが書き貯めた作文などをまとめてやりたい時に便利な方法である。

【準備するもの】

■簡易製本機を使う場合

・簡易製本機…本文が挟み込んである専用表紙を器具に差し込み，電気の熱で接着剤を溶かし，本文と表紙を接着固定するための器具である。
・専用表紙…表紙用のやや厚みのある紙で接着剤つきである。つくりたい本の大きさに合わせて，各種の大きさ・厚みのものが用意されている。

■手づくりにする場合

・大型の止め金具用具。　・木工用の接着剤。
・製本テープ。　・寒冷紗。　・大型裁断機。

【方法・手順　その1】

　ここでは，簡単な手づくりの製本について説明する。子どもたちが自分でできる方法である。

①別々につくった表表紙と裏表紙をつけ，綴じ込む。本文と一緒にして，金具で止める。

②止めた本文の背表紙にあたる部分を裁断して切りそろえる。

③切りそろえた背表紙にあたる部分に製本テープを貼りつける。

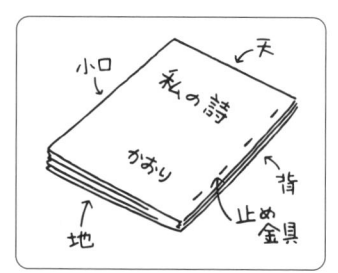

【方法・手順　その2】
　こちらの方法は，製本テープを使わずに，一枚表紙（表表紙と裏表紙を1枚の紙）でつくる，やや手の込んだ方法である。
①本文に中表紙を最初と最後につけ，止め金具で止める。
②本の背表紙にあたる部分を裁断機で切りそろえて，寒冷紗に接着剤をつけて貼りつける。
③あらかじめ題名や絵などを描いた表紙を，本の厚み分のマチ（背表紙）が取れるように折っておく（下の図A・Bを参照）。
④表紙のマチの部分とマチにそった左右1～2cmくらい（寒冷紗の部分）に接着剤をつけ，表紙を巻きつけるように貼りつける（下の図Cを参照）。
⑤乾いたら表紙と本文を切りそろえる。
　本が薄い場合は，止め金具を使わずに，背表紙部分に接着剤をたっぷり塗るだけでもよい。

《一枚表紙のつくり方》
①本の題名や絵などをかいたものをつくっておく。
②下の図A・Bのように表紙を折る。
③右上の図Cのように表紙の内側の部分の網掛けの部分に接着剤を塗り本体に貼りつける。

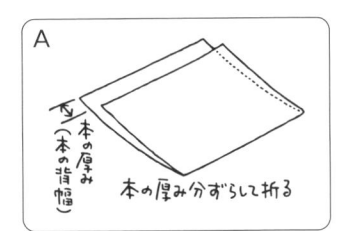

A　表紙を裏返しておき，本の本体の厚み分ずらして折る。

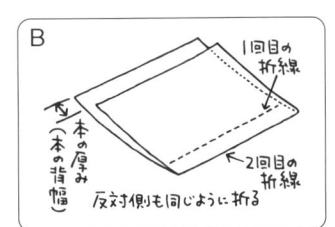

B　折ったものをそのまま裏返して，また，同じようにずらして折る。

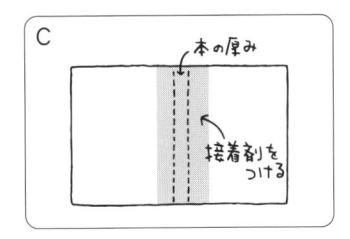

C　折った内側の網掛けの部分に接着剤をつけ，本体に貼りつける。

ポイント
①本の本体にあたる部分を固定金具でしっかり押さえ，そろえる。
②止め金具で止める時，歪みやずれが生じやすいので，中央から天地へ表裏の両面から止める。
③本の本体の背表紙部分と天地の部分を裁断し切りそろえる。
④小口からはみ出した表紙はハサミで切る。

発　展
　簡易製本の他に本格的な製本のしかたがある。それなりに道具や材料が必要になってくる。自分だけの本や気に入った本を自分だけの装丁の本につくり変えたいような場合がある。
　特に，表紙のつくり方を工夫することで，特色ある本ができる。ハードカバーにすることで，見栄えが変わってくる。ハードカバーは，芯に黄ボール紙を使い，その上にいろいろな種類のクロスを貼りつけて装丁をする。

【表紙のいろいろ】
①布製のクロスを貼ってつくる。
②ビニルクロスを貼ってつくる。
③革を貼ってつくる。
　また，日本の伝統的な製本のしかたとして，「和とじ本」がある。本の内容によっては，趣のある本ができる。

■**参考文献**　井上英昭 他監修『ぼくたちだけの本をつくろう』クロスロード，1988年

Ⅲ章
伝え合うための学習スキル 28

　言語の本質的な機能は，人から人へと情報を伝達することである。どのような場面で，誰に向かって，どのような内容を伝えるのか，それらのどこに重点を置くのかなどをよく考えて，豊かで効果的な伝え合いの活動を組織したい。とりわけ，言葉の教育においては，話し言葉による伝達を図るのか，あるいは書き言葉を使うのかは，大事なポイントだ。なぜなら，話し言葉の力は，書き言葉を使うことによって，飛躍的に増大するし，また変質もするからである。

　さらに，様々な発表媒体の特質を十分に生かすような学習活動を組むことも重要だ。学習者が進んで発表したいという意欲をかきたてるような場の設定を工夫しよう。

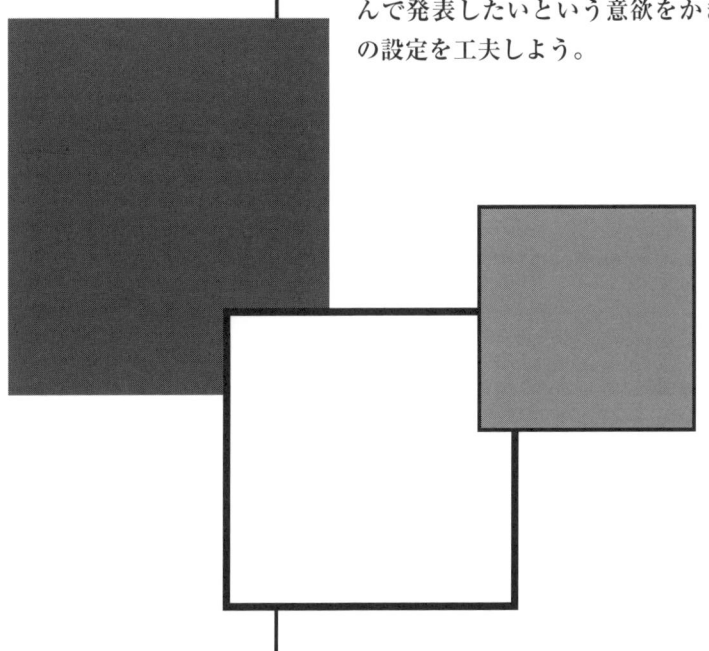

Ⅲ章　伝え合うための学習スキル28

No. 45　Ⅲ－1　鉛筆対談

対象学年　1～6年

こんな時に使えます！
- ◎気軽に作文を書く練習をしたい時。
- ◎考えを小人数で交流させたい時。
- ○話すことが苦手な子どもの思いを引き出したい時。

こんな言葉の力が育ちます！
- ・書くことを面倒くさがらず，気軽に作文に取り組む力。
- ・書くことで自分の気持ちを相手に伝えることができることを実感する力。
- ・質問したり答えたり，上手に会話できる力。

鉛筆対談の様子

鉛筆対談とは

【定義】
　2人組をつくり，2人で会話をするように，紙に文章を交代で書いていく活動。

【準備するもの】
・文章を書く用紙。

【方法・手順】
①2人組をつくる。
②1枚の用紙をはさんで並んで着席する。書く順番を決めておく。
③書くテーマを知らせる。2人組ごとに題をしぼる必要がある時には，話し合って決める。
④相手に向かって話すように，テーマにそって，自分の言いたいことや尋ねたいことを用紙に書く。書いている間，お互いに声に出して読まない約束にしておく。
⑤次の人は先に書いた人の文章を読み，それに答えることや，新たに言いたいことを書いて，筆談を続けていく。

ポイント

①鉛筆対談のよさ
　おしゃべりは大好きでも，作文は苦手という子どもに有効な方法である。鉛筆をもって，紙を目の前にすると文が思い浮かばない子どもにとって，隣にいるお友達に話しかける言葉そのものを，口に出す代わりに鉛筆で書いていくことは，それほど困難ではない。
　また逆に，内気でお隣さんと話ができない子どもにとっても，抵抗なく，自分の言いたいことを相手に伝えられるチャンスである。

②低学年では休み明けに

低学年向けには「鉛筆おしゃべり」など楽しいネーミングにすると、ますます意欲を高めることができる。たとえば、月曜日の朝、子どもたちは2日間のお休みにあったことを、我先に先生に報告しようと待ちかまえている。「先生、あのね…。」「先生、きのうね、…。」言いたくてうずうずしている子ばかりだ。誰かに言いたい気持ちを、一人一人十分満足させてあげるために、「鉛筆おしゃべりにしよう。」と投げかける。

じゃんけんで、どちらが先に書くかを決める。名前の頭文字など、お互いを区別できる記号を決めておき、その記号の下から、自分の教えたいことを書いていく。会話しているように話し言葉で書く。また会話なので1回に書く分量はそれほど長くせず、次の人に交代する。

「鉛筆おしゃべり」をしている間は、口ではしゃべらないことを約束しておく。2人が鉛筆が書き出すおしゃべりに集中するためだ。

2番目に書く子どもは、前の子の書いた部分を読んで、それに対する感想や質問を書き続けて、しばらくは聞き手になることが多い。前の子の話題が一通り終わったら、「ぼくはね、…」とまた新しい話題に移る。役割がチェンジとなる。

「どんなおしゃべりができたのかな。先生にも聞かせてね。」と語りかけて「鉛筆対談」を終了させ、紙を集める。ぱっと目を通して、会話がスムーズに続いているものや、内容が豊かに表現されているものなどを、先生が読んでやると、2人の会話をみんなで聞いている気分になって、楽しい。また、次回へのよいお手本になる。

発展

ここまで述べてきたように、この鉛筆対談は、作文入門期の話し言葉から書き言葉への移行に有効である。さらに、2人組で意見を交流することから、テーマに関する自分の考えを深めたり、整理したりすることができる。活動例として「一つの花」の学習で児童が書いたものを挙げる。

作品例

【テーマ】
　十年後のゆみ子はどんな暮らしをしているのだろうか。

A「お母さんは少しさみしいと思っていると思うけど、ゆみ子はお父さんがいたことを知らないのかもしれませんと書いてあるくらいだから、ゆみ子はさみしいと思わないんじゃない。」
B「でも、お母さんはゆみ子にお父さんのことを話していないのかな。思い出すと悲しくなるから、思い出さないようにしているのかな。」
A「そっか。でも、あのコスモス、どうやって増えたと思う？　わたしはゆみ子があの時お父さんがくれたコスモスを大事に育てたから、あんなにたくさんになったんだと思うよ。」
B「うーん。でもさっきの話からすると、お父さんがくれたことは知らされていないかも。」
A「そっか。でも、今、こんなに咲いているっていうことは、お母さんと一緒に、大切に育ててきたということだよ。お父さんが願っていた、コスモスのように美しいものを大切にしてほしいっていうことは、ゆみ子に受けつがれているということだね。」

鉛筆対談をした後、クラス全体で話し合いをもつと、いつも以上に活発に意見の交流ができる。やはり、先に2人で意見交換をしておくことで、自分の考えが整理され、自信をもって発言できるからだろう。また、記録に残っていることも鉛筆対談のよさである。話し言葉なら次々と消えていくが、この方法では、話し合いの経過が全て残り、再び考えを見直すことができる。

Ⅲ章　伝え合うための学習スキル28

No. 46　Ⅲ-2　絵日記

対象学年　1年

こんな時に使えます！
- ◎いろいろなできごとの中から，書きたいこと一つを選んで書かせたい時。
- ◎本を読んで，心に残ったことを書く時。
- ○生活科で校外学習に出かけた時。
- ○日常生活の中で心に残ったことが生まれた時。
- ○あさがおの観察で，発見したことがあった時。

こんな言葉の力が育ちます！
- ・書こうとする題材に必要な事柄を集める力。
- ・事柄の順序を考えながら，語と語や文と文の続き方に注意して書く力。
- ・助詞の使い方，句読点の打ち方，かぎカッコの使い方を理解して文章の中で使う力。

8がつ2にち　すいようび　はれ

うみ　たかの　けん

きょう、うみにいきました。ぼくは、うきわをつけて、おとうさんにおよぎをならいました。とてもおもしろかったです。

● 絵日記とは

【定義】
　絵と文章という，異なる表現方法を合わせたものが絵日記である。そこで描かれる絵は，生活の一場面に限定され，時間的変化や感情表現など，絵では表現しにくいものを文章で表す，という2つの表現手段が補い合っている方法であることが，特徴である。
　つまり絵は，話題やテーマを決める働きをしているわけである。しかし絵と文章の間に決まった形があるわけではなく，その目的や方法によって様々な形が工夫できる（「発展」を参照）。

【方法・手順】
［導入として，クラスで1枚の絵を選び，絵日記をかいてみる］
① まず1枚の絵を選ぶ。
②「これは，どんなところを描いたものか。」言葉で説明する。
③ いろいろ出てきた言葉の中から，この絵に一番ふさわしいと思われるものはどれかをみんなで考え，その中の2～3文を板書する。
④ 次に自分でも絵を描いてみる。
⑤ その絵に説明をつける（文が書けない子には，教師がそばに行って話を聞く）。

ポイント

　小学校低学年の夏休みの宿題というと,「絵日記」を思い出す人は多いだろう。「絵日記」は,小学校の低学年の子どもたちに文章を書かせる前段階として取り上げられることが多かった。

　しかし最近では,いわゆる生活文としての絵日記を書くことだけでなく,「はっけんカード」や「みつけたよカード」といった形で,絵と文章とをセットにして心に強く残った様々なことを書かせる場面が増えている（「Ⅱ-15」を参照）。

　単に文章だけ書く場合と違って,書きたいことの中心をはっきりさせ,それを意識させ焦点化させるという特徴を学習にいかしたい。

　しかし書かせ方としては,絵と作文の両方に力を入れる場合と,絵は簡単な線画にして,文章を書くことに力を入れる場合とがある。まだ十分に学習の姿勢ができあがっていない1年生の実態を考えると,その学習の目的にしたがって力点をはっきりさせないと,仕上がるまで気持ちが続かないことも考えられる。

　活動に当たっては,まず「何を絵に描くか」を決めさせることである。子どもたちは絵を描きながら,その時の生活や観察を思い出したり,意識したりするからである。こうして絵を描くことによって生まれた話のタネを,文章で補っていくのである。

発展

〈絵日記の形式例〉

　はじめは,絵を描く部分を多くし,次第に文章を書く割合を多くすることもできる。

　画用紙全体に絵を描き,吹き出しの形で会話を入れる（文章を書くことに抵抗のある子に適している）。

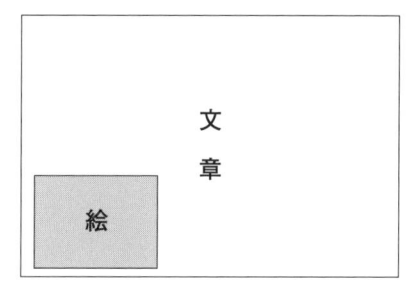

　大部分に文章を書き,カット風に絵を添える。

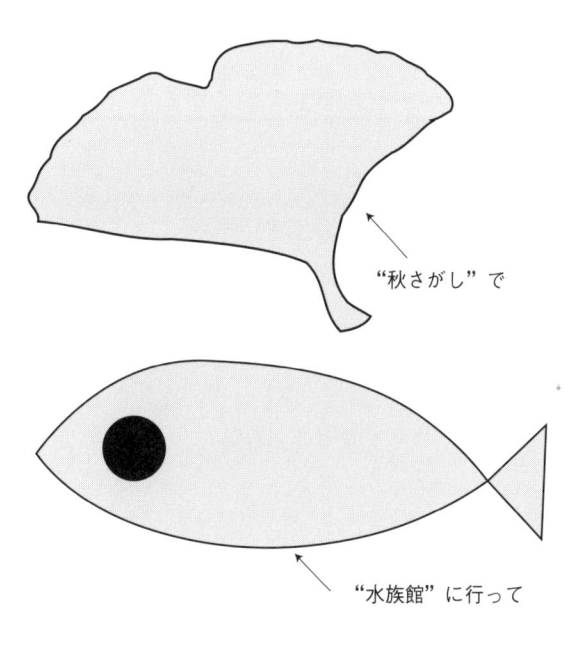

"秋さがし"で

"水族館"に行って

　形にこだわらず,書こうとする題材に合った形の用紙に書くのも,子どもたちの気持ちを変えることができる。

No. 47 Ⅲ-3 ブックトーク

対象学年 1～2年
（自分でやるなら3～6年）

こんな時に使えます！
◎言語感覚を養い，言葉の楽しさを通して様々な分野の読書に進んで取り組ませたい時。
◎聞き手を意識した話し方や正しく聞き取る力をつけたい時。

こんな言葉の力が育ちます！
・読書への関心・意欲を高めようとする力。
・楽しく伝え合うことで，言葉を正しく伝えたり，想像力を豊かに聞き取ろうとする力。

ブックトークとは

【定義】
　読書指導の一手法で，あるテーマや意図をもって選んだ本の紹介をすること。紹介のしかたはいろいろで，読み聞かせや作品の一部分の紹介，何冊かを同時に読み比べながら違いや傾向の似ている部分を解説するなどがある。内容も文学作品だけでなく，科学読み物や調べ学習に役立つ本など，あらゆるジャンルが考えられる。

　目的や対象となる学年，児童の実態に応じて工夫し，児童みずからの「読んでみよう。」「調べたい。」という意欲を喚起することが大切である。

【準備するもの】
・次ページに挙げた本を複数冊用意する（読みたい本が1冊ずつでは，待ち時間が多くなって興味が減退する）。複数本を用意するには，図書館の団体貸し出しなどを利用する。
・絵描き歌用の画用紙（八つ切りの半分の大きさ，一人5～6枚）。
・画用紙をはさみ，膝にのせて書くことができるバインダーを各自用意する。
・クレパス，クレヨン，色鉛筆など何色か。
・色鉛筆。
・種類ごとに本を入れるかごか箱をいくつか。

【方法・手順】
①絵描き歌が入った『えかきうたの本』の読み聞かせをしながら一緒に絵を描いていく。途中で何の絵になりそうか，予想させながら描いていくとより盛り上がってくる。
②他にどんな絵描き歌があるか紹介する。
③絵描き歌以外の言葉遊びの本をいくつか紹介し，谷川俊太郎の「かっぱ」などを，みんなで声に出して歌う。
④なぞなぞの本もいくつか紹介しながら，解いてみる。
⑤用意した本の主な種類と楽しみ方を知らせる。
　例：友達と読み合う。

面白かった本の紹介。
なぞなぞを出し合う　など。
⑥読みたい本を自由に探して交流する。

ポイント

　読書の好きな子どもに育てるためには，まずは読むことの抵抗を少なくして，楽しい体験をたくさん味わわせることが一番である。そのような体験を通して，言葉や，お話の世界にどっぷりつかれる子どもが育つであろう。

　低学年の子どもも夢中になって読み，遊びながら読みを交流することができるようにと，言葉遊びの本やなぞなぞ，絵描き歌の本，わらべ歌などの本をたくさん集め，遊びも取り入れたブックトークを計画したい。

　ブックトークの成功の可否は，なんといっても選本に左右される。以下のブックリストをぜひ参考にしてほしい。

　また，ブックトークや読み聞かせは教師の周りに接近させ，間近に楽しめる場所の工夫も大切である。

【ブックトークに使える本】
・府川源一郎・佐藤宗子編『心にひびく名作読みもの』（1～6年，教育出版，2004年）
・田口周一・文／大島良子・絵『イルカのKちゃん』（教育出版，2004年）
・中村柾子著『えかきうたの本』（福音館書店，1993年）
・小原あきお著『どうぶつえかきうた』（アリス館，1983年）
・岸田衿子著『かぞえうたの本』（福音館書店，1990年）
・ちだろとう・やまはないくこ著『いちわのにわとり』（かど書房，1991年）
・藤富保男著『やさいたちのうた』（福音館書店，1996年）
・クロケット・ジョンソン著／岸田衿子訳『はろるどとむらさきのくれよん』（文化出版局，1972年）
・谷川俊太郎著『ことばあそびうた』（福音館書店，1973年）
・まどみちお・坂田寛夫著『まどさんとさかたさんのことばあそび』（小峰書店，2003年）
・工藤直子著『のはらうたⅠ』（童話屋，1984年）
・角野栄子著『なぞなぞあそびうた』（のら書店，1992年）
・はせみつこ著『しゃべる詩あそぶ詩きこえる詩』（冨山房，1995年）

発展

　「つくって遊ぶ」本を集めても面白い。

　この場合，中学年でも十分に楽しめるだろう。

　また，子どもたちにブックトークをさせることも当然考えられる。しかし，まずは子どもたちを楽しんで本を読む状態に育ててからにしたい。

　中学年以降の展開では，グループごとにテーマを決めて本選びをさせ，紹介し合うとよいだろう。グループ分けは，物語・詩・科学読み物などジャンルで分ける場合や宮沢賢治の作品をいくつかのグループに分けるやり方，または戦争・自然などというテーマで分けることもできる。

No. 48　紙芝居づくり

Ⅲ-4

対象学年　1～6年

こんな時に使えます！
◎物語の感想発表がマンネリになりそうな時。
◎説明文の読みを楽しく発表会方式にしたい時。

こんな言葉の力が育ちます！
・読んだり，調べたりしたことを，絵を入れることで焦点化させ，どこをどのように強調すればよいかという要点をつかむ力。

> 私たちのグループは，「田中正造」で紙芝居をつくりました。

紙芝居とは

【定義】
　前面に絵，背面に文を書くことにより視覚的に工夫した伝達手段。
　低学年から高学年まで，また国語の学習内容だけでなく様々な学習のまとめや表現方法として活用できる。
　特に，総合的な学習の時間での発表の場面では，視覚的な要素が聞き手の理解を増すことが多い。

【準備するもの】
・画用紙（聞き手の人数によって紙面の大きさを決める。大きければより大勢で見ることが可能だが，その分作成に時間がかかる）。
・彩色用具（紙面の大きさにより絵の具・色鉛筆・パステル・マジックなどを，効果と時間配分を考慮して選ばせるとよい）。
・背面に書く文章は，直接書くよりも罫線またはマス目の原稿用紙に書いて貼った方が，手直ししたり，場合によっては仕事分担をしたりするのに便利である。

【方法・手順】
①発表する内容と作業時間・児童の実態によって，どのようにするのかを確認する。たとえば，物語文の一番よかったところを一枚の紙芝居で発表するなら一人ずつなので問題ないが，物語の概要を何枚かの紙芝居で知らせるなら，学年によってはグループで取り組んだ方が無理がな

い。その場合，あらすじやポイントになる場面をあらかじめ決めておく作業が必要で，それも重要な学習活動となる。

　また，説明文を何枚かの紙芝居としてつくらせるのもよい。意欲的に読みの学習を進めることができる。裏に書く文章はどのようにするか，相談しながら要約する能力を育てていくことができる。

　総合的な学習の時間の場面では，それぞれのグループ（または個人）の発表内容が違っていることが多いので，「何を，どのように」は，より重要な話し合いのテーマになるであろう。

②内容が決まったら，絵と文を書く。絵はできるだけ強調したいことがはっきり分かるように描かせる（場面の一部を拡大する・デフォルメする・挿絵にこだわらないようになどアドバイスをする）。文章は時間配分を考えさせ，それぞれの画面にどのような文をつけるか相談させる（グループの場合）。

③発表の練習は，互いに見合って読み方や，紙の繰り方の工夫などをさせる。

④お互いの発表を聞き，よい点を出し合う。

ポイント

　学習した内容と一人一人の感動や発見が表現できるように留意する。特に物語の概要や，説明文の読みをもとにした紙芝居の場合，ややもすると，あらすじに終始したり，本文丸写しになってしまったりすることも多い。それでは，発表し合ってもほとんどが同じ繰り返しで，楽しさも半減する。

　一人一人が，またはグループ同士が，いかに自分たちらしさをアピールするかをよく考え，工夫することが大切である。

〈紙芝居の実例〉
「みすゞさがしの旅」（教育出版版国語教科書５年下）

・本文を読み，一人でまたはグループで数枚の紙芝居にしてまとめる。
・筆者の情熱と，金子みすゞの詩のよさが伝わるようにする。

発展

①「お手がみ」（教育出版版国語教科書１年下），「のらねこ」（教育出版版国語教科書３年下）などを読んで，一番楽しかったところを一枚紙芝居にして発表する。これは，どの学年でも簡単な読書発表会になる。また後ろの文を感想文にすれば，より高学年向きである。

②「さけが大きくなるまで」（教育出版版国語教科書２年下）を読んで，さけのそれぞれの時期の状態を描いた絵に，説明を自分の言葉で入れるという形にすると，単なるワークシートを使った学習よりも，子どもたちの意欲も大きくなるだろう。

③「田中正造」（教育出版版国語教科書６年下）の伝記を読んで，紙芝居をつくる。この場合，作者についての自分の感想を入れたものをつくらせる。

④総合的な学習の時間で調べた地域や情報，あるいは福祉などの問題点を紙芝居としてまとめる。

No. 49 Ⅲ-5 俳句づくり

対象学年　1～6年

こんな時に使えます！

◎楽しみながら，言語感覚を磨き感性を豊かにしたい時。
◎定型の表現に慣れ，言葉を選んで使うことができるようにしたい時。
◎文字・語句・文法などの力をつけたい時。
◎身のまわりの自然の変化に目を向けたい時。

こんな言葉の力が育ちます！

・俳句を理解する力。
・俳句を鑑賞したり批評したりする力。
・自分の思いを五・七・五の定型文にまとめる力。

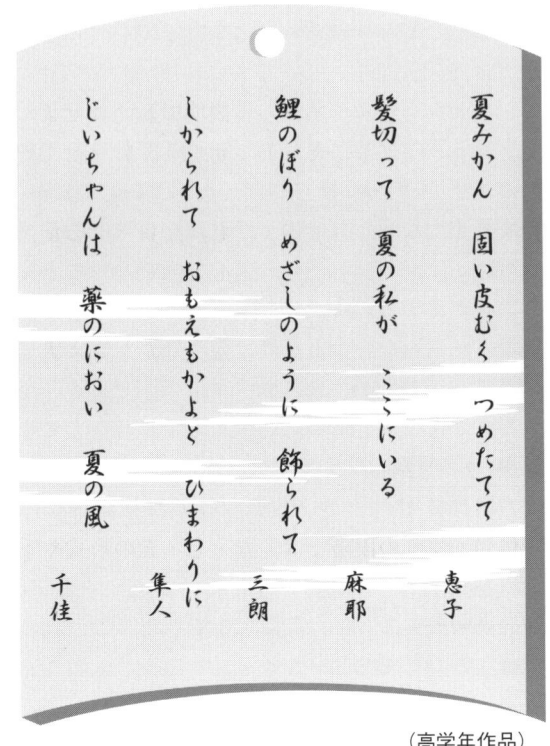

夏みかん　固い皮むく　つめたてて　　恵子
髪切って　夏の私が　ここにいる　　麻耶
鯉のぼり　めざしのように　飾られて　　三朗
しかられて　おもえもかよと　ひまわりに　　隼人
じいちゃんは　薬のにおい　夏の風　　千佳

（高学年作品）

俳句づくりとは

【定義】
　五・七・五の17音を定型とする短い詩。基本的には，季題を読み込むことが必要だが無季のものもある。
　高学年では，「季節の言葉」ほどの投げかけをするが，低学年では，「五・七・五」と呼ぶことも多い。
　俳句は，俳諧の発句を独立させたもので俳諧とは「俳諧の連句」の略である。江戸時代以前のものを俳諧，明治以降のものを俳句という。小・中・高の国語教育で扱うのは，俳諧の発句や近代俳句である。

【準備するもの】
・短冊に切った紙。
・筆ペンかサインペン。
・色鉛筆。
・色画用紙。

【方法・手順】
①普段から身の回りの自然の変化や心に残ったことをメモするためのノートを用意しておくとよい。
②メモの中から，題材を選んで五・七・五にまとめる。
③言葉の配置を換えたり他の言葉と置き換えたりして，より適切な表現を工夫する。
④短冊用紙に，筆ペンやサインペンで清書する。

⑤色鉛筆で絵を描き,短冊を完成させる。
⑥グループやみんなの前で互いに紹介し合う。
⑦掲示して(常時掲示できるように貼り重ねて),鑑賞し合う。
⑧句会や句集づくりなども行うと意欲的に取り組むことができる。

ポイント

俳句づくりは,指導内容を説明で理解させようとしたり,形式に当てはめて句づくりをさせたりしないようにしたい。

俳人の句や児童作品のすぐれた句に親しむ活動から始め,学習者の興味・関心を喚起することを大事にしたい。多くの俳句にふれ,俳句のもつ表現の面白さや短い言葉の奥に隠された意味の大きさに気づかせたい。

そのためには,年間を見通して帯単元として取り組むことが望ましい。そこで,毎月とか毎週,または,折りにふれての指導が効果的になる。

俳句づくりの段階では,五・七・五の形式や季語の有無などにあまり拘泥しないようにしたい。それよりも,一人一人の感性を引き出すことに重点を置きたい。

また,学年段階に応じて,句会や句集づくり,歳時記づくり,発表会というような場を設定して積極的・主体的に学習が進められるように工夫したいものである。

発展

①3人で五・七・五(低学年向き)

・5文字の言葉,7文字の言葉,5文字の言葉を別々の3人が考えて,それぞれを組み合わせる。
・さくら,夏休み,などのテーマを設定してもよいが,自由につくらせてもよい。無作為の面白さが生まれる。
・言葉遊びの一つとして取り組むとよい。

②季節の言葉で五・七・五(中学年向き)

・理科や総合的な学習の時間と関連させて,身の回りの自然を取り上げて詠み込む。

ふっくらと
おいしそうな花
しらぎくの花　一久

びゅうびゅうと
風がほえてる
春一番　浩美

ぶざまだな
ひょうたん
首をしめられて　寛之

(中学年作品)

・その時々の植物の名や季節の言葉を教えて,その言葉を入れるとよいことを知らせることで,季語と言わなくともおのずと俳句としての形もできてくる。

③生活の中での俳キング(高学年向き)

・目と耳と鼻と心を働かせて,毎日の生活の中での一瞬を切り取る目を養う。
・日々一言のメモを取り,1週間に一度の割合で,俳句をつくる。「こんな気持ちを表現したいが適切な言葉はないか。」と友達や先生に相談したり,辞書で言葉を探したりする。
・「プールの水が夏の太陽に光り輝いて美しいことを言いたい。」と言う子に,宮沢賢治の作品から「水晶」という言葉を使ったらどうかと提案された。そこで,「プールには　水晶ピリンと　はじけとぶ　友子」という作品が生まれた。

No. 50 Ⅲ-6 豆本をつくろう

対象学年　3～6年

こんな時に使えます！
◎俳句日記を書く時。
◎心に残った言葉日記を書く時。
○動く絵本をつくる時。
○4コマ漫画をかく時。

こんな言葉の力が育ちます！
・文字や絵のレイアウトを考える力。
・自分の作品をまとめる力。

● 豆本とは

「豆本」は言葉通り子どもたちの掌の中に収まるくらいの小さな本のことである。

内容によって自ずと必要な形式が決まってくる。

子どもたちは，小さい物に愛着を感じる傾向がある。その気持ちを生かして学習の効果を高める一つの方法である。豆本の特色は，かわいいだけでなく有意義な特色がある。

①1ページに限られた内容しか書けないので，各ページの内容が際だってくる。
②1ページごとに話や内容を考えればいいので容易に取り組める。
③つくる時間も材料もあまりかからないので手軽に取り組める。
④小さい本であるから逆に手が込んだ凝った本にすることもできる。

【準備するもの】
・用紙類。

内容が書けて手頃なサイズのA6サイズの紙を基本的な大きさとして用意する。子どもによっては，もっと小さい本にしたいと言う子が出てくる。より小さな豆本づくりに挑戦させるなら，A7からA8でも本ができる。

用紙に凝るなら，カラー上質紙や和紙・千代紙なども用意しておく。また，表紙用としてカラーケント紙や布なども準備する。
・筆記用具。

各種カラーペンや極細のボールペン，クレパスや絵の具・製本テープなども用意する。
・用具類。

定規やカッターナイフ，ハサミ，工作用接着剤，止め金具，ハサミなども準備する。大き目のクリップも便利である。

【方法・手順】
(1) 豆本のつくり方

ここでは，毎日少しずつ続けて書く「俳句日記」や「言葉の宝箱」の作品などを豆本にまとめる方法を説明する。

①A6サイズの紙を横置きし，2つ折りにする。折った内側の右に俳句を書き，左半分に絵や説明をかく。

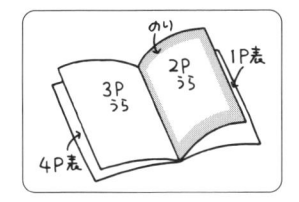

②同じように書いたものを貼り合わせる。1枚目の左裏と2枚目の右裏を貼り合わせる。

③3枚目4枚目と同じように貼り合わせていく。1週間分・1月分ごとに本にする。

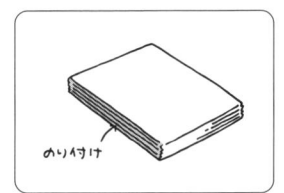

④折り山の部分が背表紙になる。折り山の所にあらかじめつくっておいた表紙を接着剤で貼りつける。

(2) 1枚の紙でつくる豆本

学年や内容の分量によって紙のサイズを選択する。小さい紙ほど小さい本になる。A4ならA7，A5ならA8サイズの豆本になる。全部で8ページの本ができる（白丸の数字は横書きの豆本のページ割。黒丸の数字は縦書きの豆本のページ割の例）。

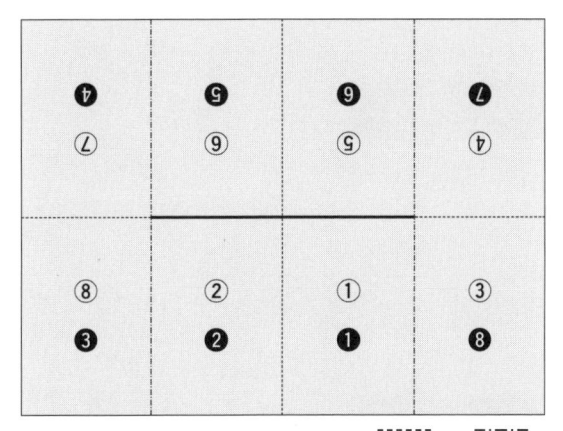

上下の字の向きを変えることとページのふり方に気をつける。

長い辺と平行に文面が外側になるように2つに折る。それを4等分に折る。中央の実線部分は，ナイフで切る。また，2つ折りにして，①②⑤⑥ページを引き出しながら4等分に折り直す。

(3) 豪華な豆本

自分の好きな詩や言葉を書き写して，自分だけの美しい豆本をつくりたいような場合は，和紙や千代紙などを効果的に使うことも考える。特に，表紙にはやや厚めの紙を芯にし，その上に千代紙など貼ってつくる。

ポイント

学年にもよるが，止め金具の利用は簡単だが味気ないし，子どもたちの技能は伸びない。
（ポイント①）
　　いろいろなタイプの実物見本を用意する。
（ポイント②）
　　内容やその分量に応じた大きさを考える。
（ポイント③）
　　いろいろな紙質の材料を用意する。
（ポイント④）
　　伝えたいことを焦点化する。

発展

豆本の形を生かして，4コマ漫画を書いたり，長い漫画を書いたりもできる。また，動く絵本（アニメ風）をつくることもできる。

高学年だったら，デジタルカメラを活用して，植物豆図鑑や昆虫豆図鑑なども，国語という教科の枠を超えた取り組みとして可能である。

自分が取り組んだ学習や調査・体験活動などをできるだけ「本」や「リーフレット」，「パンフレット」などにまとめようとする意識を育てていきたい。学びの成果を形に残す喜びがある。

No. 51 Ⅲ-7 私だけの辞典づくり

対象学年 3～6年

こんな時に使えます！
◎漢字のへんやつくりなどの関心を高め，確実な知識をもたせたい時。
◎漢字を習得し，使えるようにしたい時。
○児童の言葉への興味を高め，すすんで語彙をふやす活動を進めたい時。

こんな言葉の力が育ちます！
・日常生活の中に漢字を生かそうとする力。

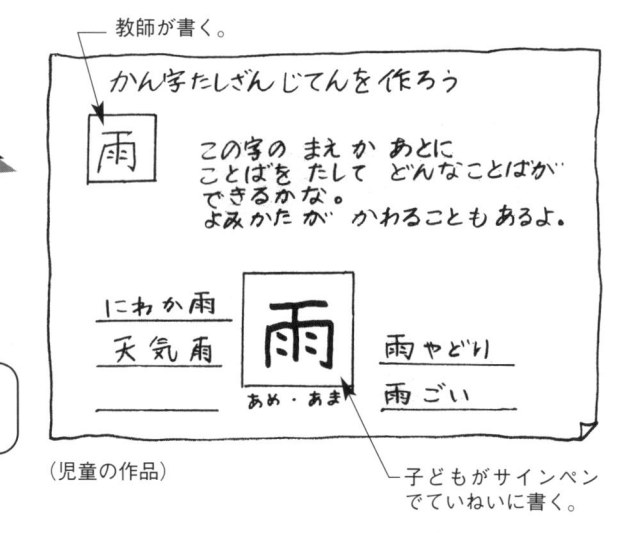

教師が書く。
かん字たしざんじてんを作ろう

雨　この字の まえか あとに ことばを たして どんなことばが できるかな。よみかたが かわることもあるよ。

にわか雨／天気雨　　雨　　雨やどり／雨ごい
　　　　　　あめ・あま

（児童の作品）

子どもがサインペンでていねいに書く。

漢字学習は興味と量

　子どもたちは漢字の学習が嫌いではない。ただ，単調でノルマを課せられるような学習方法が好きになれないだけである。

　はじめて漢字を勉強する1年生のはりきりようや，身の回りから，読める漢字を探す学習などで見せる意欲は，子どもたちが「漢字をたくさん覚えたい」と思っていることを示している。

　あきあきするような繰り返しではなく，やればやるほど面白い，そんな漢字学習の量が「漢字を使いたい，もっと覚えたい，漢字の文化って面白い」という質の高まりにつながる。

辞典づくりのポイント
① 習得漢字を含むが，まだ習っていない漢字も制限しない。
② 辞典の観点をたくさん提示して，選ぶことができるようにする。
③ 薄くても冊子にして，回覧したり展示したりして，みんなで楽しむ。

こんなにいろいろな辞典ができるよ

漢字足し算辞典　　○○＋漢字など

漢字が名詞なら……
（例）雨－にわか雨・天気雨・雨やどり・雨ごい
漢字が動詞なら……
（例）回－歩き回る・走り回る・とび回る

漢字しりとり　　作文－文集－集合－合計－計算－算数－数字……

作文－文通－通学－学校－校門－門番－番人……

山ほど辞典　　「　」のつく字を山ほど集める。「目」のつく漢字は……

・条件は…教科書を見ていいよ。／辞典を見ていいよ。／新聞や広告の紙や身の回りのものを見てもいいよ。
・辞典づくりの眼目は…たくさん書くことで，漢字が覚えられ，どんな時に使うかが分かる。

？読み方辞典　　独特の読み方，特別な読み方の言葉を集める。

(例) 八百屋(やおや),七夕(たなばた),昨日(きのう〈さくじつと読む場合もある〉),今年(ことし),一日(ついたち・いちにち〈使い方によって読み方が異なることに気づかせたい〉)

漢字家族辞典　高学年向き・辞典らしい辞典

(例)「ひとに関する部首はなに？　その部首をもつ漢字に共通するものは？」
　　にんべん　－　体・休・傷・像など
　　ひとがしら－　命・会・令など
　　にんにょう・ひとあし－児・兄・先など

同様にして,かんむりやつくりについて,いくつかヒントを出し,児童が興味に応じて調べる。

略語の辞典

日ごろ目にしている略語は略さず正しく書けばどうなるのかを調べて集めた辞典。高学年向き。
(例)　特活－特別活動　　国連－国際連合
　　　高校－高等学校
　　　新日鉄－新日本製鉄株式会社

時に「カタカナ略語もたくさんあるよ」と言い出す子どももいて当然。辞典の付録にカタカナ略語もつけるくらいの遊びがあってもよい。
(例)　マイク－マイクロホン
　　　パトカー－パトロールカー
　　　トレパン－トレーニングパンツ

慣用句辞典

漠然と慣用句を集めると,漢字の学習からそれていくので,体についての慣用句とか,本当はどういう意味がありどう使われているかをＱ＆Ａ方式で絵を入れてまとめるなど,制約を設けるとかえってつくりやすいし,楽しめる。
(例)　顔－顔が広い（顔の面積が広いこと？　どんな使われ方をするの？）
　　　　　顔を出す・顔から火が出る　など
　　　足－足が出る（足がどこから出るの？　どんな使われ方をするの？）
　　　耳－耳にタコ（耳に蛸がぶらさがってるの？　どんな使われ方をするの？）

年間を通しての「漢字辞典づくり」

ある時期に集中して楽しみながら漢字の学習をする時のヒントとして,いくつかの例をあげてきたが,漢字学習は１年生から６年生まで年間通して行なわれる。何年生でもいつでもできる漢字辞典づくりの学習を『楽しい国語Ⅰ　漢字と遊ぶ,漢字で学ぶ』(卯月啓子 著)から紹介しよう。

下のようなワークシートをファイルしていくことで自分の学習の後が辞典になって残る。

漢字学習になくてはならない「楽しく力がつく」という条件にかなった方法である。

児童の作品例

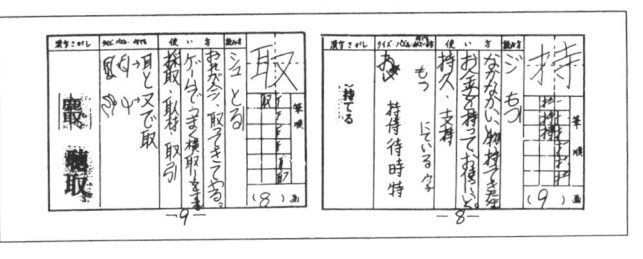

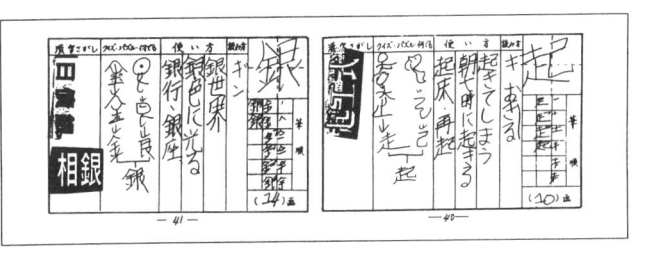

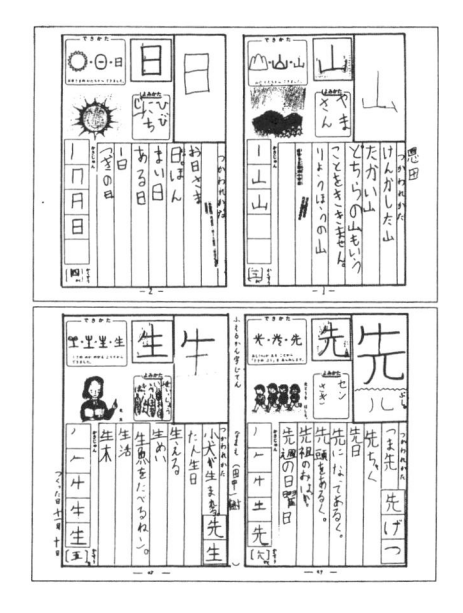

■参考文献　卯月啓子 著『楽しい国語Ⅰ　漢字と遊ぶ,漢字で学ぶ』東洋館出版社,2003年
　　　　　　岡田進 著『これなら楽しくできる 漢字の教え方』太郎次郎社,1979年

Ⅲ章　伝え合うための学習スキル28

No. 52　Ⅲ-8　絵本づくり

対象学年　1～6年

こんな時に使えます！
◎物語を読んだ発展として，あるいは，読書単元の延長として。
○学習発表会や総合的な学習の時間などで。
○図工と国語の合科として。

こんな言葉の力が育ちます！
・色や形，大きさ，位置，また，人物のしぐさや表情など，文字で書かれた言葉を具体的にイメージできる力。
・本のつくり方が分かり，資料をまとめたりなど，他の学習にも生かす力。

絵本の構成②で実際につくった絵本（「イルカのKちゃん」文：田口周一＋Dolphin Club／絵：大島良子）

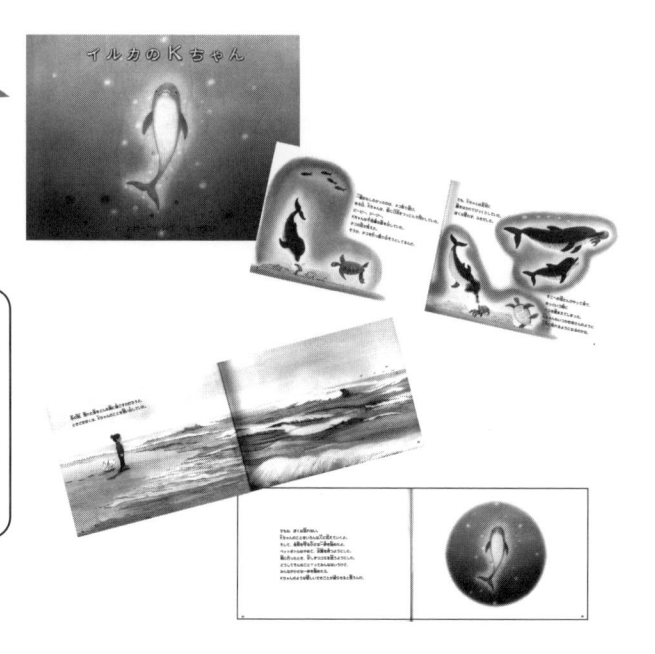

● 絵本とは

【定義】
　絵を中心とした子ども向けの読み物。したがって，優れた絵本は，文章をのぞいてもストーリーをくみ取らせるような働きを絵自身がもっている。また，文章がなく，絵のみで構成されている赤ちゃん絵本のようなものもある。

【準備するもの】
・画用紙。　・色鉛筆。
・クレヨン。　・水彩絵の具　など。
・もとになる物語（できれば，自分の気に入った作品がよい）など。

【方法・手順】
　学級のみんなで1冊の絵本をつくる場合，グループでつくる場合，個人個人でつくる場合とがある。

★1　学級，あるいは，グループでつくる場合
　この2つの場合は，基本的には同じである。大事なことは，作品をよく読むことである。場面ごとに，人物の動きや心情を丁寧にイメージしていくように，しっかり話し合うことである。ここで気をつけたいことは，あらすじをつかむだけの安易な読み方はしないことである。
　そのうえで，場面割りをする。作品による場面割りが基本であるが，分担する人数によって場面の数も考慮する。場面が決まったら，絵と文の配置を考え，作品化する。

★2　個人でつくる場合
　この場合も作品をしっかり読むことは同じである。特に個人で取り組むので，ある状況での人物の動きや心情をしっかりとらえておかないと，絵に表現できない。個人だけに，場面割りは自由に

■参考文献　田口周一＋Dolphin Club 文／大島良子 絵『イルカのKちゃん』教育出版，2004年（この手づくりの本をきっかけに，正式な絵本として刊行された）

工夫できるが，場面割りが多すぎると負担がかかるし，場面割りが少なすぎると絵本の意味がなくなるので，作品の選択には配慮が必要である。

★3 絵本の構成のしかた

下の図のように，大きく3通りの方法がある。したがって，場面割りをする前に，どのような構成の絵本にするかを決める。

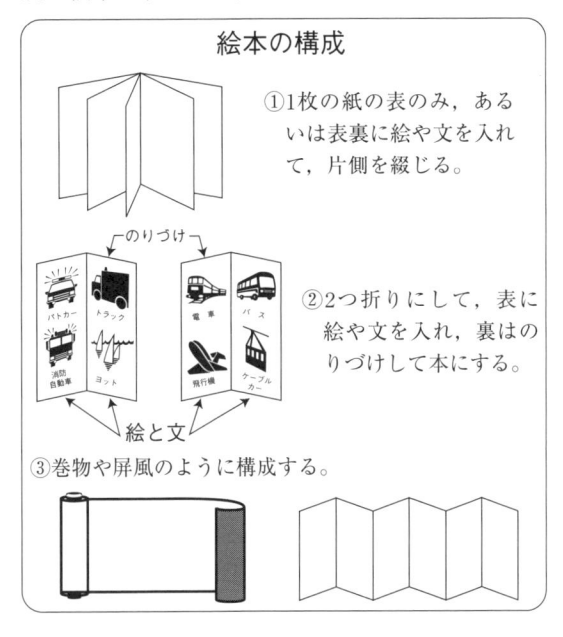

絵本の構成

① 1枚の紙の表のみ，あるいは表裏に絵や文を入れて，片側を綴じる。

② 2つ折りにして，表に絵や文を入れ，裏はのりづけして本にする。

③ 巻物や屏風のように構成する。

ポイント

まず，作品を丁寧にイメージすることである。あらすじだけでは，人物の動きや表情を描くことはできない。学級やグループでつくる時は，話し合いをしっかり行う。個人の場合，大事なことは作品選びである。気に入った作品が基本だが，個人にかかる負担や取り組みやすさも考慮したい。したがって，短編で，場面構成がはっきりしている作品がよい。また，あらかじめ絵本として出版されている作品は避けた方がよい。

原作の文章を省略したり修正したりすることは避ける。作品は完成されたものである。原作の文章を生かすことが基本である。

絵と文の配置だが，上下や左右に絵と文を配置したり，絵を全面に描いてその内部に文章を入れたりする。ただ，絵の上に文章を直接書きにくい場合は，文章を白い紙に小さく書き，それを絵の上に貼りつけるなどの工夫をする。ページによっては，変化をつけるために，絵のみという構成も考えられる。

物語だけでなく，詩集なども絵本にできる。気に入った詩を集めてもよいし，動物を描いた詩を中心とした「詩の動物園」，植物の詩を集めた「詩の植物園」，さらには，魚を集めた「詩の水族館」など，いろいろ工夫して楽しむことができる。

なお，「絵本の構成」にある「巻物」をつくる場合は，絵と文をはっきり分ければ，「屏風」と同じようにつくれるが，絵を連続させる場合は，場面の境目に工夫が必要である。古典の絵巻物などの写真を見せて参考にさせる。

発展

「ごんぎつね」を例として考えてみたい。

十分にイメージをふくらませた後，場面割りをするが，絵を描くためには，時代背景を考えながら，事前の準備が必要である。

登場人物は，ごんと兵十（村人や魚屋，加助がいるが，これらは兵十に準じてよい）である。まず，この人物の絵柄を決める。基本の表情，服装，大きさ，色，はき物など。また，兵十の家や物置，井戸の位置などをあらかじめ考えておくとよい。さらには，集落の配置や兵十の家の位置，集落やその回りの田畑，墓地の場所など，全体の見取り図の概略を押さえておくようにする。教科書に挿し絵があるが，それにとらわれないよう，絵本づくりの時は文章のみにする。

また，この作品では，植物が様々に出てくる。いも，菜種がら，とうがらし，彼岸花，萩，シダなど，いずれも欠かせない小道具といえるだろう。絵や写真で確かめておく。また，季節を表す風景描写も大きな働きをしている。村祭りや秋の空などの情景も大事にしたい。

絵に描くということは，文字では省略されているところまで具体的に描かなければならない。通り一遍に読み，あらすじを押さえるだけではやはり無理がある。

■**参考文献**　栃折久美子 著『えほんをつくる』大月書店，1983年

No. 53 Ⅲ-9　本の帯紙づくり

対象学年　3～6年

こんな時に使えます！
◎読んだ本を友達に紹介する時。
◎朝の読書などで本を紹介する継続的な活動として。

こんな言葉の力が育ちます！
・すすんで本を選び読もうとする力。
・本を楽しんで読む力。
・本を読んで理解する力。
・読んだ本のよさに気づく力。
・読んだ本の内容を人に伝えようとする力。

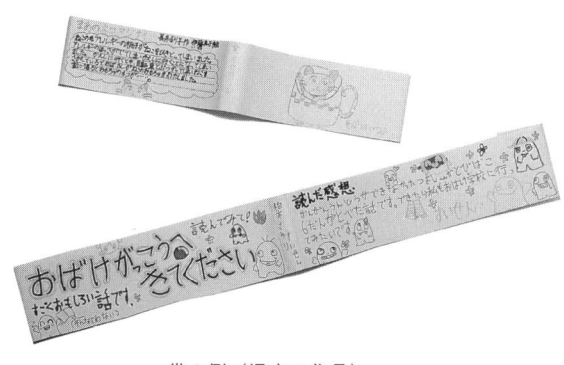

帯の例（児童の作品）

本の帯紙づくりとは

【定義】
　帯紙とは，本の表紙やジャケットの下部にかぶせる細長い紙のことで，宣伝用の言葉や絵が印刷してある。書店に並べられている新しい本には，よく見かける。作者や中身が一目で分かり，その小さな紙面に書かれている文句を読んで，思わずその本を開いたという経験をお持ちの方も多いだろう。
　自分の読んだ本の帯紙を，自分で考えてつくり，その本を友達に宣伝しようという活動が，本の帯紙づくりである。

【準備するもの】
・友達に紹介したい本。
・本と帯紙の実物（例示用なので教師のみ）。
・色画用紙。
・カラーサインペン。
・色鉛筆　など。

【方法・手順】
①友達に紹介したい本や勧めたい本を決める。
②帯紙について知らせる。できれば実物を見せながら，小さな紙であっても本を宣伝する大きな力をもっていることを知らせる。
③本に合うように，帯紙の大きさや形，色を決める。
④どんな文章を書くか考える。作者名，あらすじ，主人公の名前，本文からの引用，推薦の言葉などが考えられる。
⑤絵や文字の大きさや配置などを考えて清書する。
⑥帯紙を見せ合い，友達の作品を参考にして本を選び読書する。

ポイント

　楽しい読書推進活動の一つである。子ども同士のお勧めの本紹介にはいろいろな方法がある。その中でも，紹介メモや口頭での発表と違って，紹介した文が常にその本についているので，子どもは本を選びやすい。

帯紙に書く言葉には、その子がその本に惹かれた点を書かせたい。ハラハラ、ドキドキするスリルが楽しめるのか、主人公の行動があたたかさに満ちほのぼのとした気持ちになれるのか、友達にも読んでもらいたいと思えるかなどの点から短くまとめられるとよい。ただし、全てを書いてしまっては、かえって他の人の読みたい気持ちを阻害してしまう。その点の兼ね合いは、「お友達が思わず読んでみたくなるような言葉を考えましょう。」と投げかけたらどうだろう。

また、帯紙は見た目の美しさも大切である。全体のデザインが実際には重要な点であるが、国語の目標からすれば、文字の大きさや丁寧さについては要求したい。

発　展

①国語の読解教材のまとめの活動として

読解のまとめの活動として、その教材文をまだ読んでいない人に教える文章を書くという活動を行うことがある。その紹介文を帯紙という形式で書いてみる。短い中で書かなければならないので、その子の一番心に残った場面が選ばれるだろう。

また学級全員が同じ物語や説明文について書くので、帯紙という形を学ばせるには適していると言えよう。

②帯紙を集めよう

自分や家族の買った本から、本物の帯紙を集めてくる。どんな言葉やイラストが書いてあるか学ぶことができる。本に親しみをもたせることができる。

③帯紙コンテスト

できあがった帯紙を展示し、いくつかの観点を設け、よい作品を選ぶ。全員が全作品を読んでいるわけではないので、内容と惹句がふさわしいかどうかは判定できない。しかし、そもそも帯紙は、本を買ってもらうためのものであるので、その本を読んでみたくなったかが最重要点といえよう。

④学級文庫、学校図書館の蔵書の帯紙づくり

常に帯紙に適した紙を用意しておき、自分が読んで人にも推薦したい本に、帯紙をつくってつけられるようにしておく。学級文庫や学校図書館から本を選ぼうとする時、帯紙のついている本は誰かの推薦があった本だということが一目で分かる。

No. 54　Ⅲ-10　パンフレットづくり

対象学年　3〜6年

こんな時に使えます！
◎読書の発展として作品紹介をしたり，様々な情報を整理し自分の考えをまとめたりする時。
○学習発表会やグループごとでの研究発表，あるいは，様々な事物の紹介などの時。

こんな言葉の力が育ちます！
・目的や意図に応じて，書く必要のある事柄を整理し，自分の考えを効果的にまとめる力。

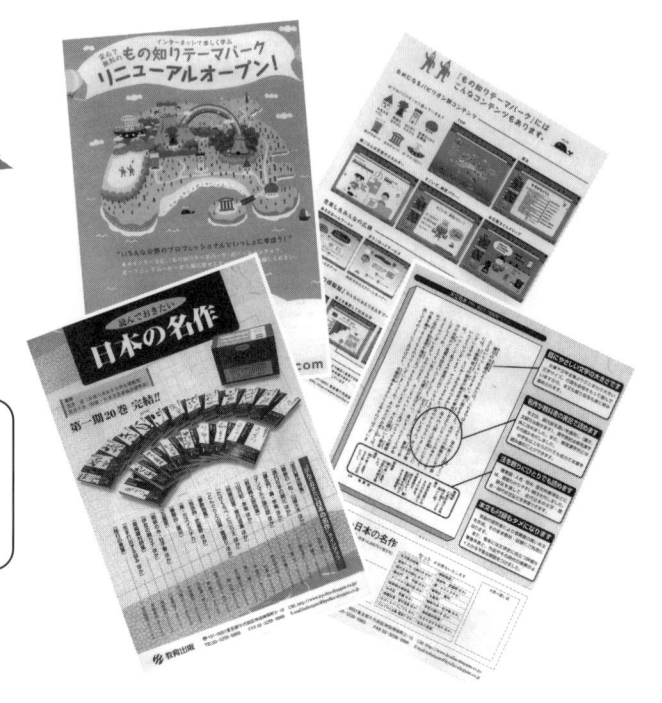

● パンフレット

【定義】
　本来は，仮綴じしてある薄い冊子のことであるが，一般には，1枚であっても事物の紹介や説明を主としているものをパンフレットといっている。略してパンフともいう。これに対して，宣伝や広告を主としたものをチラシといっている。

【準備するもの】
・紹介したいもの（こと），調べたもの（こと）など。
・絵や写真など，視覚的なものがあると効果的である。
・画用紙，クレヨン，色鉛筆，絵の具などの筆記用具。
・のりやはさみなどの文具類。
・あればパソコンなども便利。

【方法・手順】
・紹介したい「もの」や「こと」をいくつかまとめ，それぞれに小タイトルをつけておく。また，それに必要な絵や写真，グラフなども用意する。
・上でつけたタイトルからさらに，見る人をひきつけるような，パンフレット全体のタイトルを考える。なるべく簡潔に。
・紹介したい「もの」や「こと」の内容などに合わせて，パンフレットの大きさや形を工夫する。
・全体の割りつけを考える。それぞれの「もの」や「こと」を同列に扱うか，軽重をつけるか，それによって大きさや配置を工夫する。また，説明の文章を分かりやすくまとめる。
・文章は縦書きや横書きを組み合わせ，見やすく読みやすく工夫する。また，各タイトルも目をひくように大きさや字形，色つけなどを工夫する。

ポイント

パンフレットには様々なものがある。あらかじめどのようなものかイメージが必要である。既成のものをできるだけ集め、参考にする。なるべくなら、形やつくりに工夫のあるものがよいが、新聞などに入ってくる宣伝用のチラシも含めてよいだろう。

それらを見ながら、タイトルのつけ方、絵や写真の効果、説明の書き方、それぞれの配置など、見る人の目をひきつけるためにどのような工夫がされているかを確かめる。

自分の紹介したい「もの」や「こと」の特徴を短い言葉でまとめる。絵や写真で説明するところと、文章で説明するところを分け、重複しないようにする。

最近はパソコンもかなり普及してきている。アルバム用やパンフレット用のソフトもある。それらを利用すれば、自分たちがデジカメで写したものを取り込み、レイアウトを工夫して文章をつけ加えるのも楽しい。タイトルの装飾もいろいろに工夫できる。

また、実際にあるものではなく、想像の中で生まれたものの紹介も考えられる。「夢の世界」「未来の町」など、空想を広げながら、自由に自分を表現することもできる。

パンフレットに取り上げる例

- 好きな乗り物（車・電車・汽車・飛行機）、本（児童書・漫画・絵本）、物語、詩、作家、アニメ、テレビドラマ、音楽、美術、建物、動物、植物、山、川、俳優、歌手、食べ物、遊び、スポーツ、旅行先、国など。
- 自分紹介（家族・趣味・宝物・得意）、学校紹介、地域紹介（公園・商店街・駅前・自然・工場・文化財・名所・名物）、よく行く所の紹介（図書館・児童館・遊園地）など。
- 調べたこと（自然保護・環境問題・ボランティア活動・戦争・日本の自然や産業や文化・世界の自然や産業や文化・様々な民族の衣食住など）。
- 空想の世界（夢・将来・宇宙）、理想の世界（生活・乗り物・町・旅行など）。
- その他、自分で紹介したい「もの」「こと」。

発展

「好きな本」をパンフレットにする活動で考えてみたい。

まず、「好きな本」の中でどれを取り上げるかを選ばせる。アトランダムでもよいし、同じ作者の作品でもよいし、同じような傾向の作品でもよい。少なくとも4つから5つくらいを選ばせるのが適当だろう。多すぎてもあとのまとめがたいへんである。また、あまり読書経験のない児童の場合は、単行本でなく、短編集の中の数編を取り上げるのもよいし、絵本でもよいだろう。

作品の紹介も兼ね、短い言葉で内容をまとめるようにする。ただ、ここで大事なことは、しっかり読ませることである。単なるあらすじではない。簡潔な言葉でまとめるには、自分のなかで内容を十分に消化しておく必要がある。また、全体のタイトルは、それぞれの作品に共通する事柄を抽出して、短い言葉でまとめるようにする。そのためにも内容の十分な理解は不可欠である。

そのうえで、パンフレットの大きさや形を考える。いつも四角形ではなく物語であれば本の形、あるいは、主たる登場人物の形にするのも面白い。また、折り方を考えたり、開くと起き上がるようにしたりすることで、視覚的な効果と、操作する楽しみが生まれる。

個々の作品の配置は、並列に扱ってもよいが、好きな作品を中心にと、軽重をつけてもよい。

Ⅲ章　伝え合うための学習スキル28

No. 55　Ⅲ-11　新聞にまとめてみよう

対象学年　3～6年

こんな時に使えます！
◎学級のことを知らせたい時。
◎教科学習の成果をまとめる時。
○調べ学習や総合的な学習の時間のまとめや報告をする時。
○委員会活動のことを知らせたい時。
○学級委員会の取り組みについて知らせたい時。

こんな言葉の力が育ちます！
・事実を正確に書き，簡潔な文章を書く力。
・自分の考えや感想をまとめる力。
・自分の学習の成果を評価する力。
・広い物の見方や考え方。
・論理的に構想する力。

新聞とは

【定義】
　ここで考える新聞は，学級新聞や学校新聞のようにニュースやお知らせなどの情報を発信することを主目的とする新聞ではない。
　個々の学習者が，学習して分かったことや知ったこと，考えたことなどの学びの成果をまとめる手段としての新聞である。また，それを用いて次の学習に発展させるための学習材としての新聞づくりである。したがって，情報発信の機能はあっても学習の場面という限定的な使われ方が主になる。

【準備するもの】
　新聞をどのように使うかで，形式が変わるし用紙の大きさも変わる。また，作成する内容の量やかけられる時間の長さによっても違う。したがって，ここでは一般的な場合を想定して考える。

①グループで共同作成する場合
　できれば新聞作成用のマス目があり，段組になっている専用の用紙を準備したい。なければ，せめてマス目が印刷してある用紙にしたい。
　用紙のサイズとしては，小さくてもB4ないしA3サイズの大きさが必要である。また，壁新聞形式にしたい場合は，模造紙大の用紙が望ましい。

②個人新聞として作成する場合
　内容や作成にかけられる時間を考えるとB4ないしA3サイズの大きさが適当と思われる。

用紙の他には，各種筆記用具，定規，デジタルカメラなどの準備はいうまでもない。また，コピー機やパソコンの活用も十分考えられる。

いずれにしても，子どもたちが使いたいと思う材料や用具・資料をいつでも自由に使えるように学習環境を整えておくことが望ましい。

【方法・手順】
(1) 形式的手順
①新聞の構成要素や新聞表現の特色を知る。
②編集について話し合う（編集会議）。
③仕事の分担を決める。
④取材して記事を書く。
⑤記事を読み合い適切なものにする。
⑥割りつけに従って清書する。
⑦印刷配布（掲示）する。

(2) 内容的手順
①学習した内容や調べた結果を学習課題にそって整理する。
②主に，分かったこと・意見や感想・新しく課題として残ったことの３つの柱ごとに，内容の優先順位をつけ，新聞全体の構成を考える。
③記事を下書きする。
　・見出し・リード・本文を考える。
　・写真や資料を選択・作成しておく。
④用紙に内容の順位性に基づいて記事を書く。
　・効果的に記事を配置する。
　・的確な見出し・リードをつける。
　・適切な絵やカットも加える。
⑤自分の考えや意見，分かったことや疑問が，読み手に伝わるかどうか検討する。
⑥印刷配布（掲示）して，読み合い話し合う。
　・課題の解決や価値の追究をする。

ポイント

掲示されている新聞の中には，他の資料から書き写しただけのものや色や絵ばかりが凝ったものが見受けられる。ただ書かせて終わりになってしまっていることも多い。

（ポイント①）
　誰を対象に何を訴え，何を伝えたいのか，はっきりさせる（相手意識）。
（ポイント②）
　記事は，自分が意味を理解している言葉で説明するように書く。
（ポイント③）
　課題やテーマを明確にし，自分の考えで導いた結論や自分の主張・意見を書く。
（ポイント④）
　記事は5W1Hを正確に書き，事実と自分の感想や考えを分けて簡潔に書く。
（ポイント⑤）
　紙面に変化をつけ，読みたくなるような見出しやカット・読み手を納得させる資料を活用する。
（ポイント⑥）
　直接見たり聞いたりしたことや体験したことを大切にする（取材主義）。

発展

新聞づくりを試みている学級は多いが，新聞が完成した段階で学習が終わりになっている場合も少なくない。せっかくつくった新聞が学級内にとどまり，子どもたちの訴えた考えや意見が狭い学級内で閉じてしまっていることが多い。

◆読んでもらうために◆
・内容に応じて読んでもらいたい人・学級・学年・先生・保護者などに配布する。
・新聞づくりをしている学級などと交換をする。
・離れた学校や地域との交換をする。

◆学習に役立てるために◆
・調べ学習や調査活動の結果を新聞にまとめ，学習の成果を確認する。
・学習過程の中に新聞づくりを位置づけ，一つの単元の中で「学び・作成・読み合い」を繰り返しながら，何回か新聞づくりをして，学習を展開していく活用のしかたもある。

No. 56 Ⅲ-12 招待状づくり

対象学年　1〜2年

こんな時に使えます！
◎知らせたいという思いをもち，相手をはっきりと意識して書く時。
○行事などに保護者や地域の方を招く時。

こんな言葉の力が育ちます！
・相手や目的を考えながら書く力。
・必要なことを落とさずに伝える力。
・間違えなどに注意しながら，文字や文章を正しく丁寧に書く力。

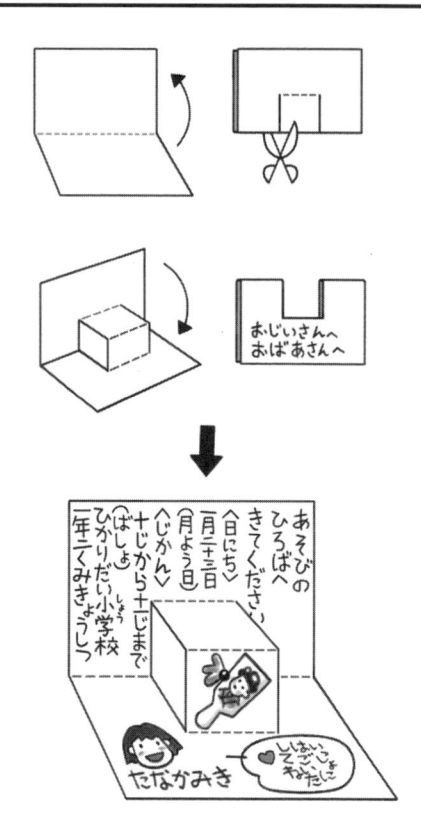

招待状とは
　学校行事や学習の発表などの催しの場に，人を招待する書状。催し物がいつ・どこで行われるのかを伝えるとともに，相手が来てくれるように，自分の気持ちを表す一言を添える。

【準備するもの】
・色画用紙。
・折り紙。
・はさみ，のり。
・招待状の見本。
・マス目や罫線の入った用紙。

【方法・手順】
①招待状のデザインを選び，外形をつくる（図画工作科の時間と関連して扱うとよい）。
②招待状で伝えることを確かめて書く（あて名・会の名前・開催の日時・場所・差出人）。
③自分の気持ちを書く（誘いの言葉や自分のめあてなど）。

ポイント

①**招待状を出す機会をとらえる**
・学校行事や学習の発表会など，保護者や地域の方を招待する機会をとらえ，目的をもって書く活動を展開する。
・運動会，学習発表会，音楽会，お祭り広場，収穫祭，交歓給食，作品展，幼稚園や保育園児との交流会などの機会に招待状を出す。

②相手に必要な事柄と自分の思いを伝える

- 誰を招待したいのかを決めて，その人に，いつ・どこで・何をするのかが伝わるように必要な事柄を落とさないで書くようにする。
会の趣旨によって，プログラムも示すとよい。
- 招待状を受け取った人が来たくなるように，自分の気持ちを一言書き添える。

おじいちゃん・おばあちゃんへ
　　うんどう会に　来てください。
〈いつ〉　　10月1日（水）
〈どこで〉　○○小学校　校てい
〈ぼくの出るもの〉
　　　　　50メートル走・玉入れ
　　　　　にこにこダンス・リレー
〈ひとこと〉

　1ばんになれるように，
　がんばってはしるから，おうえんしてね。
　おじいちゃんとおばあちゃんといっしょに，
　おべんとうをたべたいな。

　　　　　　　　　　　　○たくやより

---

③丁寧に文字を書く

- 招待状を受け取った相手が読みやすいように，丁寧に文字を書くことを意識する。正しい表記だけで書けているか文を見直すことも求められる。
- 低学年では，文字を書きやすいようにマス目や罫線のある用紙に文を書いて，カードに貼るようにする。必要に応じて，ワークシートのように，項目ごとに書き込み欄をつくるなどの補助をする。
- 書写の学習と関連して文字を書くことを指導するとより効果的である。

発展

①中学年・高学年での招待状づくり

- 学年が進むにつれて，時候の挨拶を入れたり，敬語を使ったりして招待状の文章の内容を充実させていく。結婚式やパーティの招待状など，世間で使われている書式を自分たちで調べて参考にする活動が考えられる。
- 高学年では，パソコンを使って招待状をつくる活動を取り入れる。書式の設定，文字の配置，大きさ，色，字体，イラストを含めたレイアウトなどを工夫して仕上げる。

②カードの形の工夫

- 招待状のデザインは，様々な工夫をすることができる。プレゼントカードのつくり方を参考に，ポップアップ，切り抜き，動物の形，切り絵や押し花付きなど，工作を楽しむことができる。
- 国語科としては，書式を踏まえて文をしっかりと書くことに留意する。

■**参考文献**　佐藤涼・作／三栗沙緒子・絵『ゆびあそびシリーズ⑩　ポップアップ』星の環会，1999年

Ⅲ章　伝え合うための学習スキル28

No. 57　Ⅲ-13　発表会のしかた

対象学年　1～6年

こんな時に使えます！
◎疑問に思ったことや自分の課題について調べたことや観察したことなどを発表する時。
◎興味をもった本の紹介や読書発表会をする時。
◎調べ学習のまとめとして発表会をする時。

こんな言葉の力が育ちます！
・調べたことや考えたことを順序よく説明する力。
・話の組み立てや言葉の置き換えを工夫して分かりやすく話す力。
・資料や具体物を使って，効果的に発表する力。
・発表内容を聞き分けたり，質問したりする力。

（吹き出し）こんな発表会をしたいと思っているんだよ。

● 発表会の形式とは

【定義】
　学習した事柄を，他の人に知らせたり報告したりする機会と場の一つとして発表会がある。読書したことをもとに本の紹介をする発表会，言葉などテーマを決めて調べたことを報告する発表会などが考えられる。
　他の人に効果的に伝えるために，実物を見せる，劇的な要素を取り入れる，映像の活用，資料の配付など，視覚的に訴える工夫などにより，発表会の形式が異なってくる。

【準備するもの】
・図表や写真などの発表のための資料。
・映写機や実物投影機など。
・発表を聞く側のための配付資料など。

【方法・手順】
（1）発表する内容を準備する
　①発表会の内容を話し合う。
　　読書の発表，言葉調べの発表など，どんな内容の発表会にするのか決める。
　②テーマを決める。
　　同じ作者の本や内容の似ている本，方言や新聞の見出し，広告の言葉など，テーマを出し合って決める。

③資料を集める。
　　選んだテーマにかかわる資料を集めて調べたり、分かったことを整理したりする。

(2) 発表方法を考える
　①発表用の資料をつくる。
　　発表内容を簡潔にまとめたプリント、発表に必要な資料などを用意する。
　②発表の流れを考える。
　　発表内容の要点を書き出し、話の順序を考える。
　③時間配分を考える。
　④グループでする場合は、役割を決める。
　⑤発表のリハーサルをする。

ポイント

　子どもがどのような題材に興味・関心をもち、どんなことを考えさせたいのかという学習のねらいを的確に押さえて、発表会の計画を立てることが大切である。きっかけは、子どもの読書生活や発展的な調べ学習などにあることが多いが、発表したい、発表を聞きたいと思うようなテーマを設定して、考えが深まるようにする。

　調べ学習では、どのような資料が収集できるかということが重要である。日常生活の中で見聞きしているものや、学校の図書室や地域の図書館にあるものから、子どもが理解できる資料が集められることを見通して助言していくようにしたい。また、収集した資料からどのようなことが考えられるか整理させる。グループ学習の場合は、話し合いをして結論を見いだせるようにする。資料が考えの根拠になるように助言する。

　効果的な発表をするために、話を補う働きがあるもの、レジュメや資料、実物などを使うという工夫がある。また、OHP、実物投影機、映写機などで、写真やスライドなども使うことができる。出典を明らかにした資料の活用は、説得力のある話にするという効果もある。発表原稿または発表メモをつくって、説明する順序を確認する（「Ⅱ-12」を参照）。調べたことを羅列的に説明するのではなく、感想や意見に結びつくような組み立てを考える。資料の言葉を分かりやすい言葉に置き換えてみることも、聞き手のことを考えた工夫である。

　発表会を計画通り進行するためには、決められた時間内で発表することが大切であり、それは発表者のマナーでもある。グループで発表する場合は、役割分担をはっきりさせて時間の配分を考える必要がある。発表のリハーサルをしてみると、大体の時間がつかめるので、時間内の発表にするための見直しができる。

　発表する時は、はっきり大きく、メモや原稿を見ないで堂々と話すことをめあてにする。準備までよくできても、小さな声しか出ないようでは、目的を達成することはできない。

発展

(1) **ミニ発表会**
　グループ内での発表会。共通に考えたいことをテーマにして一人一人が調べてきたことを発表する。発表内容、方法を考える力が鍛えられる。

(2) **ポスターセッション**（「Ⅲ-20」を参照）
　グループごとに場所を決めて発表する。発表するグループと聞くグループは時間を決めて交代する。聞きたいグループの場所に移動して聞く。

発表会の場面

No. 58 III-14 群読

対象学年 1～6年

こんな時に使えます！
◎言葉のリズムや響きを楽しみながら声に出して読む時。
○学習発表会や学芸会，総合的な学習の時間などで。
○学級でのリクレーションや親子ゲームの時。

やったあ！ 「かにむかし」

こんな言葉の力が育ちます！
・言葉のリズムや響きの快さを，声に出すことによって実感する力。
・声の大小・速さ・抑揚など，語られる状況によって使い分ける力。

● 群読とは

【定義】

木下順二は，「"群読"というのは，複数の読み手による朗読のこと」とし，「この方法を私が思いついたのは，(略)〈山本安英の会〉の"ことばの勉強会"の仕事を進めて行く中においてであった。"勉強会"のテーマの一つに"日本古典の原文による朗読はどこまで可能か"というのがあり，その試みをいくつか重ねて行くうちに，古典，ことに『平家物語』の場合など，その文体がもっているところの，時に猛々しいまでに力強く，時に嫋々として幽かなまでに美しい言葉のうねりを表すには，ある時複数で，ある時ソロで朗読するという方法を自在に駆使するのが適当なのではあるまいかと考えだした。

そこで，そういう方法を念頭に置きつつ，『平家』の原文をアレンジし，わずかのコメントを入れて構成してみたのがこの『知盛』である。まず1968 年，〈山本安英の会〉の朗読グループによって岩波ホールで発表され」たと，書いている(注・参考文献)。この演劇上での特殊な表現方法が今や一般化し，方法のみが抽象化されたといえる。つまり，「"群読"というのは，ある時複数で，ある時ソロで朗誦するという方法」といえよう。

【準備するもの】
・群読に適した作品，あるいは，詩集など。

【方法・手順】

学級のみんなか，グループ単位で取り組む。いずれにしても，大事なことは，作品をよく読むことである。その人物の置かれた状況や，そこでの人物の動きや心情を丁寧にイメージしていくように，しっかり話し合うことである。ここで気をつけたいことは，取り組むみんなが作品の世界をイメージすることである。

群読は，詩で取り上げることが一般的だが，散

■参考文献 「子どもと教育」編集部 編『「子どもと教育・別冊」音読・朗読・群読の指導のハンドブック』あゆみ出版，1996 年 木下順二 著『古典を訳す』福音館書店(福音館日曜日文庫)，1978 年

文でも可能である。

詩の場合は，暗唱するまで，繰り返し声に出して読み，そこから生まれるリズムや響きをもとに，分担，声の大小・速さ・抑揚などを考えていく。

散文の場合は脚色せず，作品の言葉をそのまま生かす。登場人物の会話は会話として読み，地の文は，人数，声の大小・速さ・抑揚など，読み方を工夫する。

ポイント

群読は低学年から可能である。低学年の場合は，谷川俊太郎の詩集『ことばあそびうた』のような，言葉のリズム感を中心とした作品を取り上げるのがよいだろう。中学年からは，リズム感に加えて，情景の描写や，人物の動きや思いなども表現するようにする。

・詩の場合

もともとリズムがある。しっかりイメージをつくることである。このイメージが基本となって，どこは一人で，どこは複数で読むか，さらに，複数の場合，何人がよいかなど，すべて作品のイメージで決まる。また，間の取り方，声の大小・速さ・抑揚なども同様である。

・散文の場合

基本は，原文をそのまま生かすことである。会話と地の文に分かれる。会話の部分は配役を決めるが，劇のように動きを入れてもよいし，動きを入れずにその場で語ってもよい。いずれにしてもその人物になりきって声に出すことである。これに対して，地の文は，詩の場合と同じように，分担や読み方を工夫する必要がある。ただ，地の文は，説明が多いため単調になりやすい。したがって，描写の多い，リズミカルな地の文のある作品を選ぶ必要がある。

発展

詩での群読は比較的よく紹介されている。実践例も多い。ここでは，木下順二作『かにむかし』の例を紹介する。

まず，舞台奥中央に柿の木を立てる。その前に階段（脚立でもよい）を設置する。階段の左右に三・四段のひな壇をつくる。このひな壇に，地の文のグループが並ぶようにする（下図参照）。ただし柿の木は途中からで，初めはなく，ついで芽を地の文の後方の子がもつ。その後木を立てる。

地の文役は，初めは青い柿の実，ついで赤い柿，さらには，子がにとなる。柿の葉や実を手にもったり，子がにのかぶり物をしたり，場面に応じて取り替える。

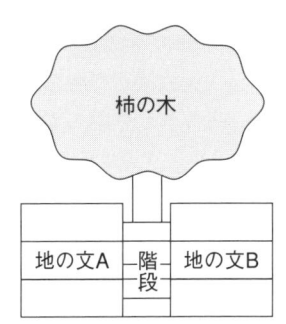

また，かに，さる，くり，はちなどは，舞台前方で演技をしながら台詞(せりふ)を言う。参考までに，台本の一部をあげる。ここでは，地の文の係は子がにたち（かにのかぶり物をつける）を兼ねる。

地A　そこで　おおぜいの　こがにどもが，うちそろうて，
地A・B　がしゃがしゃ　がしゃがしゃ
地B　あるいてゆくと，まず，ぱんぱんぐりにゆきおうた。
地A　ぱんぱんぐりが　いうには，
くり　かにどん　かにどん，どこへ　ゆく
地B　そこで　こがにが　こえを　そろえて，
地A・B　さるのばんばへ　あだうちに
くり　こしに　つけとるのは，そら　なんだ
地A・B　にっぽんいちの　きびだんご
くり　いっちょ　くだはり，なかまに　なろう
地A・B　なかまに　なるなら　やろうたい
地B　というて，ぱんぱんぐりに　きびだんごを　いっちょ　やって，
地A　ぱんぱんぐりは　なかまになった。

■参考文献　木下順二 著『かにむかし』岩波書店，1959年　　はせみつこ 編『しゃべる詩あそぶ詩きこえる詩』冨山房，1995年　　谷川俊太郎 著『ことばあそびうた』福音館書店，1973年

No.59 Ⅲ-15 パネルシアター

対象学年　3〜4年

こんな時に使えます！
◎物語文の学習で，音読発表やストーリーテリングをする時。
◎聞き手を意識して，音読したり語ったりする力をつけたい時。

こんな言葉の力が育ちます！
・物語文の読み深めたことを生かして，音読や語りを工夫する力。
・お話会の雰囲気を味わいながら，聞き手を意識して語るような力。
・絵人形のセリフを考えながら学習を進めるような，想像的な読みの力。

パネルシアターとは

【定義】
　フェルト（ネル地）を貼ったパネル板に，Ｐペーパー（不織布）に描いた絵人形を貼ったりはずしたりしながら，話したり歌ったりする。音読や朗読と組み合わせてもできる。絵人形を動かす，裏返す，重ねるなど話の内容に合わせて様々な動きを工夫できる。また，話し手が聞き手に姿を見せて演じるため，反応を確かめながらコミュニケーションをとることもできる。絵人形は比較的簡単につくることができ，またパネル板は持ち運びが可能なので，小学校低学年から楽しめる表現方法である。蛍光色のポスターカラーを使えば，ブラックライトで光らせることもできる。

【準備するもの】
・ベニヤ板（120㎝×100㎝くらいのもの）。
・白いフェルト（ネル地）。
・Ｐペーパー（不織布）。
・ポスターカラー（蛍光色もあると面白い）。
〈ブラックパネルシアター用〉
・黒いフェルト（ネル地）。
・ブラックライト。
・スタンド。

【方法・手順】
①パネルのつくり方
・ベニヤ板に木工用ボンドを均一に塗り，白いネル地をしわができないように貼りつける。
・ベニヤ板の裏に同じ要領で黒いネル地を貼りつけ，見苦しくないように縁を始末する。

②絵人形のつくり方
・下絵を描き，Ｐペーパーに油性マジック（水性では色を塗る時にじんでしまう）で写し取り，ポスターカラーで色を塗り，きれいに切り取る。一度描いた線は消せないので鉛筆は使わない。

また，クレヨンやパステルなどは色が落ちてパネルを汚してしまうので使わない。色鉛筆も薄くて遠くからは見えにくいので適さない。
・裏返して使いたい場合は，同じものを２枚つくり，貼り合わせる。または，厚口のＰペーパーを使い，表裏両方に絵を描く。どちらにしてもあまり重くならないように注意する。また，接着剤は水分をあまり含まないものの方がよい。
・色はできるだけ混ぜないで，混色にしたい場合は重ね塗りをしていく。また，水を多く含む筆で塗ると，にじんだり，Ｐペーパーのきめが粗くなったりしてしまうので，できるだけ筆の水分を落として塗るようにしたい。ナイロン製の筆は水分を含みにくく，Ｐペーパーに適している。

③セットを購入しても……

　パネルシアターセットを購入することもできる。セットの内容は，パネル（表が白，裏がブラックパネルシアター用の黒になっているものもある），スタンド，ブラックライトである。消耗品としては，登場人物や背景を描くＰペーパー，パネルシアター用の絵の具（ポスターカラーなどでもよい。蛍光色が入っていると，ブラックライトで光らせることもできる）である。パネル・スタンド・ブラックライトのセットで，手ごろな値段で市販されている。

ポイント

　演じる前に，お話の内容をよく理解し，ストーリーを覚えたり，クライマックスの演じ方をじっくりと考えたりしておく。基本的には一人が語ることが多いが，子どもの場合，役割演技でもよい。覚えて聞き手の反応を確かめながら語ることが理想ではあるが，低学年や中学年では，音読する子どもと絵人形を操作する子どもというように，役割分担してもよいだろう。お話の雰囲気や登場人物の心情などを十分に伝えられるように，練習時間も確保したい。

　パネル板の設置は，壁に立てかけたりイーゼル型のスタンドを利用したりするが，適度な傾斜が必要である。絵人形も使う順番を考えて，整理して置くようにする。
　話し手は基本的には，パネルに向かって右側に立つ。聞き手の準備が整ったことを確認して，ゆっくりと題名を語る。語る時は，聞き手の方に視線を向け，間の取り方を工夫したい。子どもはどうしてもパネルに視線が行きがちだが，できれば聞き手に視線を送り，反応を感じ取りながら語ることができるとよい。
　絵人形を貼る時は，素早く行うが，落としても落ち着いて貼り直せばよいことを伝えておきたい。パネル板が話し手の体で見えにくくならないように，貼り終えたらまたもとの位置に戻って語るよう伝える。
　ネル地に不織布を貼るという特質上，画面の上を滑らせることは難しいので，特長をよく理解して，どんな物語の表現方法として適当か，子どもと一緒に考えるとよい。

発展

エプロンシアター

　パネルの代わりにエプロンを使ったエプロンシアターも面白い。大きめのポケットから登場人物が飛び出して，お話が進行する。エプロンを不織布でつくり，マジックテープをつけた登場人物を用意すれば，扱いも簡単である。

■**参考文献**　山本真基子・平川静子　著『パネルシアター初級編』児童図書館研究会，1997年

III章　伝え合うための学習スキル28

No. 60　III-16　ペープサート劇

対象学年　1〜4年

こんな時に使えます！
◎文学教材を読んで，感じたことを劇化して表現したい時。
○お楽しみ会や授業参観で，グループごとに，劇などをして発表する時。

こんな言葉の力が育ちます！
・あらすじを押さえながら場面を想像豊かに読む力。
・言葉の繰り返しやリズム，特徴的な表現を楽しみながら声に出して読む力。

● ペープサート劇とは

【定義】
　別名，紙人形劇。作品の登場人物や登場する物を紙でつくって，割り箸に貼ってつくった「紙人形」を動かして，劇をすることをいう。割り箸を裏返して，紙の表と裏に違う表情を描くこともできる。

【準備するもの】
・厚紙（画用紙でもよい。ただし，堅い紙の方が壊れにくい）。
・はさみ。
・絵の具，クーピー，クレパスなど色を塗る道具。
・割り箸（菜箸や長い棒を使うことも可能）。
・のり，ボンド，両面テープ（紙の質によって，接着剤は変えるとよい）。

【方法・手順】
1　ペープサート劇にしてみたい教材を決める。

ポイント

　ペープサート劇にしやすい教材の条件
①場面転換がはっきりしている。
②登場人物が適当な数である（多すぎず，少なすぎない）。
③登場人物が個性的な外見をしていて，絵に描きやすい（たとえば，動物，妖精，魔法使い，など）。
④筋がしっかりしていて，人物の台詞を考えることができる物語である。

2　登場人物や登場する物について，誰がどれを担当するかを話し合って，決定する。
3　絵を描いて，切り抜き，割り箸に接着剤で貼りつける。両面テープで貼りつけることもできる。
4　自分のつくったペープサートが，どんな場面のどんな台詞を言うかを考え，友達と話し合いながら，台本を書く。基本は教材に出てくる言葉を書き抜くが，ところどころに演じている者

が考えた台詞も書き加えていく。

　ここでは，学年の発達段階に応じて，取り上げる劇の場面を限定してもよい。
　例：「モチモチの木」
　　豆太が，腹痛で苦しむじさまのために，医者様を呼びに行く場面，など。
5　自分の台詞をおぼえる。
　　ペープサート劇では，台の下で台本を見ながら演じることは可能だが，できるだけ台詞をおぼえるように指導したい。
6　余裕があったら，背景の絵を，模造紙にみんなで協力して描く（あくまでも，国語の学習であるので，無理に背景を描く必要はない。効果音についても同様である）。
7　実際に，ペープサートを動かしながら，演じる。動きや台詞を工夫する。

ポイント

例①　豆太の足が動くように紙にハトメをつけてみる。豆太が走っていく場面で動かす。

例②　表は，必死に走る豆太の顔。裏は，じさまが助かって安心している表情を描く。場面によって使い分けることができる。

8　本番の発表会でペープサート劇をする（終わったら，学習のふりかえりをする）。

ポイント

読み深めたことを大事にした学習にしよう！
　ペープサート劇は楽しい。ペープサートをつくるのも演じるのも，児童にとって魅力ある活動である。だからこそ，その楽しさに流されない学習展開にしたい。
　そのためには，まず教材とじっくり向かい合うことが大切だ。すぐにペープサートをつくるのではなく，教材をしっかり読んで，考えたことを発表したり話し合ったり，書いたりして，自分なりの「読み」が各自の内面に出来上がったことを確認してから，活動に入っていきたい。そして，その「読み」が表れるような「劇」「音読」になるための努力，工夫を児童に促す必要があるだろう。すなわち，ペープサート劇は「想像的な読み」と「声に出しての読み」の２つの力をつないでいくことができる学習方法なのである。

発展

　ここでは，劇ではなく「ペープサートを使ったスピーチ」を紹介する。これは，たとえばテーマ（私の好きなもの，心に残った出来事，私の家族を紹介します，など）を決めて，スピーチをする活動である。

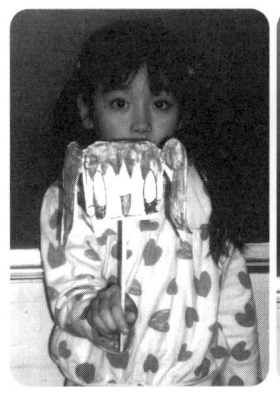

例①「私の妹をしょうかいします」　　例②「ぼくの好きなものはきょうりゅうです」

　この活動でも，ペープサートの表に「妹の笑っている顔，裏に「怒っている顔」を描くという工夫が考えられる。裏返しながら，姉妹の交流の様子をスピーチすると聞き手をひきつけるだろう。

No. 61 Ⅲ-17 脚本づくり

対象学年 5～6年

こんな時に使えます！
- ◎国語の教科書で学習した物語を脚本化する時。
- ○総合的な学習の時間，クラブ活動，学級集会などで劇づくりをする時。

こんな言葉の力が育ちます！
- ・物語の背景・情景・登場人物の人柄，心の動きなどを考えながら読む力。
- ・物語の内容を理解するために，語句や語彙の一つ一つにしっかり目を留めて読む力。
- ・方言や共通語，敬語などの言葉を適切に使う力。

脚本づくりのワークシート例

場面	セリフ・（ト書き）	備考
題名　『雪わたり』 登場人物　ナレーター・四郎・かん子・紺三郎 一郎・二郎・三郎・きつねの学校生徒 とき　冬 ところ　その一（雪の森）　その二（きつね小学校）		
一	（雪がすっかりこおって大理石よりもかたくなり，空も冷たいなめらかな青い石の板でできているようになっている） (うれしそうにぴょんぴょんはねながら，上手より登場。節を付けて) かた雪かんこ，しみ雪しんこ，かた雪かんこ，しみ雪しんこ。	・舞台背景 ・雪景色 ・お日様 ・森の中 ・四郎とかん子の服装 ・雪ぐつ ・わら帽子
四郎		

吹き出し：
- その地方の方言でやっても楽しいね。
- セリフは，自分が言いやすい言葉に変えてもいいよ。

脚本づくりとは

【定義】

　脚本は，劇を行う時に必要なものである。児童向けの脚本も数多く出版されており，「劇をしたい」という気持ちにすぐに対応することができる。

　しかし，高学年になると自分で脚本をつくって，その脚本で劇をやりたいという児童も多い。そんな時，教科書の物語や好きな物語，または，劇としての面白さをもった物語を脚本化することがある。

　脚本にするということは，物語を対話・会話

（セリフ）と人物の行動（ト書き）にしていくことである。

【準備するもの】
・劇化したい物語文。
・脚本を書くためのシート。
・鉛筆。
・消しゴム。

【方法・手順】
① 劇化したいと思う物語を読み込む。
② 主題（その作品を通して、見る人に考えて欲しいことや訴えたいこと）を考える。
③ 登場人物の人物像を明確にする。
④ 山場を中心にいくつの場面にするか決める。
⑤ 場面ごとの脚本づくりにはいる。
　・セリフ、ト書き、ナレーションにしていく。
⑥ 舞台装置、背景、扮装、音楽、照明、注意することなどを書く。

ポイント

　脚本をつくるということは、劇をするということであり、それは人に見せるということである。とすれば、脚本づくりの最大のポイントは、見る人（観客）が、感動し楽しめるものにすることである。そのためには、まず劇の中に見せ場をつくる必要がある。どの場面を見せ場にし、どのように盛りあげていくかを考えていく。

　次に、セリフであるが、劇はセリフによって面白いものにもなるし、つまらないものにもなる。セリフは登場人物の性格や気持ちも表すものなので、性格や立場を正確に押さえてから書く。

　また、ト書きには登場人物の動作や表情を書くが、大事なことを端的に分かりやすく書くことである。上手より登場といったことも書くが、脚本づくりでは舞台の上手・下手という言葉をよく使う。客席から舞台に向かって右の方を上手、左の方を下手という。また、暗転（幕を閉じないで、舞台の照明を暗くしたり消したりして場面を変える）や舞台のそでで待機など、脚本に書き入れておいた方がよい舞台用語をあらかじめ教えておき、それらも脚本の中に書き入れるようにするとよい。

ときに、ナレーション（ナレーションをする人をナレーターという）が必要な場合がある。演技では表現しにくい登場人物の気持ち、場面の説明、時間の流れなどを説明する時に登場させる。

　欄外に舞台装置・背景・情景や音楽・照明・扮装・注意などを書いておくと演じる時に役に立つ。

発展

『雪わたり』の脚本づくりから劇づくりへ

脚本づくり

・全文を通読し、だいたいの筋を押さえる。
・登場人物をはっきりさせる。
　（その一）
　　ナレーター・四郎・かん子・紺三郎
　（その二）
　　ナレーター・四郎・かん子・一郎・二郎・三郎・紺三郎・白い小さなきつねの子・きつね学校の生徒
・場面分けをする。
・グループに分かれて各場面を脚本化する。その時、セリフ・ト書きを考える人、舞台装置・背景を考える人、音楽・照明を考える人、扮装を考える人などと役割分担をする。

劇づくり

・演出家を決める（劇全体を見通し適切なアドバイスをする重要な役目）。
・配役・音楽照明係・衣装係・大道具係などを決める。
・それぞれの役割にそって活動を始める。

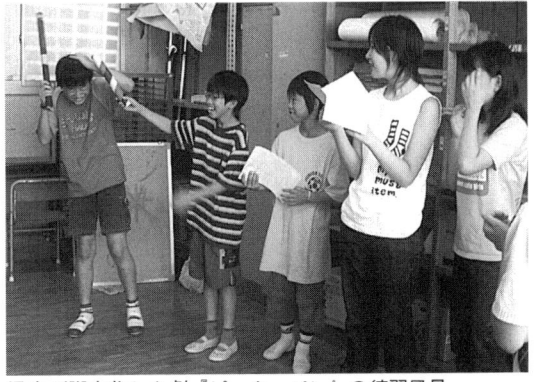

児童が脚本化した劇『ピーターパン』の練習風景

■**参考文献**　演劇教育研究会　責任編集『みんな大好き，小さな劇⑥　6年生のみんなの劇』学習研究社，1996年

Ⅲ章　伝え合うための学習スキル28

No. 62　Ⅲ-18　リーダーズシアター（劇化）

対象学年　2～6年

こんな時に使えます！
◎登場人物の心情や性格を，音読を通して理解させたい時。
◎劇化をするほど時間のない時や，グループごとに聞き合って，より楽しく読みの学習を行いたい時。

こんな言葉の力が育ちます！
・音読，語りの工夫を通して，物語文の読みを深めようとする力。
・聞き手を意識して声の大きさなどを調整する力。

● リーダーズシアターとは

【定義】
　テキストを持って立ち，朗読することで，演劇に近づいた表現のしかたを取り入れたもの。
　原則としては，舞台への出入りは行わない。そのため，演じていない時は後ろを向いて立ち，出番が来たら正面を向くなどの変化をつけることもある。

【準備するもの】
・人数分のテキスト。
・音読の工夫カード（たとえば，以下のような形式のもの）。

セリフ	読み方の工夫
やあ　ひよこ。	いかにも友達に呼びかけるように，うれしそうな声で。
お兄ちゃん？やめてくれよ。	なかよしのように呼ばれて，とんでもないという気持ちと，驚いた感じで強く言う。
きつね？と～んでもんない。	じょうだんじゃないよ，という気持ちで強く言う。
いや，まだいるぞ。きつねがいるぞ。	さあこい。おれがぜったいにみんなを守ってやるぞ，といういさましい声で。

【方法・手順】
①作品の読みと場面ごとの音読会を織り交ぜながら，グループごとに話し合い，読みの深まりが音読（朗読）に反映されるように，音読の工夫を記録していく。
②全体の読みと話し合いが終わったら，グループごとに役割を決め，練習し発表会をもつ。
③発表の後，それぞれの班と観客とで音読の工夫

について検討会をもつ。

ポイント

リーダーズシアターは，基本的に舞台装置などを何も用意せず，朗読だけで観客をひきつけようとするものなので，様々な劇化の方法の中でもかなり高度な表現力が要求される。

したがって，題材選びに配慮を要する。できたら，ショート・ショート的で意外な展開のものや，朗読に変化がつけやすいもの，会話が多いものなどがお薦めである。

たとえば，高学年向けのものとして，星新一の「宇宙人の宿題」は宇宙人の口調を自由に工夫できて楽しい。

また木下順二の「木竜うるし」も，いばった権八とひとのよい藤六の口調が子どもたちにもつかみやすく，後半で二人の関係が逆転するところも楽しさを倍加させるだろう。

中学年向きのものとして斉藤洋の「ガオー」がお薦めである。声の出ないライオンと，はじめはやる気がなさそうな，でも後半はまんざらでもなさそうなクロヒョウとの掛け合いが楽しい。幼稚園の子どもたちの無邪気な声も工夫させたい。

発　展

リーダーズシアターは，どちらかというと高学年向きであると思われるが，それにペープサート（「Ⅲ-16」を参照）やOHPを使った影絵風の背景をプラスするだけで，低学年から中学年までが楽しく表現活動を展開できる。そのいくつかの例を挙げてみる。

① 「はなのみち」（岡信子著）……1年
・OHPで野原全体の背景を写しておく。後から花がいっぱいに咲いたシートをかぶせる。
・くまのペープサートを大小つくっておき，野原を歩いて行く時は，小さい方でスクリーンの上を移動させる。

② 「きつねのおきゃくさま」（あまんきみこ著）……2年
・登場人物のお面を頭につけただけで，すっかりその世界に入っていけるだろう。

③ 「モチモチの木」（斎藤隆介著）……3年
・モチモチの木の大きく枝を張らせた背景をOHPでつくっておく。上から枝々に灯がもった幻想的なシートを重ねられるようにしておく（もう一つ山道の場面があってもよい）。
・はじめと終わりの場面はOHPの背景の前に豆太のペープサートを出しながら朗読し，他の場面は豆太とじさま，医者さまのペープサートを朗読に合わせて動かす。

④ 「木竜うるし」（木下順二著）……5年
・リーダーズシアターでも楽しめるが，背景をOHPで，人物と木竜をペープサートでつくっておくと，さらに楽しめる。
・ふちの中の場面と，ふちのそばに立っている2本の木を描いた2枚のシートを用意する。ふちの中のシートには，後からうるしのかたまりのシートを重ねられるようにする。
・ペープサートは，権八と藤六と木竜。裏表が使えるようにつくっておく。

No. 63　Ⅲ-19　スピーチ

対象学年　2〜6年

こんな時に使えます！
◎国語の時間，朝の会，帰りの会にスピーチの時間を設け，実施する時。
○児童会，児童集会，全校集会など多くの人の前で話をする時。
○弁論大会などの時。

こんな言葉の力が育ちます！
・聞く人に分かってもらえるよう，話の構成を工夫する力や筋道を立てて話す力。
・聞き手を意識した言葉遣いで話す力。
・スピーチする人の主張を的確に聞き取る力。

● スピーチとは

【定義】
　自分なりの個性が出せる方法で自分の考えや感じたこと，主張などを効果的に聞き手に伝え，共感してもらうこと。

【準備するもの】
・スピーチ原稿シート（作文組み立てシート）。できれば厚紙がよい。
・大きめの付せん紙（数色）。
・スピーチに使用するグッズ。
・タイトルを書いたカード。
・スピーチ原稿（原稿用紙）。

【方法・手順】
(1) 伝えたいことの決めだしと材料集め
①伝えたい事柄をピンクの付せん紙に書く。
②それに必要な材料を他の色の付せん紙に思いつくままに書いていく。必要に応じて取材をする。
③付せん紙操作によって，つけ加えや削除をして推敲する（「Ⅱ-11」を参照）。
④スピーチタイトルを工夫する。

(2) スピーチ原稿づくり
①伝える相手（聞き手）を意識し，言葉遣いに留意したり，呼びかけ，質問，クイズなどを入れて内容を工夫する。
②スピーチ原稿シートを見ながら，発表原稿にまとめる。150字で1分を目安にする。

(3) スピーチ練習をする
①スピーチ原稿シートのピンクの付せん紙に書かれている部分を見れば，話す内容が自然と浮かんでくるまで練習しておくとよい。
②スピーチ原稿をまる読みすることがないように

練習しておく。

(4) 本番のスピーチをする
①テーマを書いたカードを貼る。
②原稿はちらりと見る程度で,聞き手の方に目を向けてスピーチをする。

(5) スピーチの内容について話し合う
①話し合う人を前もって2～3名程決めておいて話し合いをする。
②話し合った人以外の人で,感想のある人を指名して言ってもらう。

ポイント

①原稿の指導が大切

スピーチでは,スピーチするその時よりも,スピーチ以前の話し手への指導の方が重要である。したがって,スピーチする内容をどうつくり出すかがポイントとなる。

そのために,スピーチ原稿シートと付せん紙を用意する。スピーチ原稿シートと付せん紙は,書いて貼って加えたり,はがして削除したりすることが容易にできる。段落構成は自動的にでき,かつ,スピーチ内容の構成がしやすくなるのである。低学年の場合,小さな文字が書きづらいので,スピーチ原稿シートの代わりに,マジックで書いたり消したりできる表面のツルツルした画板などを使用するとよい。また,付せん紙の代わりに色画用紙をセロテープでとめて貼っていくなどの工夫をしてもよい。

②聞き手が知らないことを題材に

慣れてきたら,スピーチ原稿シートからスピーチ原稿をつくることを省略して,スピーチ原稿シートだけ見ながら,スピーチするのもよい。

スピーチする内容は,一般的に,話し手だけが知っていて,聞き手が知らない事柄を取り上げるのがよい。高学年は,スピーチに必要なことを取材し,材料を集める姿勢が大切である。低学年の最初は,なぞなぞ遊び1～2問,1分以内でスタートするのもよいだろう。それから,具体的な事柄,経験したことなどを入れ,だんだんスピーチに近づけていけばよい。

具体物を持参してのショウ・アンド・テル形式でスピーチを行うなど,やり方を工夫するのもよい。

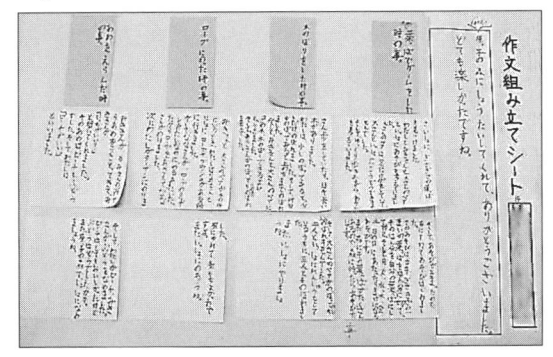

できあがったスピーチ原稿シート
(作文組み立てシート)

発展

国語の時間はもちろんのこと,それだけではなく,学級活動の時間,朝の会・帰りの会などの時間にスピーチの時間を設定してみてはどうだろう。

スピーチをしたら,言い放しというのではなく,聞き手がスピーチを聞いて,感想を言い合う時間を確保するのもいいだろう。

スピーチと話し合いを含めて10分あればできる。継続することが大事である。

日常的には,児童会,児童集会,全校集会などで全校児童に向けて発表するような機会があるだろう。そういう時にも活用できることだろう。

また,開校記念日などに,全校スピーチ大会,弁論大会を催している学校もあるだろう。そんな時にも使える。

No. 64 Ⅲ-20 ポスターセッション

対象学年　3～6年

こんな時に使えます！
◎説明文の学習で，子どもたちが調べてきたものについて，お互いに知らせ合う力を伸ばしたい時。
◎グループで話し合う力を伸ばしたい時。
○学年内や異学年間の発表会で，一度にたくさんの発表を行いたい時。

こんな言葉の力が育ちます！
・発表したいことを整理し，筋道を立てて話す力。
・相手の発表を，大事なことを落とさずに聞く力。
・相手の話を受け，質問したり，意見や感想を話したりする力。

● ポスターセッションとは

【定義】
　子どもがつくったポスターを壁に貼り，聞き手が発表者の前に来るたびに説明するという，発表や報告のやり方。
　このセッションのためにより良いポスターをつくり上げるのが本来のやり方であるが，ポスターにはポイントだけを掲げ，実物や自作の資料などを手元に用意して，実演を交えて説明することも可能である。

【準備するもの】
・筆記用具やポスター用紙など。
・題，見出し，図や表を工夫して，自分の発表したいことをまとめたポスターをつくる。
・掲示のためのパーテーション。

【方法・手順】
　初めからいくつかのグループに分かれて調べ学習などをした場合は，そのグループを活用するとよい。
　全員が，様々なテーマで行った場合は，テーマの似ている子ども同士でグループをつくる。また，テーマにかかわらず，生活班などで行うこともできる。
　たとえば8つのグループができた場合は，発表を4つずつに分ける。前半は，4つのグループが教室の4か所に分かれてポスターを貼り，4か所で同時に発表をする。残りの4グループの子どもたちは自分の聞きたいところへ各自行って発表を聞き，意見交換をする。

10分程度で次のグループに移動をすれば，1時間で4つの発表を聞くことができる。この時間の目安は初めに子どもに伝えておき，合図でいっせいに移動させると，集中できてよい。

後半は，グループを交替し，前回発表をした子どもたちが聞き手となる。

ポイント

「セッション」とあるように，この活動は，その場に集まっている発表者と聞き手とが，お互いの力でよりよい話し合いにしていくところに面白さがある。

一般的な発表では最後に質問や意見が出されるが，ポスターセッションでは途中から聞き手が話に加わり，意見交換をしたり質問を重ねたりする。聞き手は自分も調べているので，その知識や考えをもとにして発言ができる。そのため「セッション」をすることで発表の内容が深まっていくのである。発表するたびに違う友達が来るので意欲も持続する。

また，いつも適度な人数になるので発言のチャンスがどの子どもにも与えられる。友達と体の距離が近いことから，コミュニケーションも図りやすくなる。

このようなよさを十分に活用するには，事前にポスターセッションの流れとポイントをよく子どもたちに分からせておく必要がある。つまり，ただ聞いてくるのではなく，自分の調べたことを生かして，集まった友達とたくさん意見交換をすることが大切であり，何よりも楽しいのである。

発展

①グループ分け

イラストでは「世界の国々を知ろう」を地域別にグループ分けしている。学習のねらいによって，観点別に分けると，話し合いがより深まる。

「世界の国々を知ろう」の場合

| 食べ物 | 服装 | 気候・地形 | 住まい方 |
| 言葉 | 名物 | 動物・植物 | その他 |

②ポスターセッションの前に

いきなりポスターセッションに入らずに，まず全員で，ある子どもの発表を聞いて話し合いの練習をする。次のようなことを確認する。

・よく分からなかったところを確かめること。
・発言は最後まで聞くこと。
・分かったことや感想を積極的に伝えること。

③パビリオン形式

ポスターセッションは，基本的にはポスターと話し合いのみで進める。だが，もっとお祭りの屋台に近いような，コーナーもお客さんもたくさんいるような形を，こう呼ぶことがある。

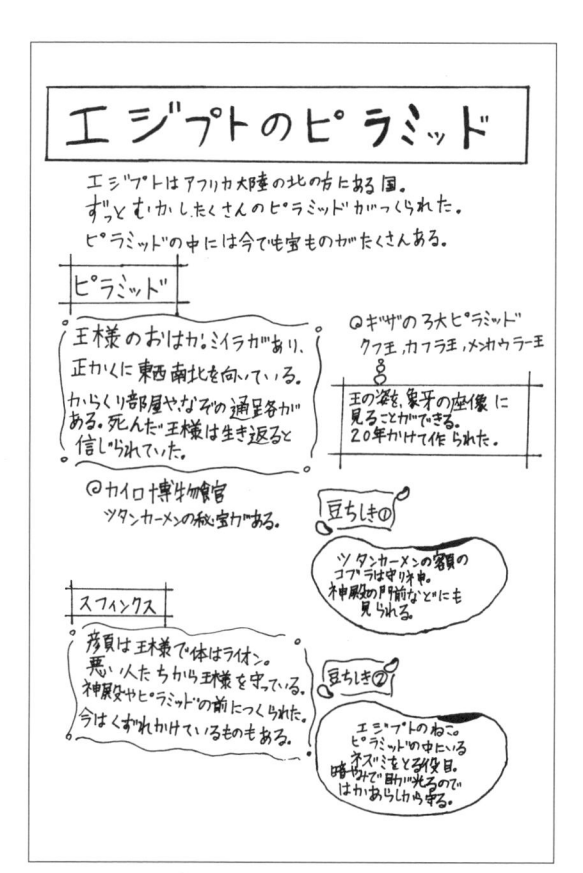

児童がつくったポスターの例

No. 65 Ⅲ－21 バズセッション

対象学年　1〜6年

こんな時に使えます！
◎学級全体での話し合いで積極的に発言しにくい子どもに，学習に主体的に参加してもらいたい時。
○グループごとに話し合った結果をもち寄って，学級など大きな集団で，よりよい考えを練り上げたい時。

こんな言葉の力が育ちます！
・自分の考えを相手に分かりやすく話す力。
・話の中心に気をつけて，友達の考えを聞く力。
・相手の話を受けて自分の考えを深め，意見や感想を述べる力。

バズセッションとは

【定義】
　集団討議形式の一つで，6人ずつのグループが6分間討議することを原則とするという意味で，6・6討議といわれるものが，バズセッションの代表的なものである。あちらこちらで虫の羽音のように話し声が聞こえることから，バズ（虫の羽音）という名前がついている。このバズセッションを学校の授業，学習活動に取り入れたものをバズ学習という。
　多人数の学習者をいくつかのグループに分け，それぞれのグループごとに討議を試みる。バズセッションを終えた後は，グループの討議内容を発表し合い，全体討議に移行したり，教師の指導を受けたりする。

【方法・手順】
　何のためにグループ討議をするのか，子どもたちが目的意識をもって学習に取り組めるように，課題をはっきりとさせる。
　グループ討議の目的によって必要な場合，司会や記録など役割を決めて話し合う。グループ討議にあてる時間をあらかじめ知らせておき，司会は計画的に話し合いを進めるようにする。
　低学年においては，ペア学習など比較的少人数での実施が望ましい。学年が上がるにつれて，グループの人数を増やしてもよいが，一人あたりの発言回数を保障するといった意味でも，6人以下が適当である。
　バズセッション後，グループで話し合われたことをまとめ，全体討議の場で意見として提案したり，グループで話し合われた結果を全体の場で報告したりすることも考えられる。グループで出し

た結論がどのように生かされるのかについて，学習者が見通しをもってグループ討議をすることが大切である。

ポイント

「A 話すこと・聞くこと」の指導事項「ウ 話し合うこと」をバズセッションで取り扱う場合には，グループで話し合って決める内容がはっきりしていた方がよいだろう。

たとえば，日頃の係の仕事についてアンケートを取り，その後の係の活動に生かそうという場合，係ごとに少人数のグループをつくり，アンケート結果から取り入れることができそうな項目を検討し，これからの具体的な取り組みを決めるために話し合うということになる。このような場合のポイントは次のようである。

○司会，記録の役割を確認する。
○司会は，議題をはっきりとグループ全員に伝え，話し合っている内容からそれないようにする。また，みんなの意見を聞き，よく分からないことは質問して確かめる。
○記録は，決まったことを確かめるようにする。
○話の中心に気をつけて，話したり聞いたりする。
○理由を加えて，自分の考えがよく伝わるようにする。
○質問には，聞く人によく分かるように丁寧に答える。
○自分の意見ははっきりと言う。

グループ討議が終わったら，全体でそれぞれのグループで話し合ったことを報告する。

「読むこと」の学習にバズセッションを取り入れることも効果的である。物語文を学習課題にそって読み深めようとする場合など，バズセッションを取り入れることで，学級全体など多人数の中では発言を躊躇してしまう子どもも，少人数のグループでは，安心して話し合いに参加でき，主体的に学習活動を進めることができる。

「読むこと」の指導にバズセッションを取り入れる場合は，4年生以上が適当と考えられる。ポイントは，次のようである。

○学習課題に対して，どんな学習方法（読みの方法）を選択しているかでグループを構成したり，学習課題に対してどんな仮説を立てているかでグループを構成したりというように，目的に対して効果的なグループを考える。
○自分が読み取ったことや考えたことを話すとともに，友達の発言を聞き，考えが変わったり深まったりしたことを記録する。
○グループ討議が終わったところで，グループの考えを発表し，学級全体で読み深める。

バズセッションを取り入れることで，子ども同士の人間関係を高め，お互いのよさを認め合うことができ，それが学習効果を高めることにつながっていくだろう。

Ⅲ章　伝え合うための学習スキル 28

No. 66　Ⅲ-22　読書座談会

対象学年　5～6年

こんな時に使えます！
◎読書単元の発展として，また，「読書発表会」として，読書への親しみをもたせる時。
○授業参観や公開授業の時など，参観者と一体となって授業する時。

こんな言葉の力が育ちます！
・自分の考えが伝わるように話の組み立てを工夫したり，話し手の意図を考えながら話の内容を聞いたりして，計画的に話し合う力。
・目的や意図などに応じて文章の内容を的確に押さえながら読んだり，自分の考えを明確にしながら読んだりする力。
・読書を通して考えを広げたり深めたりしようとする力。

● 読書座談会とは

【定義】
　「座談会」とは，ある話題について，複数の人間が自由に語り合うことである。ここでは「読書」である。したがって，読んだ作品や作者について自由に語り合うことといえる。

【準備するもの】
・話題となる作品を，図書室や市の図書館などでそろえる。最近は，学級や学年単位で，数十冊の本を貸し出してくれる図書館もある。大いに利用したい。

【方法・手順】
　一つの作品を話題とする場合，同じ作者の作品を話題とする場合，同じような内容や傾向・題材の作品を話題とする場合，また，いくつかの作品からその作者について話題にする場合など，いろいろ考えられる。

　いずれの場合も，学級全体で行ってもよいし，グループごとで行ってもよい。ただ，グループで行う方が取り組みやすいし，話し合いを焦点化しやすいので，慣れないうちはグループごとの方がよいだろう。

　何を話題にするか，それによってグループをつくる。そのグループも5～6人程度がよい。同じ話題に集中するような場合は，グループを分ける。

　次に，どのように座談会を進めるか，だいたいのプログラムを考える。そのプログラムにそって，

一人一人しっかり作品を読む。

座談会なので，グループの中の一人は司会役となる。ただ，全くはじめての場合は，教師が司会役で，見本となるような座談会を一度やっておくとよい。

ポイント

プログラムをしっかり立て，どのように座談会を進めていくのか，みんなでしっかり確かめておくことが大事である。

> **プログラムの例**
> ・話題にそって自分の感想（原稿用紙1枚程度）を一人ずつ発表する（慣れないうちは，あらすじと感想でもよい。また，作品が複数になる場合は，作者や作品名を必ず言う）。
> ・グループの中の誰に対してでもよいから一人1回質問をする（質問された方は答えるようにする）。
> ・さらに話し合いができれば続ける（質問し合ったり，感想を言い合ったりして続けるが，慣れない場合は，続けることができないので，無理をせずやめてよい）。
> ・座談会の感想を一人ずつ発表する。
> ・司会者が全体の感想か，よかった点を発表してまとめる。

したがって，最初の感想をしっかり書かせることが大きなポイントになる。あわせて，疑問に思ったこともいくつか考えさせておき，質問する時の参考にさせる。

慣れないうちは，一つの作品を話題とすることから始めるとよい。また，話すことを事前に用意させておくことが大事である。

同じ作者の作品を話題とする場合，いくつかの作品からその作者について話題にする場合は，作品が複数になるので作品の準備をしっかりしておく。この場合は，少なくとも一人3冊程度は読んでおくようにしたい。そうでないと，話題の共通項がとらえにくくなる。

学級全体で行う場合は，座談会の代表者を5～6人決めて，中央に位置するようにする。他の子どもたちはその周りを囲むようにし，代表者の発表に対して，自由に質問したり，感想を述べ合ったりする。もちろん，同じ作品を読んでおくことが前提である。この場合は，司会は教師が担当する。はじめての場合は，教師の方で読み聞かせをして全員が共通の場をもつようにするのも一つの方法である。

発展

同じ作者の作品を話題とする場合の例として，比較的読みやすい，椋鳩十で考えてみたい。

この場合は，少なくとも3編以上は読むようにする。鳩十の作品は短・中編が中心なのでそれほど負担にはならないだろう。グループ内で，作品を共通にしたり，別の作品にしたりなど，それぞれ相談させる。

話題は，「それぞれの作品に共通することは何か」，あるいは，「それぞれの作品から，作者は何を伝えたかったのか」，また，「作者はどのような考えをもっているか」など，グループごとにあらかじめ視点を考え，決めておくとよい。この視点がはっきりしていないと，話題の中心が不安定になり，話し合いの焦点がはっきりせず，中途半端に終わってしまう。

そして，その視点で作品をしっかり読み，感想をまとめておくようにする。これができていると，友達の感想と自分との相違がつかみやすく，質問も出しやすくなる。また，感想をまとめる時，疑問に思ったことなどをメモさせておき，座談会の時の質問の資料にする。

■**参考文献** 椋鳩十 著『椋鳩十全集』全26巻，ポプラ社，1969年

No. 67 Ⅲ-23 パネルディスカッション

対象学年　5～6年

こんな時に使えます！

- ◎自分の考えを話したり，友達の考えを聞いたりして，考えを広げたり深めたりしたい時。
- ◎集団で，自分の立場をはっきりさせて話したい時。
- ○一つのテーマをめぐって討論したい時。

こんな言葉の力が育ちます！

- ・理由や根拠を明らかにして意見を述べたり聞いたりする力。
- ・討論するために情報を集め，根拠になる事柄を見つける力。
- ・説得力のある話をするために，効果的な組み立てを考える力。
- ・適切な取材や構成を工夫して，論理的な文章を書く力。

（黒板）
「どうすればゴミは減るか」
○リサイクルをおこなう。
○ほうそう紙・ビニル袋のかわりに買い物かごを使う。

● パネルディスカッションとは

【定義】

司会者と4～5名の討論者（パネリスト）で構成された討論集団の議論をもとに，会場（フロア）の参加者からの意見も交えて討論するやり方である。一つのテーマについて，参加者が自由に活発に議論を交わすこと，論題に対する様々な立場から意見を交流して相互理解すること，議論を通して考えを深めたり，問題解決策を求めたりすることをねらいとしている。

【準備するもの】

- ・討論するテーマを決め，資料や情報を集める。
- ・司会，記録係，パネリスト，参加者を決め，座席を配置する。

【方法・手順】

一般的な手順として，以下のようなパネルディスカッションの進め方がある。

(1) 事前の話し合い

テーマについて話し合う観点を決め，グループに分かれて一人一人の考えを出し合って話し合う。

(2) パネリスト，司会や記録係の選出

発表内容を準備する。

(3) 打ち合わせ

進行の手順，時間配分などを確認する。

(4) パネルディスカッションの開催

①開会宣言（司会者）

②意見発表（パネリスト）

③質疑応答（パネリスト同士）
④全体討議（フロアから）
⑤まとめ（パネリスト）
⑥閉会宣言（司会）

(5) 事後の話し合い

考えの深まり，変容を話し合う。

ポイント

テーマの選択は，討論の意義にかかわる重要な問題である。全員が考えてみたいと思うものでなければ，その後の活動はさせられる活動になってしまう。主体的な活動を促していくためにも，意欲の高まるものを考えていきたい。学習した内容から発展したものや日常生活の中で感じている事柄など，関心が高く，資料や情報が得やすいもの，たとえば，身近な環境問題や国際理解，人とのかかわりや言葉の問題など，生活に近いところから選んでいくようにする。

次に，テーマについてどのような考え方や論点があるかを整理する。賛成，反対，どちらともいえないという立場，または，複数の論点からの立場など，多様な立場があることに気づかせていく。その上で，立場を明確にして考えをまとめていくことが討論の際には大切である。

説得力のある意見を発表するためには，資料に基づいた根拠，話や経験から得た理由など，決め手になる事柄を見つけることである。そのためには，それぞれの立場での考えを組み立てていくことに役立つ情報で，子どもでも理解できる内容のものが得られることを見通して，学校の図書室や地域の図書館，インターネットの活用，インタビューやアンケートなどの調査方法など，収集の方法を指導していくようにしたい。

パネリストはそれぞれの立場を代表して意見を発表するが，フロアの参加者も発言できる機会があるし，何よりも全員がテーマについて考えを深めることが目的のディスカッションである。集めた情報を整理して，理由や根拠となる事柄をもとに自分の考えを組み立てておくことが参加の条件になる。また，全員がパネリストを経験できるやり方を工夫すると，自分だったらという気持ちから積極的な聞き方をすることが期待できる。

司会の役割は，時間の配分だけではなく，意見の整理も求められる。あらかじめ用意された台本の文言を読む場合が多いが，子どもに任せている場面と適切に助言する場面とを見極めて援助していくことが，討論の向上につながるし，司会の役割を教え実行させていくことにもなる。

発展

どんな学習場面でも使える方法。話し合う課題について考えを発表したい子ども数名を指名する。指名された子どもの話したことをめぐって，フロア側から意見を出していく。数名の子どもの発表がたたき台になるので意見が出やすくなる。

パネルディスカッションの場面

No. 68 Ⅲ-24 ディベート

対象学年　4〜6年

こんな時に使えます！
◎一つの問題について，夢中になって話し合う活動を取り入れたい時。
○身の回りの事柄について意見を交換したい時。

こんな言葉の力が育ちます！
・自分の考えをはっきりさせたりまとめたりしてから話す力。
・互いの考えの違いに気をつけて聞き，話題を追究して筋道を立てて話す力。

ディベートとは

【定義】
　司会者を挟んで肯定グループと否定グループが対面する形式で，あらかじめ出されている論題について模擬的な論戦を行う。審判グループが表現のしかたについて勝ち負けの判定（ジャッジ）を行う。

【準備するもの】
・紙（ワークシート）と鉛筆。
・黒板，またはホワイトボード，模造紙など。
・必要に応じて，説明するための写真や絵などの資料。
・ストップウォッチ。

【方法・手順】
①アンケート調査を行い，興味・関心のもてる話題をつかむ。その中から，論題を決める。
　（論題の例）
　・携帯電話は小学生に必要か？
　・住むならば，都会か，農村か？
　・ニュースを知るにはテレビか，新聞か？
②論題について自分の考えを発表し，（あるいは，メモに書き出し）争点を整理する。
③ディベートのやり方，時間，ルール，判定の基準などについて理解する。
④肯定グループ，否定グループごとにグループ討議をして，考えを広げ，作戦を話し合う。
⑤自分の意見，質問，反対意見などについてまとめ，資料を集める（十分に時間をとる）。
⑥ディベートの形式で討論をする。
　（ディベートの流れ）
　肯定側立論→否定側立論→作戦タイム→否定側質問→肯定側質問→作戦タイム→否定側結論→肯定側結論
⑦審判チームが，勝ち負けの判定と，その理由を話す。
⑧論題について，自分の考えがどのように変化したかをふりかえる。意見文を書く。

ポイント

ディベート形式を取り入れると，話し合いは活発になる。しかし，聞く・話す活動が総合的に行われ，一人一人の子どもの考えが広がり深まるためには，子どもたちの実態に応じた適切な論題を選ぶことがポイントとなる。条件は，
- 子どもたちが興味・関心をもてる話題であること。
- 両者の言い分が立つもの，あるいは，互いの考えの違いが生かされるものであること。
- 論題を追究することによって，考えが広がったり深まったりする楽しさがあること。

が，考えられる。

また，勝敗を決めることについては是非があるが，観点をはっきりさせて，客観的に聞くための指導に生かすとよい。そして，勝ったからその意見が正しい，というわけではなく，意見の表現のしかたを学んでいるという学習のねらいをよく理解させたい。

発展

○社会科学習に取り入れる

＊調べたことを持ち寄って意見交換する。
- 買い物をするには，商店街か，スーパーマーケットか。（3～4年生）
- 日本には，もっと高速道路を建設した方がよい。（5年生）
- 食料の輸出入を増やした方がよい。（5年生）

などが論題として考えられる。

○「読むこと」の学習に取り入れる

＊読書を広げる。

「宮沢賢治はおすすめである。」（6年生）

たとえば，肯定側は宮沢賢治の作品紹介を，否定側は他の作家の作品紹介をする。

＊読みのめあてをもつ。

「もう一度戦ったら，大造じいさんが勝つか，残雪が勝つか。」（5年生）

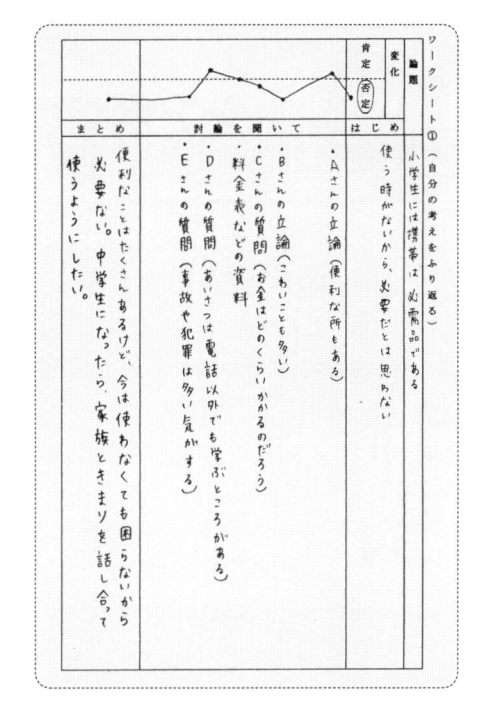

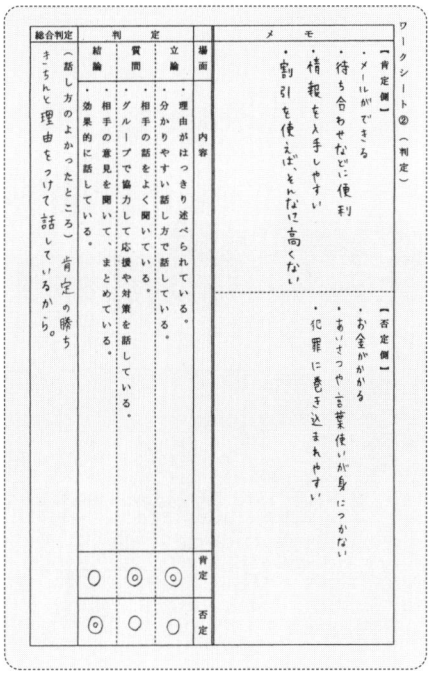

☆学習に取り入れるならば，子どもたちと話し合いながら，学級に応じたルールをつくりたい。厳密にディベートを行うならば，「全国教室ディベート連盟」のホームページを参照するとよい。

■参考文献　早坂五郎 編著『すぐ使える音声言語指導のアイディア』東洋館出版社，1996年
『シリーズ・教室ディベート』学事出版，1996年

III章　伝え合うための学習スキル28

No. 69　III-25　シンポジウム

対象学年　5～6年

こんな時に使えます！
◎意見文を書くなど，考えをより深めたい時。
◎話し合いの場で，意見をまとめるための資料が必要な時。
◎他教科などの，グループ別の学習を伝え合う場として。

こんな言葉の力が育ちます！
・講師の主張を聞き取ろうという主体的な姿勢と正確に聞く力。
・主張の内容を理解するとともに，異なった立場を比較し，自分の考えをより深める力。

黒板：
一、テーマ「川を守ろう」
二、意見発表
三、質問 意見
四、討議
五、まとめ

■シンポジウムとは

【定義】
　symposium（英）。
　特定のテーマについて，異なった立場を代表する講師（シンポジスト）が意見を述べ，講師間で質疑応答を行う。その後，参加者全体での質疑応答を行い，集団討議に進む話し合いをいう。
　パネル・ディスカッション（「III-23」を参照）と共通する点が多いが，その違いはそれぞれの講師が自分の主張を述べる場を設けるか否かにあ

る。また，一般にシンポジウムでは，講師に専門性が求められる。

【準備するもの】
・「司会」「講師」の表示札。
・ノートまたはメモ（参加者）。

【方法・手順】
① イラストのように，司会と講師の席，それに対面した参会者の席を準備する。
（司会1名・書記・1名・講師2～5名程度）
② 司会の説明。
・討論会の趣旨とテーマ。
・講師の紹介。
・進行方法の説明。
③ それぞれの講師が，テーマについて自分の見解を述べる。
・あらかじめ持ち時間を決めておく。
④ 講師同士で，質疑や討論を行う。
⑤ 参加者を交えて質疑応答を行い，集団討論を進める。
⑥ 司会が討論のまとめを行う。

ポイント

講師との打ち合わせ

テーマに即して専門家を学校に招くわけであるから，教師側が事前に準備をしておく。

講師に学習のねらいを説明し理解してもらうとともに，それぞれの主張の内容について教師があらかじめ把握しておく。それを子どもたちに分かりやすく説明してもらえるように，打ち合わせをする。

また，時間の配分や，異なった立場である講師同士が気まずい関係にならないような配慮も必要であろう。

司会の役割

子どもたちだけの話し合いではないため，司会の負担は大きい。講師の主張を公平に取り扱うには，話の進め方に技術が必要である。討議のまとめなども行うため児童の手に余るようであれば，教師が司会を行うとよい。司会者には，場の緊張をほぐすような配慮も求められる。

メモを取りながら聞く

シンポジウムは集団討議の形態の一つではあるが，小学校の学習においては講師の主張から専門的な知識や技能について学び，質疑を行う活動が中心になると思われる。そのため，主張の要点や自分が必要としている情報について，メモを取りながら聞くようにするとよい（「Ⅱ-13」を参照）。

それぞれの講師の主張が，どの点で共通しどの点で異なっているのかを理解するとともに，必要な情報についてさらに詳しく聞くためのメモである。それがあとに意見文を書いたり，自分の考えを発表したりする際に役立つ。

発展

グループ別学習の発表の場として

高学年になると，ある特定の分野に精通している子もいる。それが話し合いのテーマに関連することであれば，子どもがシンポジストを務める場合も考えられる。パネルディスカッションを経験したら，それを一歩進めた形としてシンポジウムに取り組んでみるのもよい。

たとえば，理科で方法別グループの実験や社会科で歴史上の人物調べなどの学習を行った場合，その発表の場としてシンポジウムの形式を取り入れることができる。社会科であれば「戦国時代の武将を語る」「幕末・維新の英雄達」などのテーマで，それぞれの人物についてのシンポジストをグループから選び，解説の後に集団討議へと進めていくのも面白い。

レクチャー・フォーラム

講師が1名の場合は，レクチャー・フォーラムという。通常，校外から講師を呼ぶ場合は，この形態が多いであろう。

この場合は，講師の主張がすべて正しいものとして受け取られがちである。高学年の学習としては，単に教えていただくという立場から一歩進んで，「自分の考えと比較してどうとらえるか」「別の見方はできないか」といった，主体的に聞く姿勢を養いたい。

No. 70　Ⅲ-26　ビデオづくり

対象学年　3～6年

こんな時に使えます！
◎ 聞き手を意識し，自分の意図が分かるように工夫して話す力を伸ばしたい時。
○ 学習や行事について，映像を生かした報告を行いたい時。
○ 5年社会科「通信（放送・新聞・電話）」について体験的な学習に取り組む時。

こんな言葉の力が育ちます！
・相手や目的，場に応じて，自分の考えたことや伝えたい意図が分かるように，話す内容や方法を考える力。
・一定の時間の中で，最もよく伝えることができるように話の組み立てや言葉遣いを工夫して話す力。

台本の例

「○○小学校ニュース」台本

V	映像	1カメラ	2カメラ	音声
タイトル VTR	オープニング「タイトルコール」		キャスター席①②③	Mオープニングテーマ
				男女全員　今日は，ぼくたち私たち，伝えます。
	3ショット		キャスター席①②③	こんにちは「○○小学校ニュース」の時間です。私はキャスターの小野です。今日も同じく上野山です。今年は1組がかがやく度会です。
	①度会			
	③上野山			今日は，私たちが取材した○○小学校百周年のニュースをお届けします。それでは，まず，委員会の取り組みについて…
	2ショット			
		リポーター席 郷土資料館の写真 ⑤⑥⑦⑧	キャスター席②③	⑧小野Q　郷土資料館の写真です。今日は，上林さん，岩崎さん，神谷さんが郷土資料館を調べてきました。どうぞ。 ⑨上林Q　ありがとうございました。今度は，郷土資料館に向けて準備が進んでいます。釜や，井戸，糸車，障子など，現在の家庭ではあまり見られなくなったものがたくさん展示されています。ぜひ学習に役立ててください。 はい，これは，まだ未完成ですが，百周年に向けて準備が進んでいます。キやイネが無事に実っているようです。今のところ，元気に育っています。百周年記念式典に紹介できると期待しています。 べられてしまったので，今年は1組がかがやく度会を作ります。 これで，報告を終わります。

ビデオづくりとは

【定義】
　知らせたい事柄をビデオテープに収録することをいう。事柄に応じて，話すための台本をつくったり，画像を写すためのカメラワークを考えたりして，話し合いながら準備する。そして，ビデオカメラで撮影して編集を加え，ビデオを仕上げる。
　一人一人役割を分担し，協力して仕上げるとよい。ニュースキャスター風に，活動している様子に解説やアナウンスを加えてもよい。単にビデオカメラで撮影するだけを指す場合もある。

【準備するもの】
・ビデオカメラとテープ。
・台本用ワークシート。
・必要に応じて，写したい写真や絵など。

【方法・手順】
① いつ，誰に，何を伝えるビデオをつくるのか，はっきりさせる。
（例）
・行事などの様子を撮影し，校内ニュース番組をつくる。
・下級生のために学習の記録や体験学習の様子などをレポートし，記録として残す。
・遠隔地の学校と学校案内や学級紹介のビデオレターを交換し，交流する。
② 伝えたい事柄について取材する（図や写真，資料などを準備する）。
③ 仕事分担をする。5年生の社会科学習と関連する時には，どんな仕事が必要か，自分たちで

構成表 「○○小学校ニュース」 5年2組　　　10月18日（金）

項目	映像	内容	時間
オープニング	VTR 1	VTR「全員集合ショット」	0' 15" 0' 15"
	2カメラ（キャスター）	こんにちは「キッズニュース」の時間です。今日は○○小学校の百周年を祝う催しについてお伝えします。リポーターの前村さんお願いします。	0' 30"
ニュース	1カメラ（リポーター） OA	はい、リポーターの前村です。私たちは、委員会活動について調べてきました。 （模造紙に書いた資料と原稿）	0' 20" 0' 50"
	2カメラ（キャスター）	ありがとうございました。次に5年生の取り組みを紹介します。	0' 05"
	1カメラ（リポーター） OA	はい、リポーターの山口です。私たちは、5年生の活動について調べてきました。 （写真と原稿）	0' 20" 1' 20"
	2カメラ（キャスター）	ありがとうございました。次は、上林さん、岩崎さんが郷土資料館に行って来ました。	1' 25"
	1カメラ（リポーター） OA	はい、リポーターの上林です。私たちは、郷土資料館について調べてきました。 （写真と原稿）	0' 25" 1' 50"
	2カメラ（キャスター）	ありがとうございました。最後に百周年記念碑を紹介します。	1' 55"
	1カメラ（リポーター） OA	はい、リポーターの佐古です。私たちは、記念碑について調べてきました。 （写真と原稿）	2' 10"
エンディング	2カメラ（キャスター）	ありがとうございました。これで「キッズニュース」を終わります。さようなら。	0' 15" 2' 25"
	1カメラ	全員でさようなら。	0' 15" 2' 40"

構成表の例

調べるとよい。地域のケーブルテレビ局などでは見学やインタビューに協力してもらえる場合もあるので相談してみるとよい。
（仕事の例）
・ディレクター。
・計時，音声，カメラ。
・キャスター，リポーター　など。
④構成表と台本をつくる。
⑤練習・リハーサルをする。
⑥撮影し，編集などを加えてビデオにまとめる。

ポイント

ビデオというと，子どもたちは運動会に来て撮影してくれる家族の姿を思い浮かべるかもしれない。だから，いきなり「ビデオカメラで撮影して番組をつくってみましょう。」などというと，撮影した画面にコメントをつけるだけのものになりやすい。ここでは，「番組づくり」を学習したい。

そこで，構成表や台本をつくることに時間を割いてみたい。どのような順序で話したら相手によく分かってもらえるのだろうか，書き言葉と話し言葉の違いはあるだろうかなど，話の組み立ての順序や言葉遣いに着目した話し合いの時間をもつようにすることが大切である。

構成表の例では，創立百周年を祝って行っている委員会や各学級での取り組みの様子を紹介するビデオづくりを取り上げた。グループごとに分かれて取材し，フリップや写真を用意し，1分程度の原稿を考えた。これがリポーターとなる。中心となるキャスター（司会）がこれをつないで，全体で8〜10分を目安に番組をつくる。15分以上長くなると，視聴する時に飽きてしまうので，短くコンパクトにまとめることも大切である。

発展

○取材の工夫

いろいろな方法を組み合わせると画面に変化がつき，印象的になる。
・インタビュー。
・実物や実験の様子。
・図や写真，グラフ。
・歌や音楽，劇。

○編集の工夫

最近は，デジタルビデオが普及してきているので，パソコンを利用して編集することができる。ビデオテープに残すだけでなく，CDへの保存も可能となる。タイトルや制作者など，本では奥付にあたる部分も入れておきたい。視聴覚機器の利用や情報の活用は「総合的な学習の時間」にも関連して，計画的にいろいろな技術を体験させたい。合わせて，著作権にもふれていきたい。

■参考情報　NHK放送体験クラブ：番組づくりをNHKのスタジオで体験できる。各地のNHK放送局のホームページに詳しい説明がある。

No. 71 Ⅲ-27　CMづくり

対象学年　5～6年

こんな時に使えます！
- ◎伝えたいことを豊かにしかもコンパクトに表現したい時。
- ◎言語表現力を総合的につけたい時。
- ○学級びらきで自己紹介する時。
- ○教科・総合的な学習の時間などで，学習したことを発信したい時。
- ○異学年交流活動などで互いの活動を知りたい，予告したい時。

こんな言葉の力が育ちます！
- ・要約や語彙を選ぶことで言語感覚を鋭く磨き，豊かに表現する力。
- ・伝えたい対象を意識して伝達方法を選び，より分かりやすく伝えようとする力。

（イラスト：「今から私たちの学校を紹介します。」〇〇小学校）

CMとは

【定義】

　CMは，コマーシャルメッセージ〔commercial message〕の略語である。直訳すると広告宣伝文。ただし，言葉だけでなく，音楽や映像を含めたものを総称している。

　宣伝したいものを視覚的，聴覚的に提示して，視聴者の注意をひこうとするものをいう。宣伝・広告活動には，ビラやちらしなどもある。

　CMは第一印象が大切になってくる。一度見たり聞いたりしただけで強い印象や好ましい印象をもってもらえるものをつくる必要がある。こうした印象をもってもらえる言葉や映像のことを人の心に引っかかるという意味で「フック」と言ったり，人の心をつかまえるという意味で「キャッチ」と言ったりする。

　フックのあるアイデアと共にキャッチコピーづくりが重要である。コピーとは，CMのための文である。見た人に心に残るような宣伝の短い言葉や文を考える必要がある。

★1　広告宣伝文づくり

【準備するもの】
- ・広告宣伝したいもの。
- ・カード。

【方法・手順】
① 特徴や伝えたいことをカードに書く。
② キーワードとなる言葉を選び，並べ替える。
③ 並び替えたキーワードを言葉のリズムを生かして広告宣伝文を書く。
④ 書いた文で広告宣伝する。

★2 映像や音楽をつけたテレビCMづくり

【準備するもの】
・宣伝したいもの。・絵コンテとなるワークシート。・ビデオ。・必要な音楽。

【方法・手順】
① CMのコンセプトを話し合う。紹介・宣伝したいものや場・相手・時期に応じて，だいだいの内容を決める。
② コンセプトにしたがってキャッチコピーやアイデアを出す。
③ 簡単な絵コンテやシナリオにする。
④ ストーリーやイラストをくわしくかく（ストーリーボード）。
⑤ 音楽を選ぶ。
⑥ 背景や小道具をつくる。
⑦ シナリオにそって動きや台詞(せりふ)を練習する。
⑧ ビデオで録画する。
⑨ 編集する。
⑩ 編集した映像で宣伝活動する。

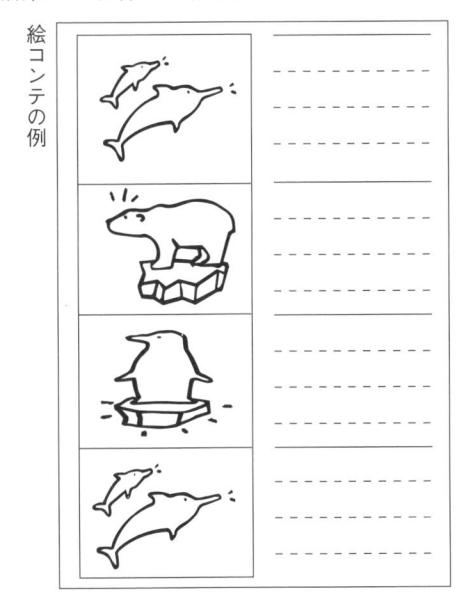

絵コンテの例

ポイント

広告・宣伝する相手によい印象をもってもらえることが大切なので，学級外の交流活動でCMを使う場合は，相手の興味や関心，流行っているものなど調べておくことが必要である。

キャッチコピーとなる言葉は，目的や用いる場，学年の発達段階に応じて分かりやすい言葉を使いたい。言葉のリズムも大切である。高学年であれば，「七音と五音の組み合わせで考えよう」となげかけてもよい。声に出してみて，聞きやすいか，聞き合うとよい。

テレビなどで流行っているCMを調べて，人気の理由などを考える活動も取り入れたい。CMのキャッチコピーの語調や音楽を借りて，パロディ風にしても簡単にできる。

CMをつくった後，見合ってその宣伝・広告の効果や伝達性を確かめる場を設けたい。

発展

〈物語の紹介文を書く〉
物語の簡単な紹介文を書く。さらに物語のテーマに関連したことを調べたり，関連本を紹介し合ったりする。
紹介文を読み合って，登場人物のかかわり合いや気持ちが書かれているか話し合う。絵を描いたり（コピーをつくったり），キーワードを大きく掲示したりすると効果的である。

〈キャッチコピーコンテスト～CM調べ～〉
テレビやラジオ，新聞，広告で見たり聞いたりするCMのキャッチコピーを調べてくる。
一番人気のあるコピーを選ぶ。また，自分たちで，その商品のコピーを変えるとしたら，どんなコピーにするかなど，コンテスト形式で行ってもよい。

〈未来の○○グッズ・ショップ〉
未来にあったらいいなと思うものを考え，そのCMをつくる。考えたもののよさが分かるようにコピーを考える。学年の発達段階に合わせて高学年であれば，パソコンでパワーポイントを使ってCMのプレゼンテーションをすることもできる。既製の発表用ソフトなどを使うと簡単である。絵や動画などをつける。

■参考文献　月岡貞夫 作・絵『CMアニメはこうして作る』（月岡先生の楽しいアニメ教室シリーズ6）偕成社，2002年

No. 72 Ⅲ-28 番組づくり

対象学年 5〜6年

こんな時に使えます！

◎校内放送など，放送を通してニュースを伝えたり，ゲームを楽しんだりする時。
◎絵本の紹介や読み聞かせ，あるいは，読書単元の延長として。
○学習発表会や総合的な学習の時間などで。

こんな言葉の力が育ちます！

・考えたことや自分の意図が分かるように話の組み立てを工夫しながら，目的や場に応じた適切な言葉遣いで話す力。
・調査，研究，現地調査などの方法やまとめ方などが分かり，他の学習にも生かす力。
・放送に関してのだいたいが分かり，放送（委員会・クラブ・部）などの活動に生かす力。

● 番組づくりとは

【定義】
　『広辞苑』によると，「番組」とは「演芸・勝負事・放送などの組み合わせ。それを記したもの。プログラム。また，放送などの種目」とある。ここでは，「放送などの組み合わせ」と限定する。具体的には，校内放送での「組み合わせ」である。ラジオ，または，テレビ（VTR）による放送である。
　校内放送には主に以下のようなものがある。
・定時の放送 … 朝の放送・下校放送。
・行事の放送 … 朝会・運動会・子ども祭りなど。
・連絡放送 … お知らせ・呼び出し放送など。
・自作番組 … 昼の放送番組・学校行事の記録番組など。
　この中の「自作番組」を基本に考える。

【準備するもの】
・放送機器。・筆記用具。・パソコンなど。

【方法・手順】
　校内放送はラジオが一般的であろうが，最近はビデオカメラも軽量になり，操作も簡単になっているので，テレビ放送もかなり行われている。いずれにしても，番組をつくっていくうえでは基本的な違いはないだろう。
・「ねらい」をはっきりさせる。なぜ，何のためにこの番組をつくるか，それをはっきりさせる。
・そのうえで，「内容」（何を，どういうことを放送するのか）のポイントを押さえる。知らせることが中心か，考えさせることが中心か，楽しませることが中心か，はっきりさせる。
・「構成」をどうするかを考える。これは内容によって異なる。合わせて，「方法（形式）」をど

うするかを考える。

> ①番組の内容例
> ・ニュース（校内や社会のできごとなど）。
> ・意見や主張，感想など。
> ・調査や研究などの発表。
> ・地域探検などのルポルタージュ。
> ・校内の行事についてのインタビュー（事前に，あるいは，事後に）。
> ・好きなもの（こと）についてのアンケートのまとめやそれについてのコメント。
> ・バラエティー（音楽，クイズ〈なぞなぞ・イントロクイズ・先生の声あて・テレビなら影あて〉など）。
> ・読み聞かせや本の紹介。
> ・絵本の読み聞かせ（テレビを利用）。
> ②方法（形式）の例
> ・事前に原稿を用意し，アナウンスする。
> ・インタビュー。
> ・対談，座談会。
> ・実況中継（運動会，スポーツ大会など）。
> ・録音や録画で構成する。

ポイント

校内放送であるから，対象は全学年ということになるだろうが，小学校の場合，1年生と6年生ではかなりの開きがある。時には対象をしぼって放送することがあってもよい。また，どの時間に，どのような状態で聞いて（見て）いるのかも大事である。ただ，いつ放送するのか，「時」をはずしては意味のない番組もあるので注意する。

内容にもよるが，構成には変化をつけたい。時間はせいぜい10分から15分程度であろう。聞く（見る）側の興味や関心も考えながら，起承転結などを工夫する。

外に出て取材するような場合は，事前に現地に行き，どこで，どんなことを調べるか確かめておく。また，そこでインタビューなどをする場合は，どのようなことを聞くかを伝え，相手の都合も確かめておく。必要機材を用意しておく。

ラジオでは，録音・ナレーション・効果音（BGM）の，テレビでは，映像・音声・効果音（BGM）の構成を工夫する。また，いずれにしろ，昼の放送は給食中か，その準備中である。比較的集中のない時間である。はじめからアナウンスするのではなく，音楽などを流して，集中させる必要があるだろう。

原稿は，まず，聞きたく（見たく）なるような導入を工夫する。呼びかけるような書き出しでもよい。また，内容によるが，何を放送するのか最初にはっきりさせるようにする。文章は短い方がよい。テレビのように映像を使用する場合は，画面と言葉が対応するように，展開も工夫する。

アナウンスする時は，意味を読み取って話す。内容によっては句読点より，意味のつながりを考えて「間」を取るようにする。放送を聞く視聴者が3メートルくらい先にいるつもりで読むとよい。

発展

ここでは，テレビ（VTR）を利用しての，「絵本の読み聞かせ」の実践を紹介する。

タイトルは，絵本の表紙を利用してもよいし，色画用紙を用いて手書きしてもよい。

1ページずつ映していくが，カメラのそばに読み手を配置しておき，ゆっくりと読ませながら1ページにかかる時間をそれに合わせる。なお，これは時間計測のためであり，正式な読み聞かせの音声は，全体の映像を取り終わった後で，アテレコで入れるようにする。

ページを撮る場合，カメラを固定したままでよいが，場面によっては，人物をクローズアップしたり，ゆっくり動かしたりしてもよい。

次のページに移る時は，カメラを開けたままページをめくるのは見苦しいので，ページごとに，フェードインしたり，フェードアウトしたりしてつないでいくようにする。これは，カメラの設定をマニュアルにすれば簡単に操作できる。

音声は，一人で読んでもよいし，登場人物が複数の場合は，人物や地の文に合わせて人数を複数にしていくこともできる。

IV章

言葉に興味をもたせるための学習スキル29

　言葉そのものへの興味と関心をもたせることは，ほかならぬ国語科の最大の目的である。ここには，言葉遊びを中心にして，言葉をめぐる様々な楽しい学習方法を提示した。これらの学習方法は，本格的な言葉の学習へと進むための導入としてもよいし，ちょっとした息抜きに使ってもよい。楽しい活動の体験をすることで，自然に言葉それ自体へ着目するような力が育っていくことを期待したい。

　また，笑いとユーモアのある教室をつくることに大きく寄与するのも言葉の力である。そうしたゆとりのある学級をつくり出すためにも，ここに示した学習方法は，十分に力を発揮するだろう。

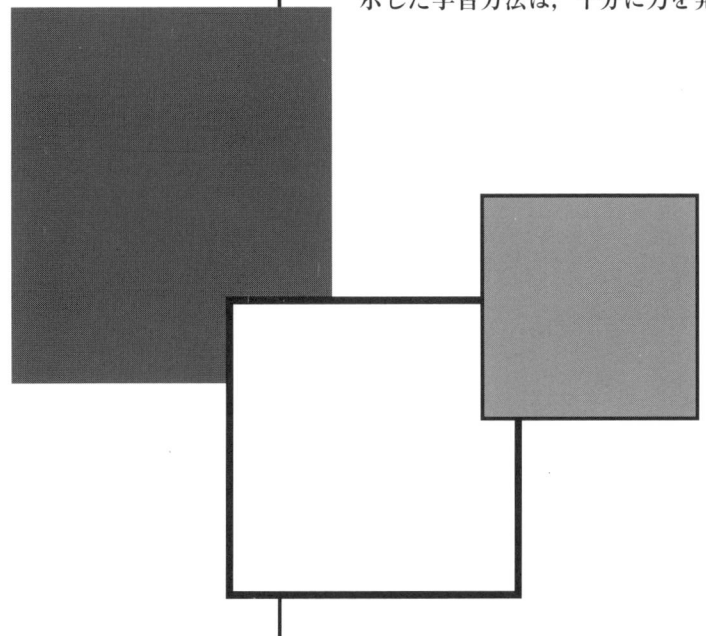

IV章　言葉に興味をもたせるための学習スキル29

No. 73　IV-1　漢字競争

対象学年　1～6年

こんな時に使えます！
- ◎楽しみながら漢字学習に親しみたい時。
- ◎漢字辞典の使い方に慣れるようにしたい時。

こんな言葉の力が育ちます！
- 学年別漢字配当表の当該学年までに配当されている漢字を読む力。
- 当該学年の前の学年までに配当されている漢字を書く力。
- 必要な文字や語句について，辞書を利用して調べる力。
- 漢字のへん，つくりなどの構成についての知識。

● 漢字競争とは

【定義】
　条件に合うような漢字を探して書き，たくさん見つけた，はやく見つけた，独創的なものを見つけたなどを競う。
　漢字辞典などを用いて，未習の漢字を調べさせると，漢字辞典の使い方に習熟するとともに，面白い漢字や意外な漢字を見つけることができ，興味・関心が高まる。既習の漢字が正しく書けているかを確かめたい場合は既習の漢字に限定してもよい。

【準備するもの】
- 紙と鉛筆。
- 黒板。
- 画用紙。
- 掲示用磁石。
- 黒マジックペン（裏写りしない水性のものが使いやすい）。
- タイマー（ストップウォッチ）。
- 漢字辞典。
- 国語教科書。

【方法・手順】
①黒板にグループの数の画用紙を磁石で貼っておく。
②「今日の題」（たとえば，魚の名前とか，部首名など）を書いた短冊カードを掲示する。
　慣れてきたら，たくさんのカードの中から選ぶようにしてもよい。
③5分間（タイマーで計時）にできるだけたくさん自分のノート（あるいは紙）に条件に合う漢字を探して書き出す。

④グループ対抗で，黒板に貼った画用紙に一人一つの漢字を書く。一つ書き終わったら次の人にマジックペンを渡してバトンタッチする。制限時間内にたくさん書けたグループの勝ち。
⑤他のグループが書いていない字を探して正しく書けていればボーナス点，他のグループのまちがった字を見つけたらボーナス点など，実態に応じたボーナス点をつけるようなルールをつくっても楽しい（減点はしないほうがよい）。

ポイント

広くとらえれば，書き取りテストやビンゴなどすべてが漢字競争になるだろう。ここでは，「競争だよ。」とゲームのような活動を取り入れながら，漢字を覚えたり，仲間分けしたり，また，漢字辞典の特性をいかした使い方に慣れたりすることができるようにと考えた。

漢字を覚えるために練習帳に書くことも必要かもしれないが，ゲーム的な要素を取り入れたり，漢字の成り立ちや意味への興味を高めたりしながら，楽しく学習することがもっと漢字を知りたいという意欲につながると考える。

本書では，漢字を書くことに負担を感じている子への配慮として，グループの中での学び合いがおこるようグループでの競争とした。子どもたちと一緒に，学級の実態に応じた「漢字競争」のルールをつくり出してほしい。

発展

○**漢字遊びゲーム**

・背中黒板
①二人組をつくり，AとBを決める。
②Aの子は目をつむり，Bの子は出題カードを見る。
③Bの子は，Aの子の背中に，出題された漢字を指で書く。
④Aの子は漢字が分かったら，ノートに書く。
⑤正解なら丸をつけ，違ったら直して交代。

・漢字伝言ゲーム
①4〜5人のグループをつくり，一列に並んで座る。
②先頭の子どもだけが出題カードを見る。
③伝言ゲームの要領で，背中に漢字を書いて次の人に伝える。
④最後の子は，伝わってきた漢字を紙に書いて黒板に貼る。合っていたら正解。

・伝言短文ゲーム
教師が1番目の子どもたちだけに，新出漢字を使った短文を紙に書いて見せる（事前に子どもたちに短文を書かせておいて選んでもよい）。漢字伝言ゲームと同じように行う。

○**漢字「お経」づくり**

お経をイメージして，漢字だけで構成された熟語をならべて意味のある文をつくる作品である。

ぼくの一週間
月曜勉強学習塾
火曜水泳練習日
水曜勉強英語塾
木曜音楽合唱日
金曜疲労学習塾
土曜野球試合日
連日無休多忙日

二字熟語を組み合わせて
上下左右前後周辺
東西南北寒暖大差
老若男女善悪多少
兄弟姉妹親子夫婦
勝負白黒強弱今昔
生死明暗喜怒哀楽

児童の作品

IV章　言葉に興味をもたせるための学習スキル 29

No. 74　IV-2　ペアになる言葉

対象学年　1～6年

こんな時に使えます！
◎あと10分授業の時間が残っているので言葉遊びのゲームをしたい時。
○朝の会で，学習係が「新しいゲームをやってみたい」と言う時。

こんな言葉の力が育ちます！
・各学年において，学年別漢字配当表の当該学年までに配当されている漢字を読む力。
・当該学年の前までに配当されている漢字を書き，文や文章の中で使うとともに，当該学年に配当されている漢字を漸次書くようにする力。

（イラスト：「これならペアになるかな。」）

ペアになる言葉とは

【定義】
「類義語」「対義語」など，二つを見比べると対になっている，と思われる言葉を指す。
語彙や言語事項の学習の際に，これらの言葉に着目して指導することが多い。

日本語では，対になっている言葉が非常に多い。古来から「対句表現」は日本語の中で大切に扱われ，和歌の中にもしばしば登場してきた。
子どもたちも「大きい・小さい」のような「ペアになる言葉」を，幼い頃から一組の言葉として記憶してきたのではないだろうか？
そこで，ここでは「ペアになる言葉」を授業や朝の会などで，ゲーム的に扱う学習方法を紹介する。

★1　カードゲーム

【準備するもの】
・八つ切り画用紙を四分の一に切ったカード（裏に磁石を貼りつけておく）。
枚数は多ければ多いほどよい。学級全員で活動するには，30枚（15組）は欲しい。

【方法・手順】
①黒板にカードをばらばらに貼る。
②「ペアになる言葉を探して，2枚のカードをはずしてください。」と指示する。
③班（グループ）ごとに，カードを見つけてペアにする速さを競う。

【ペアの例】
A　同音異義語
　　動－同　　点－天　　後－校　　短－単
　　行く－育　着く－突く　住む－澄む
B　対義語
　　上－下　　右－左　　男－女　　父－母
C　補い合って一つの漢字になる部分（部首）
　　女－市　　言－売　　門－耳　　竹－同

【ペアになる言葉の例】
D　だんだん増えたり減ったりする言葉
　　一－十　百－千　朝－昼－夜
　　月－火　水－木
E　足し算をする言葉　引き算をする言葉
　　王＋、＝玉　　　　天－大＝一
　　一＋二＝三　　　　本－一＝木

★2 カードつりゲーム

前述したカードゲームの応用編。
　ペアになる言葉を探す。竿の糸を垂らしてお目当てのカードのクリップにフックをうまく引っかけて取る。

【準備するもの】
・カード数十枚。端にクリップをつけておく。
・たこ糸の先にフックをつけた竿。

【方法・手順】
①教室の床に模造紙をしいて、その上に漢字を書いたカードをばらまく。
②代表が3～4人糸のついた竿をもって、模造紙の四つの辺にそって並ぶ。
③代表は最初に1枚カードを受け取り、次にどんな言葉を捜すのか確認する（足し算をする言葉、など）。次に、糸の先のフックに、求めるカードをうまくひっかける。はやくたくさんひっかけた方が勝ち。

発展1

A　ローマ字（四年生対象）
　漢字で書いた友達の名前カードを受け取る。ローマ字で書かれた同じ音のカードを探すゲーム。

宏美－Ｈｉｒｏｍｉ　愛子－Ａｉｋｏ
純－Ｚｙｕｎ　　　　聡－Ｓａｔｏｓｉ

B　象形文字（高学年対象）
　絵が描いてあるカードを受け取ってから、その絵が示している内容の書かれた漢字のカードを探すゲーム。

　　－山　　　　－川　　　　－火

発展2

これらの活動は、教室に固執せず、体育館、オープンスペースなど広い場所に行って、のびのびと行いたい。カード釣りゲームは、船を段ボールでつくって、その船の上から糸を垂らしてカードを釣ると、雰囲気が盛り上がって楽しい。
　また、カードを校庭の遊具の裏側などにセロテープで貼っておく。次にヒントカードを見て、遊具に貼られたペアになる言葉を探す、という方法もある（「宝探しゲーム」）。

ポイント

様々な場面を工夫して設定をし、楽しみながら言葉の学習をしよう！

IV章　言葉に興味をもたせるための学習スキル29

No. 75　IV-3　漢字ビンゴ

対象学年　1～6年

こんな時に使えます！
- ◎楽しみながら，漢字学習に親しみたい時。
- ◎既習の漢字が正しく書けているかを確かめたい時。
- ○雨の日の休み時間，自習時間，朝の会で「漢字を使ったレク活動」をやってみたい時。

こんな言葉の力が育ちます！
- ・学年別漢字配当表の当該学年までに配当されている漢字を読む力。
- ・当該学年の前の学年までに配当されている漢字を書く力。

● 漢字ビンゴとは

【定義】

　数字の代わりに漢字で行うビンゴゲーム。各自がノートに25マスを書いて，みんなで決めた漢字を書き入れていく。次に，順に好きな漢字を言う。言われた字を塗りつぶして，一列全部を消せたらビンゴ！

　授業をしていて，子どもたちが「疲れてきたな」と感じたことは，ないだろうか？
　そんな時には「漢字ビンゴ」がぴったりである。停滞していた教室のムードが一変する。

【準備するもの】
- ・紙と鉛筆。
- ・黒板（模造紙でもよい）。

- ・書くことに抵抗がある子どもが多い時は，傍らに，漢字辞典や国語教科書があると，分からない漢字を探す時に便利だ。

【方法・手順】
① ノート（教師は黒板）に，25マスの罫線を書く。この際，低学年には時間を多く与えたい。線はフリーハンドでよい。
② どんな漢字を25マスの中に書くか，をみんなで話し合って決める。

ここがポイント！　条件設定！

例
- ・木へんの漢字。
- ・昨年までに習った漢字。
- ・今，学習している単元の漢字。
- ・学級の友達の名前に使われている漢字。

etc

③決まった漢字を，それぞれ好きなマスの中に書き入れる。この時，教師とは異なった場所（マス）に書くことを助言する。低学年は同じマスに書いてもよいだろう。
（教師は子どもの書く速さを見ながら，黒板にゆっくり書いていく。机間指導して，うまく書けず困っている子どもには，書いてやるとよい。）
④書き終わったら，一人一つずつ自分が好きな漢字を言う。そのたびに，言われた漢字が自分のマス目の中にあれば鉛筆で塗りつぶしていく。
⑤一般的なビンゴゲームと同じように，一列全部の漢字が塗りつぶせたら，
　　ビンゴ！（大きな声で！）

ポイント

たとえば，部首を習ったばかりの時，「さんずい」という課題で，漢字を探すことにする。

子どもたちは夢中になって，辞典や教科書をめくり，「さんずい」の漢字を探すだろう。

その際に，「にすい」を見つけてくる子がいたら，チャンスだ！

すかさず，「あれ？ これは，さんずいかなあ」と問いたい。形は似ているが，<u>さんずいとにすいは違う</u>，ということを学習する機会となるであろう。「漢字ビンゴ」という遊びを通して，漢字の部首という側面に，子どもたちが自ら気づいていく。そのことに意味がある。

<u>子どもたちは，遊びながら「漢字」を「音」や「部首」「拗音」「濁音」といった様々な側面・カテゴリーで切り取りながら眺めていく視点を自然と獲得していくであろう。</u>

発展

○ひらがなビンゴ（1年生向き）
○カタカナビンゴ（2年生向き）
　＊低学年対象の時は，4×4の16マスで行うとよい。
○カタカナ拗音ビンゴ（低学年向き）
　＊ひらがなの拗音でビンゴを行うこともできる。

＊拗音は発音が難しいので，しっかり口を開けて発音するように，助言する。

キャ	ヒャ	ヒュ	ショ
チョ	ニュ	キュ	チャ
ニョ	ミャ	シャ	ニャ
シュ	チュ	ミュ	ヒョ

○ローマ字ビンゴ（4年生向き）
　＊4年生とローマ字をひととおり学習した後にぜひビンゴをしたい。この場合は「キャ・キュ・キョなどの拗音は入れない」といった，子どもたちの考えた約束を確認してから始めると混乱が少ないだろう。小文字バージョン，大文字バージョンどちらでやっても楽しい。

ma	su	ti	ku	ru
po	gi	u	ha	nu
yu	pa	no	ta	ro
re	ga	wa	ki	ya
o	tu	se	a	n

○しりとり・漢字ビンゴ（高学年向き）
　＊一人が漢字を言ったら，次の人がその続きをしりとりで考えて，漢字を言っていく。順にしりとりをして，その，しりとりした漢字全てを自分のマスに書き入れて行うビンゴ。

例　　山→松→月→北→竹→

○部首しりとりリレー・ビンゴ（6年生向き）
　＊前述のしりとりよりレベルアップした「部首リレー」である。この場合は，漢字の一部分から，次の漢字の一部分がしりとりでつながっていく。

海→梅→機→磯→破→彼→行→往→注

　＊かなり高レベルなので，個人ではなくグループ対抗で「部首リレー」をした方が，お互いに助け合いながらしりとりに参加できる。

No. 76　Ⅳ-4　漢字カードゲーム

対象学年　3～6年

こんな時に使えます！
◎漢字学習に苦手意識をもつ子どもに，興味をもって漢字を学んでほしい時。
◎漢字の構成についての知識の定着を図りたい時。
○雨の日の休み時間，自習時間，朝の会で「漢字を使ったレク活動」をやってみたい時。

こんな言葉の力が育ちます！
・学年別漢字配当表の当該学年までに配当されている漢字を読む力。また，当該学年の前の学年までに配当されている漢字を書く力。
・漢字のへん，つくりなどの構成についての知識。

（吹き出し）どこかにしめすへんがあったわ。

● 漢字カードゲームとは

【定義】
　へんやつくりなど漢字の構成要素を記入したカードどうしを組み合わせて，うまく漢字ができるかどうかを楽しむゲームである。へんやつくりの中には，部首が含まれることから，「部首カルタ」と呼ばれることもある。
　子どもたちには，カードゲームそれ自体が漢字について興味をもって学習する機会となるが，その前のカードを作成する過程が，漢字の組み立てを理解するうえで効果的な学習となるといえる。

【準備するもの】
・白紙のカード（工作用紙をトランプほどの大きさに裁断したもの）1人あたり8枚。
・フェルトペン。

【方法・手順】
①1人に8枚のカードを渡し，1文字につき2枚，計4文字をつくるようにする。たとえば「動」という文字であれば，「重」「力」の2枚のカードをつくることになる。
＊作成するカードの漢字は，それぞれが違ったものであることが望ましい。
＊トランプと同様に片面に記入し，裏面は，どのカードも白紙か，あるいは同じ模様にしておく。

作成するカードの例

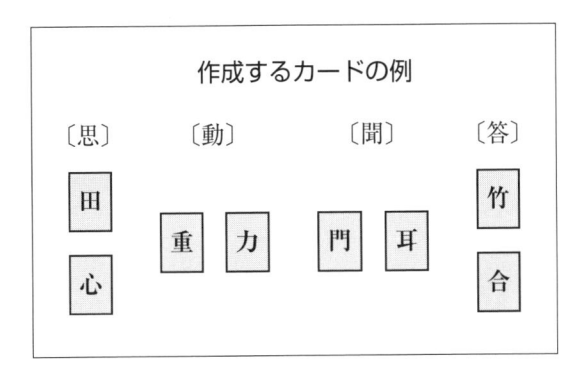

〔思〕　〔動〕　　〔聞〕　　〔答〕

田		重	力	門	耳		竹
心							合

②カードができたら4人で1グループをつくり各グループに32枚のカードを渡す。

③記入した面を表にして，カードを任意に並べ，交代で，漢字合わせを進める。

④組み合わせてできた漢字を各自がノートに記入する。

⑤組み合わせ方の駆け引きによっては，最後に組み合わせることのできないカードが複数枚残る場合がある。

（例）　　田　心　重　力

＊この場合，「田」＋「心」で〔思〕，「重」＋「力」で〔動〕と組み合わせていくと残る札はないが，「田」＋「力」で〔男〕とすると，後に「心」と「重」が残ってしまう。

---

⑥実施にあたっては，教育出版版国語教科書3下（P.67「漢字の広場⑧漢字の組み立て」）が参考になる。

ポイント

低学年でも取り組めるが，会意文字や形声文字を学習する機会が多くなる3年生ごろからが適当であろう。「へん，つくり，かんむり，あし，たれ，にょう，かまえ」といった漢字の構成要素について学習しておくと効果的である。

作成するカードの漢字は，「前学年までに学習した漢字」などと条件設定をしておきたい。

発展

①カード合わせゲーム

カードを裏返しにして任意に並べ，交代で2枚ずつ表に返し，漢字がうまくできたら自分のものになる。

②ジョーカーゲーム

ジョーカーとなるカードを1枚入れて，トランプのジョーカーぬきの要領で進める。早くカードのなくなった子が勝ちとなる。

③漢字合わせクイズ

組み合わせる2枚の「取り札」に対応するクイズ形式の「読み札」各1枚を作成する。ゲームは，「取り札」のカードを表にして任意に並べ，出題者が「読み札」を読み上げ，参加者がカルタの要領で，当てはまる答えとなるカードを取る。たくさん取った子が勝ちとなる。

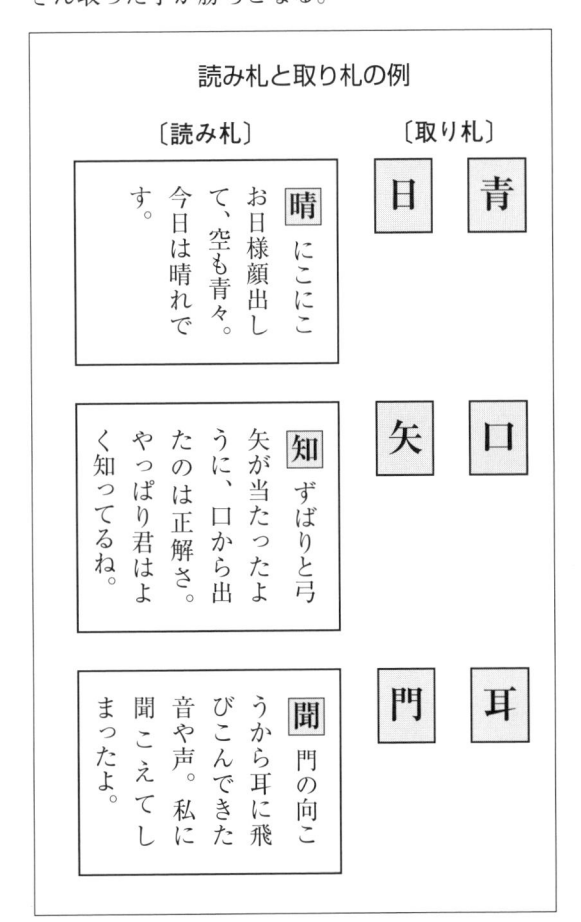

読み札と取り札の例

〔読み札〕

〔晴〕にこにこお日様顔出して，空も青々。今日は晴れです。

〔取り札〕　日　青

〔知〕ずばりと弓矢が当たったように，口から出たのは正解さ。やっぱり君はよく知ってるね。

〔取り札〕　矢　口

〔聞〕門の向こうから耳に飛びこんできた音や声。私に聞こえてしまったよ。

〔取り札〕　門　耳

■参考文献　馬場雄二 著『漢字のサーカス』岩波ジュニア新書400　岩波書店，2002年

No. 77 Ⅳ-5 漢字の部分リレー

対象学年　3〜6年

こんな時に使えます！
◎漢字学習に苦手意識をもつ子どもに，親しみをもって漢字を学んでもらいたい時。
◎既習の漢字が正しく読めるか，書けるか，使えるかなどを確かめたい時。
○お互いが作成したゲームを楽しみ合うことを通して，好ましい友達関係を形成していきたい時。

こんな言葉の力が育ちます！
・学年別漢字配当表の当該学年までに配当されている漢字を読む力。また，当該学年の前の学年までに配当されている漢字を書く力。
・漢字の音訓，構成要素，熟語などについての知識をもつ力。

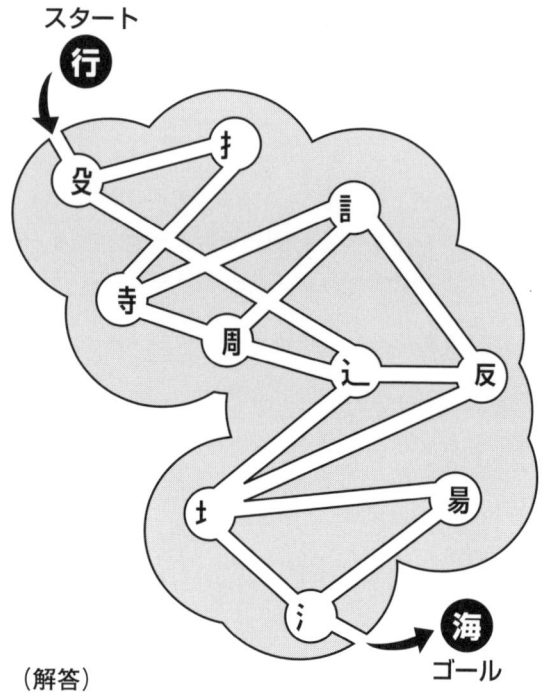

（解答）
（スタート）行→役→投→持→詩→調→週→返→坂→場→湯→海（ゴール）

漢字の部分リレーとは

【定義】
　前後にある漢字の「へんやつくりなど漢字の部分」を組み合わせて，リレーを行ない，ある一定のルールに沿って，迷路をたどっていくというゲームである。
　ルールは，次のようなものが考えられる。
①前後のへんやつくりなどを合成して漢字をつくり，迷路をたどること。
②迷路上の全部の漢字を通ること。
③同じ道（線）は，一度しか通れないこと。
④交差点は，直進すること。

【準備するもの】
・問題作成用紙。
・鉛筆。
・問題作成の際に，国語辞典，漢字辞典，国語教科書などがあると便利である。

【方法・手順】
①まずは，ゲームの手順が十分に理解できるようにするために，教師が作成した問題に一斉に取り組む。教育出版版国語教科書4上（P.30「漢字の広場①漢字に親しむ－漢字の島めぐり」の「組み合わせの島」）が参考になる。
②そのうえで，子どもたち自身が問題を作成する。白紙に問題をつくるようにしてもよいが，あらかじめ迷路を印刷し，漢字の部分だけを書き込

めるワークシートを用意しておくと手軽に取り組める。パソコンのお絵描きソフトを使って子どもたち自身がデザインするといっそう楽しめる。

③それぞれ問題を出し合い，答え合う。

ポイント

低学年でも取り組めるが，既習漢字が300字をこえる3年生後半からが適当であろう。ルールを十分に理解しておくことが，ゲームを楽しむ前提となる。あらかじめ具体的に指導しておく必要がある。

また，使用する漢字は，「前学年までに学習した漢字」とか，「今，学習している単元までの漢字」とか条件設定をしておいた方がよい。

さらに漢字を選ぶ観点も示しておきたい。

(ア) 2つの部分に分けられる漢字を選ぶ。
　　×…円，下，車など。
　　○…時，池，童，進，聞など。

(イ) 分けられる部分が他の漢字でも使われているものを選ぶ。
　　×…羽（習だけ），喬（橋だけ）など。
　　○…時（明，晴，暗，持，待，詩など）
　　○…池（海，活，港，汽，地，他など）

発展

①各学年の字形系列の漢字学習に関連づけて取り組むと効果的である。

・「漢字の組み立て」（3年生）…漢字の構成要素である「へん・つくり・かんむり・あし・たれ・にょう・かまえ」についての学習と関連づけ，意識化を図る。

・「漢字の部首」（4年生）…同じ部首の漢字を探す活動となる。

・「漢字辞典の引き方」（4年生）…部首索引のやり方の定着のために取り組める。

・「漢字の成り立ち」（5年生）…会意文字と形声文字について着目させるために取り組める。

・「音を表す部分」（6年生）…形声文字の音を表す部分に着目させるために取り組める。

②構成要素をもとにした部分リレーだけでなく，読み方や使い方をもとにしたリレー形式の迷路もある。

・しりとりのリレー迷路…音訓をもとにした読み方のしりとりである。次の漢字につなげる時には，別の読み方にかえてつないでもよいことにしておく。

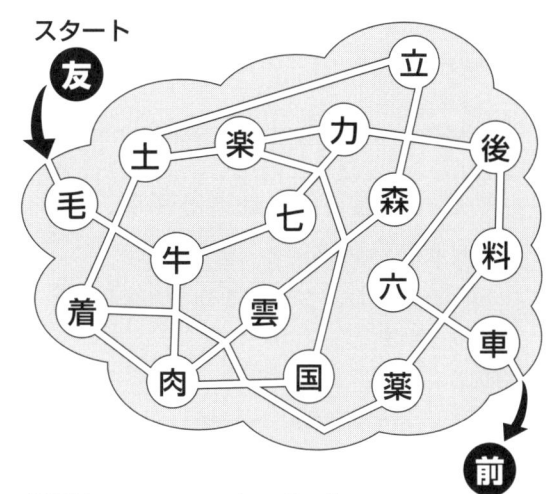

(解答) （スタート）友→毛→牛→七→力→楽→国→肉→雲→森→立→土→着→薬→料→後→六→車→前（ゴール）

・言葉のリレー迷路…その漢字を使った言葉をつないでいく形式のリレーである。

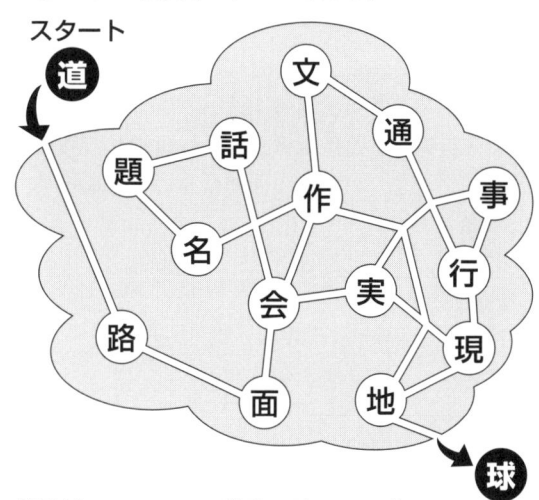

(解答) （スタート）道路→路面→面会→会話→話題→題名→名作→作文→文通→通行→行事→事実→実現→現地→地球（ゴール）

■**参考文献**　馬場雄二　著『漢字遊びハンドブック』仮説社，1987年
馬場雄二　著『漢字クイズ絵本』偕成社，2004年

Ⅳ章　言葉に興味をもたせるための学習スキル 29

No. 78　Ⅳ－6　〇×クイズ

対象学年　1年

こんな時に使えます！
◎楽しみながら，語彙を増やしたい時。
○朝の帯タイムやミニのレク活動で，楽しむ時。

こんな言葉の力が育ちます！
・ひらがなやカタカナを読み，書く力。
・習った漢字を，文や文章の中で正しく使おうとする力。
・長音，拗音，促音，撥音，濁音，半濁音などの表記ができ，助詞の「は」「へ」「を」を文の中で正しく使う力。
・先生や友達の話を聞く力。

お別れのあいさつは、「こんにちは」です。〇か×か？

〇×クイズとは

【定義】
　問題の内容が正しいか正しくないか，〇×で答える。間違えた子はゲームからはずれ，答えが合っていた子だけが次の問題に進める。最後の一人が勝者。
　しかし，一人にしぼらなくてもよい。

【準備するもの】
・〇と×の位置が分かるように示すもの。
・問題は，大きく書いてはっきり分かるようにすること。
・賞状などがあると楽しい。

【方法・手順】
　クラス全員で行うと，分からなくても友達について行ってしまう子が多いので，ルールを覚えるために全員で遊んだ後は，グループ単位ぐらいが適当と思われる。
　その時は，各自に〇と×のカードがあると分かりやすい。裏と表に簡単に書けばよいので1年生でもつくることができる。
　または，プリントに表を印刷しておいて，〇か×を書き込めるようにしてもよい。

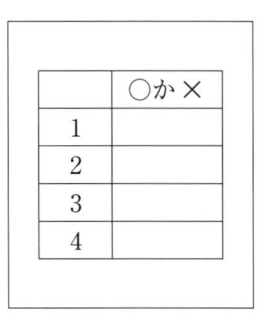

←割り箸

	〇か×
1	
2	
3	
4	

170

グループで遊びながら力をつけたと思われた後で，クラスの中で本格的に勝者をしぼっていく方法で○×ゲームをすると楽しい（カードがあるので，車座になって全員で遊んでも面白い）。

ここでどんな力を付けたいのかで，問題の内容が違ってくる。

ポイント

学習の進み方やねらいによって問題を変えていくことができる。

＊**あいさつの言葉で。**

「朝，学校に行く時友達のお母さんに会いました。あいさつは，おはよう！ です。○か×か？」

日ごろクラスの中で気になっている言葉を使う方法もある。

＊**ひらがなの長音，拗音，促音，撥音などを学習した後なら，それらの問題をつくる。**

「お父さんの書き方は，これです。○か×か？」

子どもが間違えやすい言葉から問題を考える。

「がっこう」
「きゅうしょく」
「ぎゅうにゅう」

濁音，半濁音などの言葉を取り入れていくこともできる。

　おとおさん

全部入れた問題にするのか，一つ一つの学習の後にするのかは，クラスの実態と学習の時間数とで考える。

＊**カタカナも同様である。**

繰り返し行うことで力をつけていく。

＊**漢字でもできる。**

・書き順を見せて○か×かを考えさせる。
・字形が正しいか正しくないかで考えさせる。
・漢字の使い方が正しいか正しくないかで考えさせる。

などの方法がある。

低学年は，漢字を習うとうれしくてどこにでも使おうとする。たとえば「あした」という言葉に「あし田」など…。そこで，短い文をつくって書き方が合っているかどうかクイズにしてみると楽しい。

「『あしたまたあそぼうね。』は，こう書きます。○か×か？」

　あし田またあそぼうね。

子どもたちは，この文を見ると笑うのだが，けっこうこのように書いてくる子がいる。

また，

「あさがおの目がでた。」
「木いろのはな」

のような間違った使い方をクイズを通して学ばせていく。

新しい漢字を学習した時に「○かな×かな」をやって，教室のどこかに掲示しておくと分かりやすい。

＊**問題は，一回しか読みません，というルールを徹底させることで，聞こうとする姿勢が身についてくる。**

発展

言語事項で学習したことは，全てクイズにすることができる。

この次は，問題を子どもに考えさせる。力がついてくると自分でもつくりたいという声が出てくる。問題づくりでも力がつくし，本当に理解しているかどうかが見えてくる。

問題をつくって，グループの中でゲームをする。また，グループの中からおすすめの問題を出してもらう。何問でもよいとする。それをクラス全体で考える。

IV章　言葉に興味をもたせるための学習スキル29

No. 79　IV-7　クロスワードゲーム

対象学年　1～6年

こんな時に使えます！

◎楽しみながら，言葉集めの学習をしたい時。
◎ヒントを手がかりに，隠された言葉を見つけ出していく楽しさを知り，言葉の面白さ，不思議さに気づかせたい時。
○学級活動などで，言葉や文字をテーマに楽しみたい時。

こんな言葉の力が育ちます！

・ヒントづくりを通して，分析的にとらえたり，詩的に表現していく力。

クロスワードゲーム作品例

1		2	3	4
		5		
6	7			
	8		9	
10				

〈たてのヒント〉
1 生まれは中国です。
2 あまくておいしいよ。
3 男の子を呼ぶ時には。
4 みんながんばってます。
7 いい作品のこと。
9 大木になります。

〈横のヒント〉
1 千と千尋の……。
5 真っ赤な姿で大人気。
6 絶対に待ってくれません。
8 塩とまちがえないでね。
10 ちょっとお金がある時は……。

クロスワードゲームとは

【定義】
　複数の言葉を，共通する文字の部分を交差させながら縦横に配置していくような言葉遊びの総称。
　碁盤の目のように引いたマスの中に，ヒントにしたがって文字をはめ込んでいく「クロスワードパズル」が，その代表例にあげられる。

【準備するもの】
・マス目の入った用紙（1センチ方眼紙など）。
・国語辞典。逆引き辞典もあれば便利。

【方法・手順】
①パズルを解いて，楽しさを知る。
②自分でつくり，つくる楽しさや友達に解いてもらう喜びを知る。

ポイント

　碁盤の目状のマス目での「クロスワードパズルづくり」は，はじめは快調でも，次第に残りのマス数や，縦・横の両方向から読んでも意味が通じなければならないなどの制約を受け，興味が持続しにくい。そこで上記のような，絵を手がかりに1文字を見つけることから始め，次第に見つける文字数を増やしていくようにしていく。やがてある程度まとまった言葉を見つけることに取り組み出すと，簡単な言葉でのヒントも加えていく。そうしてクロスワードパズルづくりの段階に入れば，まず最初の言葉を決め，そこから枝葉を伸ばしていくとよい。この時に「逆引き辞典」があれば，大いに役立つ。
　パズル解明の授業を行う際には，パズルの縦横

のヒントだけでなく，教師が適宜，口答でヒントを与えたり，分かった児童が自分で考えたヒントを出すなどするのも楽しいであろう。

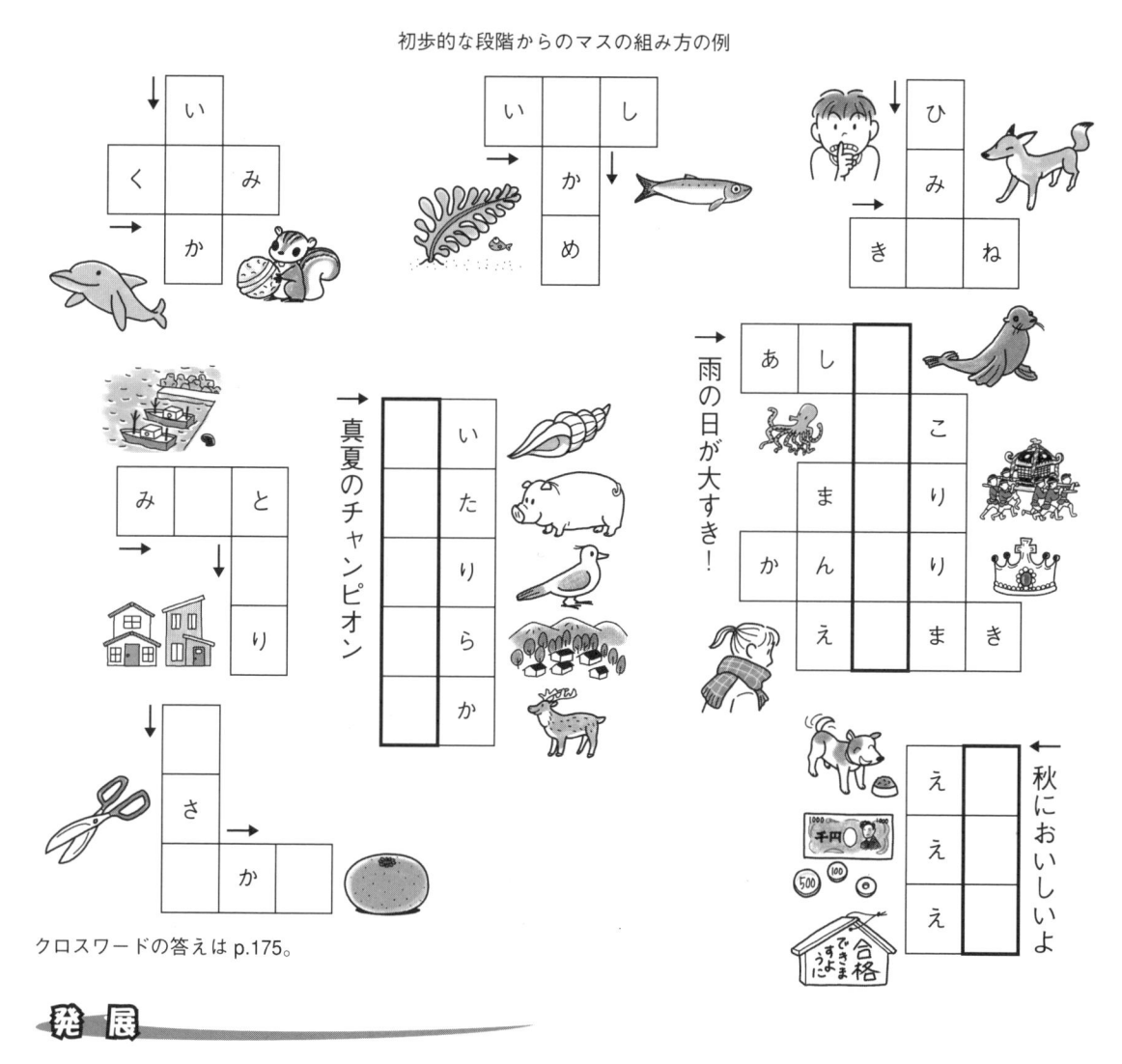

初歩的な段階からのマスの組み方の例

クロスワードの答えは p.175。

発展

高学年では，漢字を使ったクロスワードづくりにも取り組ませたい。以下に例をあげる。

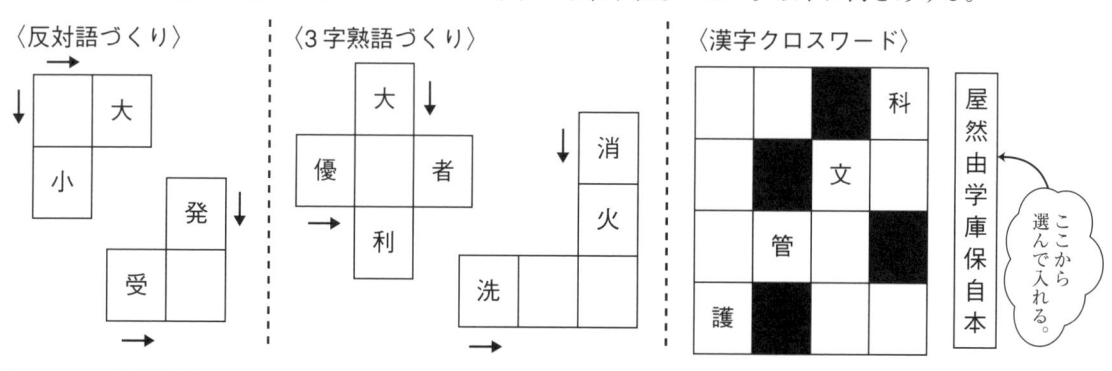

〈反対語づくり〉

〈3字熟語づくり〉

〈漢字クロスワード〉

ここから選んで入れる。

屋 然 由 学 庫 保 自 本

クロスワードの答えは p.175。

Ⅳ章　言葉に興味をもたせるための学習スキル29

No. 80　Ⅳ-8　背中黒板

対象学年　1～3年

こんな時に使えます！

◎筆順を守り，楽しみながらはっきりとした文字を書く練習をさせたい時。
◎遊びを通して，文字の「伝える働き」を感じさせながら，文字に親しませたい時。
◎学級活動の時間などで，ゲームを通して友達同士の親睦を高めたい時。

こんな言葉の力が育ちます！

・正しい書き順で，ゆっくりと丁寧に，伸びやかな文字を書く力。
・分かったことや分からないこと，自分の思いなどを相手に適切に伝えていく力。

> これはなんの字でしょう？

■ 背中黒板とは

【定義】
　2人1組になり，一人が黒板に見立てた相手の背中に指で文字を書き，書かれた者がどんな文字が書かれたのかを当てる遊び。

【方法・手順】
①2人組をつくり，書く者，当てる者の役割を決める。
②書き手は，伝えたい文字（または言葉）を決め，相手の背中にはっきりと書く。書かれた方は，背中で受けた書き順や点画などの感覚から，書かれた文字（または言葉）を想像し，当てる。
③当たれば役割を交代し，続けていく。

ポイント

　この活動を成功させるには，コンビを組む2人が呼吸を合わせることが必要である。

A「じゃあ，今から書くよ。……さあ，何だ。」
B「もうちょっと大きく書いて。」
A「では，もう一度。どう？」
B「書くのが速すぎて分からないよ。もうちょっとゆっくり書いて。」
A「そうか。それじゃあ，これでどう？」
B「分かった。『みかん』だ。」
A「当たり。では交代して，今度はぼくが当てる番だよ。」

といった会話が交わされることだろう。

　書く側の「伝えたい」という思い，当てる側の「分かりたい」という思いが互いの信頼関係をつくり出す。
　このような，スキンシップを通してコミュニケーション活動が行われることが，「背中黒板」

のもつ最大の教材性である。

　自分の書く文字を正しく伝える際に、何よりも大切にされねばならないことは、正しい書き順で書くことである。ふつう文字は、その全体像を見て瞬時に理解されていく物であるが、「背中黒板」では、そのような全体的、瞬間的理解はされ得ないものである。書かれる側は、どのような順で、どのように組み立ててその文字が構成されるのか、一画一画、背中に感じる感覚から類推していくのである。よって、書き手側に要求されるものは、
　①正しい書き順で
　②ゆっくりと
　③大きく伸びやかに
書いていく態度である。そしてそれらはしっかりと伝えようという誠意と愛情に通じていく。

　書かれる側がそれを受けとめるには、注意力が必要である。全神経を背中に集中させ、書き手側のメッセージを受け取らなければならない。それでも分からない時には「もう一度」という思いを確実に伝えていくこともまた、必要である。

　文字に親しませながら、友達とのしっかりとした絆もつくっていきたいものである。

発展

　この活動は入門期の児童に最も有効であるが、3年生の毛筆習字の練習の際、筆で書く感覚をつけさせる活動としても使うことができる。

　高学年では、国語よりも学級活動でのゲームの一つとしての扱いが適当であろう。たとえば、漢字をテーマに、当てるごとに次第に画数を多くし、難易度を上げていくなどすれば、高学年にも応用できるであろう。

　また、「背中黒板による伝言ゲーム」も楽しいであろう。3、4人で1チームをつくり、短い言葉や文を伝えていくようなものである。その際には「はやく伝える」ことを第一義として、ひらがなでの伝言も可としたり、「正確に伝える」ことに重きを置いて、出題時と違った文字があれば減点していくなど、様々な方法で楽しんでいくことが考えられる。

No. 79「クロスワード」解答例

クロスワードゲーム作品例

〈反対語づくり〉

〈3字熟語づくり〉

〈漢字クロスワード〉

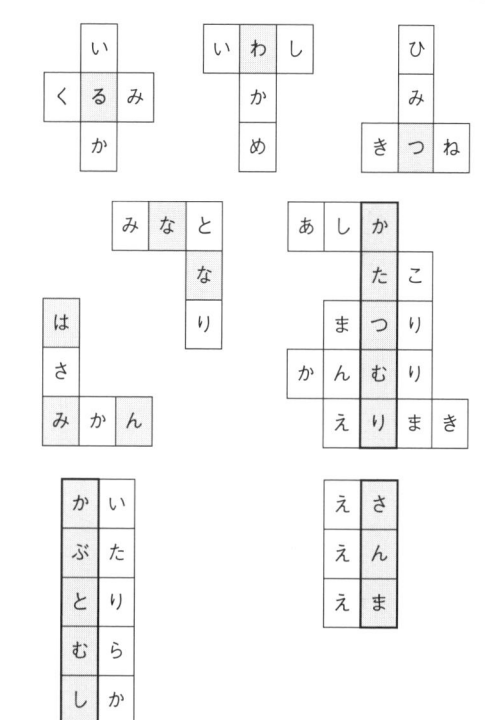

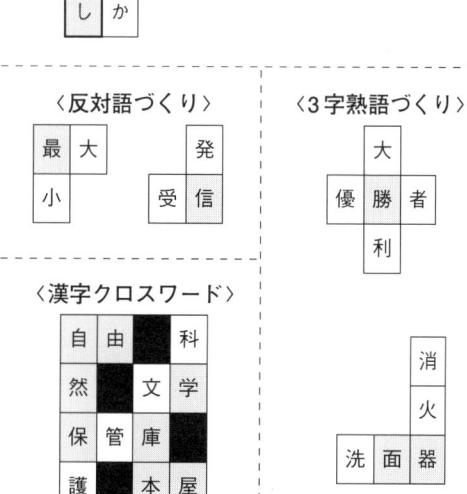

IV章　言葉に興味をもたせるための学習スキル29

No. 81　IV-9　お話あて

対象学年　1～2年

こんな時に使えます！
- 小学校低学年で，様々な言葉のイメージをふくらめたり，語彙を増やしたい時。
- ある昔話をもとに知っていることを伝え合う時。
- 耳を傾けて話を聞かせたい時。

こんな言葉の力が育ちます！
- 連想ゲームをすることで言葉のイメージを広げる力。
- 人の話に耳を傾けて聞く力。

なんのお話かな。

言葉遊びとは

　ここでは，主に「連想ゲーム」「紙芝居遊び」「お話あて」を取り上げる。

【定義】
　言葉の正しさと自由さをねらって行うもの。語彙を広げたり，イメージをふくらめたり，声に出すことでリズム感覚も身につく。

【準備するもの】
・つくった紙芝居。
・連想ゲーム用の横長模造紙。
・マジック。

【方法・手順】
　「連想ゲーム」グループ，「紙芝居遊び」グループ，「お話あて」グループに分ける。

★1「連想ゲーム」グループ
① 1グループ（4～5名）で2グループ対抗でやってみてもよい。
② 一方のグループがスタートの言葉を決める。他方のグループが続ける。答える順はグループ内であらかじめ決めておく。
　最初は制限を設けないで，自由にやってみる。言ったらその言葉を記録していく。10回続けてみる。
③ 先攻後攻を交代し，違う言葉でスタートして，10回続けてみる。
④ 「かえるははねる」「はねるはバッタ」「バッタは緑」「緑は野菜」「野菜はきらい」「きらいはヘビ」…というようにとにかく長く続けてみる。
⑤ 「雪は白い」「白いはさとう」「さとうはあまい」

「あまいはチョコ」…というように名詞の次に形容詞または動詞を繰り返すようにしてみる。

★2「紙芝居あそび」グループ
①自分たちで育てているあさがおやひまわりなどの植物，また，飼っているあひる，ちゃぼ，うさぎ，モルモットなどとのかかわりをお話にし，1グループで1作品（画用紙4〜5枚）の紙芝居をつくる（「Ⅲ-4」を参照）。
②紙芝居を発表する練習をする。
③紙芝居を発表した後，見た人は感想を言う。

★3「お話あて」グループ
①日本の昔話を一人一つ思い浮かべる。
②そのお話のある場面をジェスチャーで演じることができるように練習する。
③キーワードヒントも考えておく。
④見ている人は，そのお話を当てる。
⑤当たらなかった時は，キーワードヒントを出し，続ける。

ポイント

指導は具体的に
①「お話あて」のヒントの出し方としてキーワードで考えさせるとよい。

```
例：○「いなばのしろうさぎ」
        うさぎ わに 島 がま…
    ○「したきりすずめ」
        おばあさん すずめ 舌 のり…
    ○「うらしまたろう」
        恩返し 玉手箱 竜宮城…
    ○「ももたろう」
        鬼 退治 きびだんご…
    ○「かぐやひめ」
        竹 月 美人…
    ○「いっすんぼうし」
        小人 都 おわん 針…
```

②「紙芝居」のつくり方は，
・グループで話し合って，かく絵の分担箇所およびだいたいの内容を決める。
・一人が1枚の画用紙に絵を描き，別の紙に話すことを書いておく。
・グループで発表練習をする。
③「連想ゲーム」は，各自の言った言葉を書いて記録していくとよい。残しておく方が語彙を増やすという点からも，また，定着という点からも重要である。
難しければ太字の部分だけでも。

```
1 ゆき    は しろい
2 しろい  は さとう
1 さとう  は あまい
2 あまい  は みかん
1 みかん  は まるい …
```

連想ゲームの記録例（実際は縦書き）

飼っている「うさぎ」を題材に文章と絵を！

発展

(1) 学年が上がって慣れてきたら，コーナーをつくり，そのコーナーへ出かけて行くなど工夫ができる。
(2)「なぞなぞ」「クイズ」など，言葉遊びの種類を増やしていくのもよい。

Ⅳ章　言葉に興味をもたせるための学習スキル 29

No. 82　Ⅳ-10　読書クイズ

対象学年　1～4年

こんな時に使えます！
◎読書の楽しみを知り，すすんで読書する意欲をもたせたい時。
◎自分の読書の傾向を広げ，様々な本を読む態度を育てたい時。

こんな言葉の力が育ちます！
・読書の楽しみが，想像したり連想を広げたりする楽しみにあることを感じる力。

（イラスト：「主人公は男の子です。魔法を使います。」「男の子はメガネをかけていますか。」）

■ 読書の楽しみは一生の宝

　テレビや映画などの映像をみたことがきっかけで，原作を読んでみたいと思う経験は，大人にはよくある。読書の入り口は必ずしも本そのものではない。様々なきっかけが，子どもたちを本の世界に誘ってくれる。また，この本の魅力を他の人に伝えたいと思う時の方法も様々であることを「読書クイズ」によって気づかせたい。

■ クイズを楽しもう

どんな時間に取り組むか
・国語科の時間。・お楽しみ会などの時間（クイズづくりは国語の授業で）。・朝の時間や昼の時間。

■ お話をじっくり読むために

　いわゆる読解の学習の方法として「クイズ」を取り入れるのは，必ずしも有効ではない。クイズの問題をつくる時間があったら，教材にした物語の作者の他の物語を読むとか，同じジャンルの他の本の読み聞かせを楽しむ方が，子どもの心を耕すに違いないからである。
　それでも<u>教材文をもとにクイズをつくるとすれば</u>クイズをつくるもとになるお話が，
・時間系列や登場人物がやや入り組んでいて複雑である場合。
・表現に特徴があって，色や音などが描写のキーワードになっている場合。
・主人公が様々な登場人物に次々に出会うことで物語が進行する場合。
などは，クイズが読みを助けたり，なお深く読む視点を与えてくれることになる。

①読書クイズ：初級編
・物語の展開を確かめる。
・登場人物の**特徴**に気づく。

・物語の底に流れる作者の**仕掛け**に気づく。

②読書クイズ：中級編

みんなが同じ作者のシリーズものや日本の昔話を読んだ後ならば，できるクイズ。

たとえば，アーノルド・ローベルのシリーズを読んでいれば，「がまくんとかえるくんが，たこあげします。」「がまくんがかめのせなかから川についらくします。」などのヒントで『ふたりはきょうも』だと当てる。

「主人公はつるです。」「かなしいお話です。」「さいごには，つるはとんでいってしまいます。」などの3つのヒントで『つるのおんがえし』と当てるなどなど。

=====クイズになるよ，こんなシリーズ=====
・アーノルド・ノーベルのシリーズ（文化出版局）
・くまの子ウーフのシリーズ（神沢利子著，ポプラ社）
・ぼくは王様シリーズ（寺村輝夫著，福音館書店）
・レオ・レオニの絵本シリーズ（好学社）
・エリック・カールの絵本シリーズ（偕成社）
・日本の昔話の本は，絵本・読物など多種多様。

クイズとしては初級だが，上記の絵本シリーズから特徴のある場面を選んで，第1ヒント，第2ヒントと順に絵本のページを見せて題名を当てるクイズもできる。これはクイズをつくる時間はほとんどいらない。たくさん読んだ後のお楽しみクイズ。

③読書クイズ：上級編

伝記や昆虫記など読み応えのある本をじっくり読みながら，クイズの材料を集めることそのことが，読書の深まりへと導くクイズ。

■クイズができるまで

伝記を使ったクイズ

①興味をもった人の伝記を選ぶ。
②視点にそって，読みながらメモをする。
　視点の例（手引きまたはワークシートを準備）
　・その人物の性格。
　・子ども時代のエピソード。
　・その人に影響を与えた人や考え方。
　・一緒に仕事をした仲間。
　・困難にあった時の乗り越え方　など。
③クイズをつくる。

出題のポイント
・私は……という主語で，その人の性格やできごとを紹介する。
・成し遂げた仕事についてはヒントの中に入れない方がクイズとしては面白い。
・自分の感想や気がついたことも，ヒントに入れると，出題者の個性が出る。

回答のポイント
・その人は日本人ですか。
・その人は科学者ですか。
・その人は現在も生きていますか。

などの質問を何問までと決めておいて，グループで相談のうえ，回答する。

昆虫記や動物記・長編読物を使ったクイズ

①昆虫記や動物記を読み，その中から興味をもった生き物を選ぶ。
②その生き物について，実験や観察の方法や習性をカードにメモする。
③あらかじめ決めたヒントの数に合わせてメモカードを選び，問題をつくる。

クイズ遊びのポイント

難しくて当たらない時のために，予備のヒントを用意しておく。

正答が出たら，本の中からクイズの答えにあたる箇所の興味深いところを抜き出して読んで，さらに興味をもたせてから，本文を読むことを勧める。

=====クイズになるよ，こんなシリーズ=====
・こども版ファーブルこんちゅう記（小峰書店）
・シートン動物記（偕成社）
・トガリ山のぼうけん（いわむらかずお著，理論社）
・ドリトル先生物語全集（岩波書店）
・宮沢賢治童話集（いろいろ出版されているが，たとえば，くもん出版など）

IV章　言葉に興味をもたせるための学習スキル 29

No. 83　IV-11　あるなしクイズ

対象学年　5～6年

こんな時に使えます！
◎楽しみながら語彙語句を増やしたい時。
◎言葉に対する感覚を養いたい時。
○学級集会，朝自習，休み時間などに楽しみたい時。

こんな言葉の力が育ちます！
・国語辞典，漢字辞典を使う力。
・語彙語句を増加させる力。

（吹き出し）
・わかった！もちでしょう。
・しりにあってはらにない。
・わらびにあってぜんまいにない。
・かきにあってくりにない。
・草にあって花にない。

あるなしクイズとは

【定義】
　最近言葉遊びの本をよく目にするようになった。それだけ言葉に関心をもっている人が多いということだろうか。
　「あるなしクイズ」とは，こちらにはあるがこちらにはないというものをいくつか集め，それに該当するものを見つけるという遊びである。遊びそのものは単純だが，問題をつくったり，該当する答えを見つけるのはなかなか大変である。自分の知っている言葉を総動員して言葉を探さねばならない。語彙を増やしたり，言葉の感覚を磨いたりするのには適した遊びである。

【準備するもの】
・ワークシート。
・鉛筆。
・消しゴム。
・国語辞典。
・漢字辞典。
・あるなしクイズづくりヒント集。

【方法・手順】
①あるなしクイズについて説明する。
②あるなしクイズをつくるためのいくつかのパターンを教える（ヒント集を用意する）。
③教師のつくったあるなしクイズで練習する。
④自分であるなしクイズをつくってみる。
⑤つくったものを発表し，答え合わせをする。

ポイント

　「とにかくつくってみよう。」ではなかなかつくれない。つくるためのいくつかのパターンを示してやる必要がある。初めはやり方がよく分からなくてつくれないが，やっているうちに必ずこれはというものをつくる児童がいる。その時はすかさずそれをみんなに紹介し「うまいね。こんな風につくるといいんだよ」と言ってあげる。だんだん興が乗ってくると，時間を忘れて夢中でつくるようになり，よいものができてくる。
　国語辞典や漢字辞典，教科書などを身近に置い

ておくことも大事である。どうしても言葉が思い浮かばない時に辞典が身近な場所にあると進んで使うようになる。

あるなしクイズヒント集

あるなしクイズヒント集　名前（　　）

	ある	なし		ある	なし
①言葉の中に共通の音が含まれる場合	家 夏 花 火 下	城 冬 草 水 上	②言葉の中に共通の文字（漢字）が含まれる場合	絵画 学級 木綿 織物 大統領	音楽 学年 麻 職業 首相
③言葉の上に他の言葉がつく場合			④言葉の中に数字が含まれる場合		

その他に次のようなものがある。
⑤言葉の中に共通の色が含まれる場合。
⑥言葉の中に共通の形（太さ・長さ）が含まれる場合。
⑦その言葉の下に他の言葉がつく場合。
⑧全部の言葉によって意味が表されている場合。

教師自身がいろいろ考えながらヒント集をつくっていくと「あるなしクイズ」のつくり方が分かり面白さが分かる。

発　展

①グループ対抗「あるなしクイズ大会」を行う
・6グループに分かれる。
・グループごとに「あるなしクイズ」をつくる。
・3対3に分かれて紅白戦を行う。やる時には「毛布にあって，座布団にない」「こたつにあって，机にない」とリズムに乗ってやると雰囲気が盛り上がる。
・紅グループが「あるなしクイズ」をやり，白グループが答える。制限時間を決め時間内にできたら点がもらえるようにする。
・次に白グループが「あるなしクイズ」をやり，紅グループが答える。
・交互にやり，点数の多い方を勝ちとする。

②「あるなしクイズ集」をつくる
・ヒント集にあるような観点で一人4つくらいの「あるなしクイズ」をつくる。その時ヒントとして絵や言葉を一緒にかく。

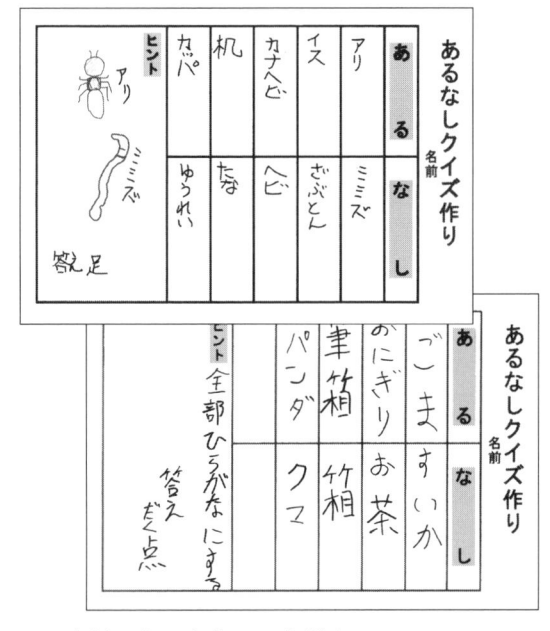

あるなしクイズ作り　名前

ある	なし	ヒント
アリ	ミミズ	（アリの絵）アリ（ミミズの絵）ミミズ
イス	さぶとん	
カナヘビ	ヘビ	
机	たな	
カッパ	ゆうれい	

答え　足

あるなしクイズ作り　名前

ある	なし	ヒント
ごま	すいか	全部ひらがなにする
おにぎり	お茶	
幸竹相	竹相	
パンダ	クマ	

答え　だく点

・全員のものを集めて印刷する。
・最後のページに答えを載せる。
・表紙をつけて製本する。

■**参考文献**　ぽるぽっくす 編／松本好博 絵『ともだちには　ないしょだよ㉒　あるなしクイズ小学生』ポプラ社，1992年

IV章　言葉に興味をもたせるための学習スキル 29

No. 84　IV-12　しりとり歌

対象学年　1年

こんな時に使えます！
◎楽しみながら，言葉の面白さに気づいて語彙を増やしたい時。
◎言葉のリズムに興味をもたせたい時。
◎朝の帯タイムやミニのレク活動などで，ゲームとして楽しみたい時。

こんな言葉の力が育ちます！
・楽しんで表現しようとする力。
・はっきりした発音で話そうとする力。
・楽しみながら語彙を増やす力。
・長音，拗音，促音，撥音などを意識して正しく書こうとする力。

（吹き出し）「しろいはおもち」のつづきは？
おもちは
……

● しりとり歌とは

【定義】
　しりとり歌を楽しむ，みんなで読む，グループで読む，一人で読むなどして，しりとり歌のルールを覚える。声に出して何度も読むことで，低学年の児童は体でルールやリズムを覚えることができる。
　その後，クラスみんなで，グループで，2人組で，などと方法を変えて，自分のしりとり歌をつくっていく。
　同じ言葉が出たり，リズムが合わなかったりしたらアウト！　時間制限を加えても面白い。

【準備するもの】
・しりとり歌を書いた大きな模造紙。
・絵も書き込める用紙があると楽しい。
・子どものしりとりを書きこめる大きな模造紙。

【方法・手順】
　しりとり歌を楽しむ。

```
しりとり歌

さよなら三角
またきて四角
四角はとうふ
とうふはしろい
しろいはうさぎ
うさぎははねる
はねるはかえる
かえるはあおい
あおいはやなぎ
```

　何度も声に出して，リズムを感じ取らせる。
　その時，分かりやすい言葉に紙を貼っておいて答えを伏せて，子どもたちに考えさせるのも楽しい。

まずはみんなで，しりとり歌を楽しむことから始めたい。

また，同じような紙を用意して，思いつく言葉を書きこみさせ，書いた言葉を発表させる。

順番に発表し，大きな模造紙に教師が書き込んでいく。または，短冊に書かせて貼らせてもよい。

ポイント

「しりとり歌自分流」をつくることで語彙を増やしていくことが目標。

同じしりとり歌を使って，途中から違う言葉で「1ねん○くみしりとり歌をつくろう！」と進めていく。たとえば，「しろい」の続きから考えさせる。

「しろいは　ゆき」とか「しろいは　おもち」とつなげて，どんどんその続きを考えさせていく。「ゆき」から広がる言葉と，「おもち」から広がる言葉は違う。その違いが面白い。松谷みよ子さんの『さよならさんかく　またきてしかく』（偕成社，1979年）も最後はお化けが出てきて楽しい。

短冊を貼ったり，教師が書いたりして，教室に掲示し，それをみんなで読んでいく。自分たちのクラスのしりとり歌ということで，読むのもまた楽しくなる。

まず，自分の用紙に書くこと。詰まってしまった子どもには，一つ前に戻って考えるようにとアドバイスすると案外続くことがある。また，語彙が少ない児童は，考えられずあきてしまう。そこで，絵を描き込める用紙にしておくと喜んで絵を描いている。

発展

二人一組対抗戦

となり同士で，交代で書いていく。詰まってしまった方が負け。勝ちたいために「はやく！」と騒ぐのでゆとりをもって待てるように声かけが必要。

または，時間制限をして2人で何行書けるか，クラスの中で競争する。一番多く書いた2人に，しりとり歌を読んでもらう。2人で助け合って考えるので，イメージがふくらみそれによって語彙も増える。

多くの子どもが知らない言葉が出てきたら，その場で教えることが大切。まず，その子に説明させ，その後，板書したり，掲示したりして使い方を覚えていく。

グループ対抗戦

多くて4人グループと考える。4人で順番に交代でつくる方法をとる。

また，同じ言葉から4人一緒に考え，みんなが思いつきそうもない言葉を選んでつくっていく。たとえば，しろいの後に，ゆきやおもちではなく，チョーク（書き方も難しい）とか，かっぽう着など。最後にそれぞれ発表し合い，「たくさん言葉を見つけたで賞」を決める。

しりとりなので，どんどん続く。途中でも掲示しておけば，いつでも続けることができる。枝のように広げていくのが楽しい。

```
しりとり歌
・・・
四角は　とうふ
とうふは　しろい
しろいは
 ＊ゆきは　＊おもち
 ゆきは　おもち
 ＊おもちは　＊つめたい
 のびる　つめたい
 ＊のびるは　こおり
 ゴム　は
```

絵を描くスペース

No.85 Ⅳ-13 仲間しりとり

対象学年　1～6年

こんな時に使えます！
◎楽しみながら，語彙を増やす活動を取り入れたい時。
○短時間に「言葉遊びを生かしたレク活動」をしてみたい時。

こんな言葉の力が育ちます！
・語句には性質や役割のうえで類別があることを理解する力。

● 仲間しりとりとは

【定義】
　基本的には，しりとりゲームに同じ。「海のもの」「食べ物」「生き物」など条件を付加する。条件に合っていない言葉や，最後に「ん」のつく言葉を出したら負けになる。

【準備するもの】
・画用紙とマジックペン，紙と鉛筆。
・黒板，またはホワイトボード，模造紙など。
・必要に応じて，国語辞典や教科書など。
　慣れてきたら，ストップウォッチや風船（右ページのイラストを参照）などを用意しておくとさらに時間制限の条件が付加され，ゲーム性が高まる。

【方法・手順】
①教師は（あるいはみんなで），「仲間」を表す言葉をいくつか用意する。その中から，今日の「題」を決める。
②教師（あるいは司会者・審判）は，画用紙に題（上位概念の語）を書いて示す（掲示する）。
③時間を区切って，各自のノートに，題に関連すると思う言葉を思いつくままに書き出す。いろいろな音で始まる言葉を探すよう助言する。
④しりとりを始める。小グループの中で順番に一語ずつ言う方法やグループで相談しながら対抗戦をする方法，学級全体で挙手指名する方法など場面や人数に応じて形態を工夫するとよい。
　仲間の言葉になっているかどうかあいまいな場合は，なぜ仲間と考えたのか説明を聞いて，教師（または多数決）が判定する。

⑤一般的なしりとりと同じように，言葉につまったり，「ん」のつく言葉になったりすると勝敗が決まる。

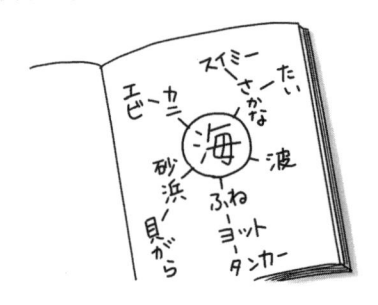

ポイント

ここでは、しりとりとして、音が続いているかはもちろんだが、「仲間」の範疇(はんちゅう)に入っているか、に着目したい。

たとえば、「海」という題でしりとりをしてみよう。「ヨット→灯台→岩…」この時、「え？岩は海の仲間なの？」と言う子がいるのではないだろうか。『スイミー』を学習したばかりの２年生は、「ドロップみたいな岩から生えている、こんぶやわかめの林」を思い出して考えるだろう。また、「岩」と言われてグランドキャニオン（アメリカ）やエアーズロック（オーストラリア）を思い出した人は、海と岩とは結びつかないに違いない。

言葉は、生活のいろいろな場面で経験を重ねることによって増えるものと思うので、今しりとりをしている集団が納得する範囲で「仲間」を決めればよいだろう。大切なことは、何気なく使っている言葉を「あれ？」「え？」と立ち止まって見つめ直すことではないだろうか。

発展

ねらいに応じて条件設定を変えていくことができる。

○「題」を考える
* 「海」のしりとり、「生き物」「食べ物」など題が変わるだけで難易度が大きく異なる。できるだけ広い意味の言葉を探すと、しりとりがやりやすい。
* 低学年では、「しりとり」という条件をはずすことで「言葉集め」にしても楽しい。「野菜」「魚」などのグループで言葉を集めてカードに書き、お店やさんごっこなどをする。
* 学年によっては、言葉の働きに視点をおき、仲間分けをさせてみたい。「動きを表す言葉（動詞）」「様子を表す言葉（形容詞・形容動詞）」など、語句の類別について理解が深まる。この場合も「しりとり」はかなり難しいので、仲間分けだけにするとよい。

○時間制限を設ける
* 風船を打ち上げて落ちてくるまでの間に言う。
* ストップウォッチやタイマーで計時して10秒間に、など時間を区切ってテンポよくゲーム的に行うこともできる。

○学習形態を工夫する
* 小グループで行う
  * 題ごとに分かれて。
  * 他の言葉遊びを取り入れて。
    （例）・仲間の言葉集め
        くだもの…りんご・みかん・かき
      ・まとめる言葉クイズ
        [　　　]…セミ・トンボ・バッタ
      ・逆さ言葉集め
        ナスと砂・鯛と板・イカと貝
      ・仲間のことわざ集め
  * グループ対抗で。
* 学級全員で行う
  * 一人一人順番に。あるいは、挙手指名で。
  * 一語１点のポイント制で。

No. 86　Ⅳ-14　ローマ字しりとり

対象学年　4年

こんな時に使えます！
- ◎楽しみながらローマ字学習を進めたい時。
- ◎学習したローマ字を正確に読み書きさせたい時。
- ◎お楽しみ会で，少し変わったゲームを行いたい時。

こんな言葉の力が育ちます！
- ・ローマ字の母音を読み書きする力。
- ・ローマ字の子音＋母音を読み書きする力。
- ・ローマ字の拗音・促音・長音を読み書きする力。

●ローマ字しりとりとは

【定義】

普通のしりとりを「ローマ字」で行うこと。

ただし，普通のしりとりとはローマ字表記の特性上異なる点がある。

それは，末尾の言葉の母音をつないで行く場合と，末尾の言葉の子音＋母音をつないでいく場合によって，ルールを変えることができる点である。

ローマ字の学習に配当される時間はとても短い。およそ平均して4時間程度である。この時間数の中で子どもたちを焦らせず，しかも楽しく確実にローマ字を身につけさせたい。

そのためには以下の三つの点が必要である。

一つは，一度に指導するポイントを精選することである。

二つは，基本から応用の形で少しずつ変化を加えてレベルアップを図ることである。

三つはゲーム的な要素を取り入れ，楽しく学べる環境をつくることである。

これらのことを満たしているのが，ここで提案するローマ字しりとりである。

【準備するもの】
- ・児童用のワークシート。
- ・ローマ字表。
- ・児童用のワークシートを拡大した黒板用掛図。

【方法・手順】

(1)　ローマ字の母音の読み・書きを学習する

ローマ字の子音＋母音の読みを学習する。

その後でローマ字しりとりを行う。

　＊子どもは手元にローマ字表をおき，それを見ながら行う。

　＊ルールは末尾の言葉の母音をとってつなげていくものとする。

★ステップ1　母音穴埋めしりとり

```
        ame → ○nogu → ○ma
読み    (    )    (    )    (    )
```

＊挿絵を入れてもよい（傘・絵の具・馬）

・直前の言葉を○に入れるだけなので，学習への抵抗感を取り除くことができる。
・母音以外の部分はローマ字表を見ながら行うことで，子音＋母音の読みが自然に身につく。

★ステップ2　母音とちゅう穴埋めしりとり

```
        tanuki → it○go → os○si
読み    (    )    (    )    (    )
```

＊挿絵を入れてもよい（たぬき・いちご・おすし）

・ステップ1に変化をつけたものである。

(2) 子音＋母音の書きを行う
　　（拗音・促音・長音は未習）
　　　＊ルールは，普通のしりとりのように末尾の音をとって行うこととする。

★ステップ3　子音穴埋めしりとり　A

```
        enpitu → ○ukusi → ○isimai
読み    (    )    (    )    (    )
```

＊挿絵を入れてもよい（鉛筆・つくし・お獅子）

・この段階では，子音のみを書かせる。

★ステップ4　子音穴埋めしりとり　B

```
        panda → ○ruma → ○guro
読み    (    )    (    )    (    )
```

＊挿絵を入れてもよい（パンダ・だるま・まぐろ）

・子音＋母音を書かせる。

★ステップ5　子音とちゅう穴埋めしりとり

```
        kaba → ba○na → na○
読み    (    )    (    )    (    )
```

＊挿絵を入れてもよい（かば・バナナ・なす）

・ステップ4に変化をつけたものである。

(3) 拗音・促音・撥音・長音の読み書きを行う

★ステップ6　拗音・促音・長音しりとり

```
        Gyûnyû → ○gakusiki → ○ppu
読み    (    )    (    )    (    )
```

＊挿絵を入れてもよい（牛乳・入学式・切符）

★ステップ7　ローマ字しりとり

```
        〔      〕→〔      〕→〔      〕
読み    (    )    (    )    (    )
```

・〔　〕の中にローマ字を書かせ，次の順番の子どもに読みを書かせ，その次の〔　〕の中を書かせる。このことで，ローマ字の読みと書きを同時に行うことができる。
・子どもの負担感を除き，変化をつけ，少しずつ力をつけていくためには，最初は男子対女子，列対抗などの大人数からはじめ，次第にグループ，ペアへと対戦する人数を少なくするとよい。

ポイント

ローマ字学習には細かな段階がある。その一つ一つを確実にクリアしてから，ローマ字しりとりを行わないと，「先生，この場合はどうなるの？」といった子どもの質問大合唱になる。ステップを踏んで，楽しく確実にローマ字の習得を図りたい。

No. 87　Ⅳ-15　前句づけ

対象学年　4〜6年

こんな時に使えます！
◎楽しみながら言葉の学習をしたい時。
○お楽しみ会や学級会の出し物として。
○遠足のバスの中での遊びとして。

こんな言葉の力が育ちます！
・楽しみながら言葉への興味や関心を高める力。
・言葉の意味，言葉の世界のきまりや仕組みを理解する力。
・言葉の意味と自分の経験や知識とを結びつける力。

（図：下の句の短冊を持つ先生。短冊には「泣いてみたり笑ってみたり」「合格の名前の中に名を見つけ」「コメディの映画見ながら」「転んでもアイスあげるとなだめられ」と書かれている。）

前句づけとは

【定義】
　下の句が先に決まっていて，その意味に合うように上の句を考える言葉遊び。前にある上の句をつけるから前句づけという。上の句と下の句の2つの部分をつなげて，一つのまとまりのある意味になるように創作する。下の句は，意味が反対の言葉を組み合わせたものにしておく。

【準備するもの】
・前の句を書くための短冊を多数用意する。
　幅15cm，長さ90cmくらいに切った模造紙。
・後の句が書き込である短冊，4〜5例を用意する。

【方法・手順】
　単なる言葉遊びとして楽しむこともできるが，国語学習の発展として意図的に言葉の世界を広げたり，言葉の仕組みの面白さを理解したりすることもできる。言葉を自分なりに操作して新しい意味を生み出す楽しさも味わうことができる。子どもたちが，喜んで取り組む言語活動である。

①下の句の書き込んである例の短冊を示す。
・どのような言葉の組み合わせになっているかを話し合う。

　　泣いてみたり笑ってみたり　　（下の句）

②例に合うような前の句をみんなで考え，やり方を理解する。
　　付け句　コメディの映画見ながら
　　　　　　合格の名前の中に名を見つけ
　　　　　　転んでもアイスあげるとなだめられ
③下の句の例を2〜3例示し，個々の子どもたちにやってみたいと思う句を一つ選ばせる。
④選んだ一つの下の句に合う，上の句をいくつかつくる。
⑤下の句ごとに，つくった上の句を発表していく。
⑥誰の作品が面白かったとか，よかったとか感想

を話し合う。
⑦個々に自分で下の句をつくり，友達と問題の出し合いをする。

ポイント

　この前句づけは，対立する2つの言葉の意味が生み出す面白さや楽しさを味わうことができる。意味が対立する言葉を並べることによって，相互に意味が際だつ効果が生じる。
　また，言葉の獲得や法則，言葉の世界を広げることにもつながる。
（ポイント①）
　　言葉遊びであるから，まず楽しく遊ぶことを大切にする。具体例も分かりやすく楽しいものを準備しておく。
（ポイント②）
　　前句づけでは，対立する言葉の意味に合った事実や行動などを探すことが意外に難しい。そこで，分かりやすい対立概念の言葉から取り扱うようにする。
（ポイント③）
　　前句づけに入る前に，対立する2つの言葉の一方だけ示し，もう一方を子どもたちが考えることができるようにする。
（ポイント④）
　　一層楽しい学習になるように，ユーモアの感じられる作品ができるようにする。
（ポイント⑤）
　　学年によっては，五音や七音を意識して言葉のリズムを整えた作品も考えられるようにする。

（下の句の参考例）
・□□□□，明るくなったり暗くなったり
・□□□□，遠くなったり近くなったり
・□□□□，好きになったり嫌いになったり
・□□□□，赤くなったり青くなったり
・□□□□，高くなったり安くなったり

作 品 例
・通信票もらって開けるその時は，
　　明るくなったり暗くなったり
・その年の強さで変わる応援チーム
　　好きになったり嫌いになったり
・好きな子の前で転んで失敗し
　　赤くなったり青くなったり
・客の顔見て野菜の値段決め
　　高くなったり安くなったり

発 展

　前句づけで生まれた作品を使って遊ぶことができる。前句づけカルタをつくり遊ぶのもその一つである。
　上の句を読み札として，下の句を絵札とするしかたと百人一首のように文字札にするしかたが考えられる。絵札づくりの方がつくりにくいかもしれない。
　全く別の遊びとして，「冠づけ」遊びがある。冠にあたる最初の言葉を決めておいて，その言葉の意味を象徴するようなできごとをつなげる言葉遊びである。

冠の例　宝くじ　　感想文　　やっちゃった
　　　　さあ急げ　遅刻

作 品 例
・宝くじ　信じない神に手を合わせて願かける
・感想文　本文は読まずに書評の丸写し
・やっちゃった　風呂入る人がいたのに栓をぬく
・さあ急げ　最終電車のベルが鳴る
・遅刻　まだあると止まった時計にだまされた

　前句づけも，冠づけも短い言葉の中に，人間のもつ本性や真実が表現され，読み手が納得した時，言葉遊びの面白さが生きてくる。

No. 88　Ⅳ-16　文末そろえ歌（沓づけ）

対象学年　4～6年

こんな時に使えます！
◎楽しみながら言葉の学習をしたい時。
○遠足のバスの中での遊びとして。
○学級会やお楽しみ会の出し物として。

こんな言葉の力が育ちます！
・短い言葉で思いを表現することができる力。
・機知に富んだ言葉遣いをする力。

〈遠足のバスの中で〉

（吹き出し）はい、はい。
（吹き出し）どこまでも
（吹き出し）文末が「どこまでも」になるように考えてみましょう。

文末そろえ歌

【定義】
　この遊びは，最後にくる言葉を決めておいて，その言葉の意味につながるように具体的な事実や行動などを前につけるものである。
　いつでもどこでも紙と鉛筆さえあれば手軽にできる遊びである。

【準備するもの】
・個々の子どもたちが作品を書くためのカード（A6サイズくらい）を子どもたちの数の数倍くらいの枚数用意する。
・掲示用の短冊カード（幅15cm長さ90cmくらいの模造紙を切ったもの）。
・文末にくる言葉の具体例を必要な場面で提示できるようにたくさん準備しておく。
・共同制作させる時のためには，マス目入りの模造紙も用意しておくと役に立つ。

【方法・手順】
　生活や体験の中のできごとや思いをもとにして，楽しみながら言葉の理解を深める学習活動である。強制や無理を強いることがないように注意する。子どもたちの遊び心を引き出したい。
①具体例を示し，つくり方を説明する。
・最後の言葉は変えないことを押さえる。
②「文末の言葉」を三～五つ例示し，子どもたち

に一つ選ばせる。全員が同じ「文末の言葉」でつくってみる。
③お互いに作品を発表し合い，面白い作品について気づいたことを発表する。
④各自選んだ「文末の言葉」に合わせて，前の部分を創作する。同じ「文末の言葉」でいくつかつくってみる。
⑤各自自分の作品の中からうまくできたと思うものを掲示用の短冊に書き発表する。

ポイント

言葉遊びであるから楽しく活動できるようにする。その楽しさは，一つの文末の言葉でありながら，様々な言葉とつながり，様々な意味や思いにつながる言葉の可能性に気づかせることであってほしい。
（ポイント①）
　学年にふさわしい程度の「文末の言葉」を設定する。
（ポイント②）
　「文末の言葉」を選ぶ時，子どもたちの身近な生活や体験と結びつけやすいものを選ぶ。
　　例　・いつまでも　　・どこまでも
　　　　・笑い出す　　　・歌い出す
（ポイント③）
　「文末の言葉」が，不確定な要素や未知な内容・特別な関係を含んだ意味をもつものを選ぶと，面白みのある作品が生まれる。

作品例
- 心にともせ　平和の灯　いつまでも
- 「大きくなったね」と見るたびに遺影が語る　祖母の顔
- 限りない夢を求めて　どこまでも
- 何日も宿題出さず　気にかかる
- 若葉春風日の光野鳥と共に　歌い出す
- 6年の思い出とともにしまうランドセル　惜しみつつ

　　例　・祖母の顔　　・行進
　　　　・引っ越し　　・卒業
（ポイント④）
　「文末の言葉」に限らず，作品例をつくる時も五音や七音を意識できるようにする。

発展

　一つの「文末の言葉」で何人かのグループで共同制作することもできる。対象を設定して「文末の言葉」に合う事柄を探し，いろいろな側面からたくさん創作することもできる。一つのまとまりのあるイメージの世界が生まれる。
　　例　対象：母
　　　　文末の言葉：限りない

- 子にかける母の愛情　限りない
- 掃除洗濯お買い物母の仕事は　限りない
- 40になった子をまだ心配と母の気遣い　限りない
- いつまでも若く美しくありたいと母の願いは　限りない
- 立ち話しに長電話母のおしゃべり　限りない
- 起きてから寝るまで続く母の小言は　限りない

　このような作品を掲示用として模造紙に書く。対象が違うことによって，いろいろな人間像や事柄が際だってくる。そこに言葉遊びの楽しさがある。
　いろいろな対象と文末の言葉を設定し，一人ずつつけ足して連ねてイメージを重ねていく方法もある。

■参考文献　広野昭甫 著『学習意欲を高める　ことば遊びの指導』教育出版，1982年
　　　　　　広野昭甫 著『語彙を豊かにする 続・ことば遊びの指導』教育出版，1989年

IV章　言葉に興味をもたせるための学習スキル 29

No. 89　IV-17　回文づくり

対象学年　1〜6年

こんな時に使えます！

◎日本語に対する関心を高め，言葉の楽しさを実感させたい時。
◎日本語のリズムや構造を，遊びを通して味わわせたい時。
○言葉を通して人間関係を柔軟にし，生き生きとした教室をつくりたい時。

こんな言葉の力が育ちます！

・日本語の面白さを感じ取る力。
・同音異義の言葉に触れ，言葉の多義性に気づく力。

■「言葉って楽しいな」から始まる

　聞くこと，話すこと，読むこと，書くこと，全ての言語活動の出発点に，「言葉って楽しいな」がほしい。言葉の魅力を言葉遊びで体感しよう。
　ここでは「たけやぶやけた」のような，上から読んでも下から読んでも同じ「回文」への挑戦を紹介する。
　司(つかさ)という名前の男の子が，「将来は寿司屋になりたい。上から読んでも〈司寿司〉，下から読んでも〈司寿司〉という店名で」と言ったことがある。6年生だった。それで浮かんだ言葉遊びは「上から読んでも下から読んでも」。

■回文への道

　回文づくりはなかなか高度な言葉遊びである。すぐひらめく子どももいる一方で，すぐお手あげになる子も少なくない。条件や難易度を設けたりしながら，少しずつ積み上げていくようにしたい。

その1：名前で遊ぶ

　上の例のように，名前で遊んでみよう。名前の中に隠れているものを探すのなら1年生でも大はりきりで取り組むことができる。
　「やまもとはなこ」の中に隠れているものは，「やま・はこ・こな・はと・こま……」とあげていく。音をばらばらにして考える練習である。
　次に，全く逆から名前を言ってみる。「こなはともまや」。何度も言って楽しむうちに，回文の芽が生まれる。「もとはとも」＝「元は友」というように。

その２：逆さにしても意味のある言葉探し

　　わに→にわ　ねこ→こね　ちち→ちち
　　いるか→かるい

これらが集まると，「かるいいるか」＝「軽いいるか」「にわのわに」＝「庭のワニ」のような回文が発見できる。

その３：１字で意味のある言葉探し

　　ね→音　　よ→世・夜　　せ→背

これ１字では回文はできないが，ひと文字で意味がある言葉があるということを心にとめておくことは，回文づくりの強い味方になる。

その４：トマトを探す

単語一つがそのまま逆さにしても同じ言葉になっているものを探そう。

トマト，しんぶんし，こねこなど，きっと様々出てくると思う。

これまで集めてきたいくつかの言葉を組み合わせることで，短い回文ができあがる。

　　たとえば，「にわとりと　ことりと　わに」
　　　　　　　「わたしまけましたわ」

こうして遊びながら日本語のもつ面白い規則性に気づくのが，言葉遊びの醍醐味ではないだろうか。

● 回文は文化財

回文は単に言葉遊びであるだけではなく，文化財でもある。

よい初夢を見るには，宝船の絵を描いてそれに下のような回文を書いた紙をまくらの下に入れて寝るという風習があった。現在もその習慣が生きている家庭があったら楽しいのだが。

その回文は次のようなものである。

> なかきよの　とおのねふりの　みなめさめ
> なみのりふねの　おとのよきかな
> （長き夜の　とおの眠り　皆目覚め　波乗り舟の　音の良きかな）

このように，意味のあるかなりの長さの回文が本当に回文らしい回文だろう。

子どもたちの中には，そうした回文に挑戦したいと思う子どももきっといると思う。

一斉に時間を確保しての学習の中では無理でも，「自由研究」や「自由学習」などの名目で，調べたり創作したりする意欲を大切に扱いたい。

家庭をまきこんでの「回文に挑戦」などへと広がっていくこともある。

● 回文の意味を考える

句読点なしにひらがなが並んでいる回文は，一読しただけでは意味が分からないものもある。

回文創作の意欲を誘う「回文読解」も，楽しい学習である。例は「お店シリーズ」から。

> ようかどうでうどかうよ。
> （ヨーカ堂でウド買うよ）

> きた！　だいなみっくだいくま
> やすいいすやまくいたくつ
> みないただき。
> （来た！　ダイナミックだいくま　安い椅子や幕，板，靴，皆いただき）

注：「ヨーカ堂」「だいくま」は小売り販売店の店名

濁点や「！」の挿入については，臨機応変に意味によって入れてみると面白い。

● 回文の音を楽しむように

回文の楽しみは上から読んでも下から読んでも意味をもち，同じ音の言葉の連続であるが，それと似ている詩を鑑賞してみるとよい。音の美しさや詩のもつ意味を味わうと，さすがだなと感心させられるはずである。教材には谷川俊太郎の「ことこ」などがあげられる。

Ⅳ章　言葉に興味をもたせるための学習スキル29

No. 90　Ⅳ-18　アクロスティック

対象学年　1～6年

こんな時に使えます！
◎言葉遊びの学習を魅力的にしたい時。
◎朝の学習などの短い時間を有効に利用して，言葉のセンスを磨きたい時。
◎雨の日の休み時間や学級会のレクレーションで。

こんな言葉の力が育ちます！
・一つの言葉から別の言葉を連想したり，意味のつながりを考えたりする遊びの中を通して言葉と親しむ力。
・面白い表現や面白い口調を楽しみ，言葉に対する感覚を高める力。

謎は解けたよ、ワトソン君！

● アクロスティックとは

　言葉遊びの一つの方法。頭の文字や斜めの文字，終わりの文字などに伝えたいキーワードをはめ込む。1音を各句のはじめにおいた折句が親しみやすい。

ポイント
・決められた字数，文字などの範囲で言葉を考える楽しさがある。暗号文は，最初は単純なものでよい。
・面白い作品を提示しよう。児童はすぐにその面白さに気づくはずである。難しい説明はせず，「まねしてつくってみよう」と呼びかけてみよう。

＊はじめの文字を縦に読むとかくれているものが出てくる。生き物の名前や自分の名前などから始めてみよう。

【動物・植物など】
㋝いおんがおそってきて
㋗るまみたいにはやくにげた
㋡いくさんがおいかけた

㋣れたてやさい
㋮あるいかたち
㋣ってもおいしい

㋚ばくの
㋛この石をどけてみな
㋷んご色のこわいものでてくるよ

㋕わがかたいよ
㋠んぶんとぶよ
㋣んでどこいくの
㋰らにいくよ
㋚ずかに

ⓤちにかえって
ⓢいふをもって
ⓖんこうへいく

【自分の名前】
ⓐいをもって
ⓘる
ⓒころ

ⓜかづき
ⓩうっと
ⓚらきらひかる

ⓜがかってくれた
ⓡんごのもよう

ⓒんな
ⓤんめい
ⓣいへんだ

【50音】
ⓐいさつ
ⓘつでも
ⓤきうき
ⓔがおで
ⓞでかけ

ⓚんちがい
ⓚりきりまい
ⓚるしい
ⓚがだらけ
ⓚどものけんか

ⓢらさらおがわ
ⓢずしずおよめさん
ⓢけーとすいすい
ⓢっけんぶくぶく
ⓢうめんつるつる

発 展

①階段詩をつくる
＊マス目をひとつずつ増やしてつくってみよう。暗号がかくれているともっと面白い。

のぼるⓚ
のぼるかⓘ
のぼれそうⓓ
のぼるかいⓓん
のはらあきⓝ
あかとんⓑ
あつまⓡ

②イラスト詩をつくる
＊言葉を模様のように並べてみると，面白いメッセージが生まれる。

穴穴穴穴穴穴　　　　罰　　罰
穴穴　　穴穴　　　　罰　罰
穴穴穴穴穴穴　　　　　罰
穴穴穴穴穴穴　　　　罰　罰
　　　　　　　　　罰　　罰

＊漢字のかくれんぼにしてみても面白い。

右右右右右右　　　百百百百百百
右右右右右右　　　百百百白百百
右右右右石右　　　百百百百百百
右右右右右右　　　百百百百百百

全全全全全全　　　学学学学学学
全金全全全全　　　学学学学学学
全全全全全全　　　字学学学学学
全全全全全全　　　学学学学学学

肉肉肉肉肉肉　　　玉玉玉玉玉玉
肉肉肉肉肉肉　　　玉玉玉玉玉玉
肉肉肉肉肉肉　　　玉玉玉王玉玉
肉内肉肉肉肉　　　玉玉玉玉玉玉

IV章　言葉に興味をもたせるための学習スキル29

No.91　IV-19　数字語呂合わせ

対象学年　1〜4年

こんな時に使えます！
◎言葉遊びを楽しみたい時。
◎かぞえうたなどの詩を鑑賞する時。

こんな言葉の力が育ちます！
・言葉の音や響きに関心をもち，言葉遊びの面白さを感じる力。
・音の組み合わせを工夫して，語や文をつくる力。

数字語呂合わせとは

【定義】
　数字の読み方を工夫して，同音または声音の似通った別の語を当てて言葉の意味を表したもの。クイズや暗号文づくりなど，ゲーム化しながら言葉の音の響きを考えることができる。

【準備するもの】
・問題パネルやカード。
・回答用紙。
・筆記用具。
・数字語呂合わせ基本読みのヒントとなる資料。
　（例：「0」ゼロ・れい・まる・オー
　　　　「1」いち・ひとつ・ワン・ぼうなど）

【方法・手順】
①看板当てクイズ「何のお店の看板かな？」
・3789（みんな　はく　→　靴店）
・1129（いいにく　→　精肉店）
・102（とうふ　→　豆腐店）
・4500469（よごれをしろく　→　クリーニング店）
・4187（よいはな　→　生花店）

②暗号解読「どんなメッセージ？」
・4649（よろしく）
・81（ハーイ）
・2525（にこにこ）
・4949（しくしく）
・724（なによ）
・2932（ふくざつ）
・001（オーイ）
・4646（よろよろ）

③暗号文づくり「暗号文をつくろう！」
・宝物は46の28に埋めた。
　　　　　（城）（庭）

・今日の 55，23 と一緒に 103 をする。
　　　（午後）（兄さん）（登山）
・014 おやつをもらった。39 ！
（おいしい）　　　　　　（サンキュー）
・0103 は，1010 に入っている。
（お父さん）（トイレ）

④記念日あてクイズ「今日は何の日？」
・1月5日（囲碁の日・イチゴの日）
・2月9日（ふぐの日・服の日）
・2月22日（ニャンニャン→ねこの日）
・3月3日（耳の日）
・4月22日（よい夫婦の日）
・7月10日（納豆の日）
・8月8日（パチパチ→そろばんの日
　　　　　八八→ひげの日。瓦の日）
・8月19日（俳句の日・バイクの日）
・9月9日（救急の日）
・10月10日（眉と目の形→目の愛護デー・銭湯の日）

＊「今日は何の日」は，カレンダーやインターネットなどで調べることができる。

ポイント

・視覚に訴えるパネルやカードで問題を提示し，子どもたちの興味・関心をひきつけるように工夫をする。まず「面白そう，やってみたい。」と思わせることから始める。
・チームをつくって，正解のポイントを競ったり，問題を出し合ったりすると，さらに盛り上がる。友達と相談するなかで，よい問題や暗号ができていく。
・校舎内や校庭に隠された暗号文の紙を探すなど，場の設定を工夫すると探検気分で楽しめる。
・出題された数字語呂合わせクイズを解くことから，次第に自分で数字の読み方や組み合わせを工夫して言葉をつくっていく活動につなげる。

発展

①かぞえうたを読む。
・声に出してかぞえうたを読み，言葉のリズムや響きの面白さを感じる（「Ⅳ-20」を参照）。

> 「おてだまうた」　わらべうた
> 　ひとりで　さびし。
> 　ふたりで　まいりましょう。
> 　みわたす　かぎり
> 　よめなに　たんぽぽ。
> 　いもとの　すきな
> 　むらさき　すみれ。
> 　なのはな　さいた。
> 　やさしい　ちょうちょ。
> 　ここのつ　こめや。
> 　とおまで　まねく。
> 　　　　（教育出版版国語教科書2年上より）

②かぞえうたをつくる。
・数字語呂合わせや詩のリズムを考えて，自分でかぞえうたをつくってみる（「Ⅳ-20」を参照）。
・グループで相談してかぞえうたをつくり，互いの歌を交流する。

■参考文献　櫻本喜徳・監修／面谷哲郎・文／みやわき豊・絵『おもしろ国語ゼミナール⑨　チャレンジ！－ことば遊び』ポプラ社，1991年

IV章　言葉に興味をもたせるための学習スキル 29

No. 92　IV-20　かぞえうた

対象学年　2〜6年

こんな時に使えます！
- ◎言葉のリズムや響きを楽しみながら声に出して読む時。
- ○学級でのレクレーションや親子ゲームの時。

こんな言葉の力が育ちます！
- 伝承文化に親しみをもつとともに，言葉のリズムや響きの快さを，声に出す力。

かぞえうたとは

【定義】
　「一つとや…二つとや…」などと数の順に数えたり，頭韻を踏んだりしながら，関係のある事柄を読み込みながらうたう歌。お手玉遊びやまりつきをする時よくうたわれる。

【準備するもの】
- 身近にある「かぞえうた」の作品，あるいは，詩集など。
- お手玉やボール，縄とびの縄など。
- お手玉を自作する場合はその材料。

【方法・手順】
- 暗唱するまで，繰り返し声に出して読む。すでに曲がついているものは，そのままうたってもよい。曲を知らない場合は，繰り返し声に出すことで，リズムを自分たちでつくる。手拍子を入れるとリズムがつくりやすい。
- リズムに合わせて，お手玉やまりつき，縄とびなどで遊ぶ。まりつきや縄とびは，リズムに合わせてつき方やとび方は自由に，自分たちでつくらせる。お手玉遊びを知らない場合は，それに関わる図書やVTRなどを，図書室や地域の図書館で調べる。あるいは，保護者か地域の方に聞くこともよいだろう。

ポイント

　ポピュラーな「かぞえうた」なら曲がついているのでそのまま使える。たとえば，「一羽のカラスがカーァカ／二羽のにわとりコケコッコー／〜」などである。
　しかし，曲を知らないことが多い。その場合は，自分たちでつくる。「かぞえうた」は，五七調が基本である。比較的リズムをとりやすい。グループに分かれ，それぞれ手拍子を打ちながら，よりなめらかに唱えられるリズムやテンポを考えさせる。

■参考文献　町田嘉章・浅野健二　編『わらべうた』岩波文庫，1984年
　　　　　川崎洋　著『日本の遊び歌』新潮社，1994年

この時大事なのが，手拍子を打つことである。1音を1拍とするか，2音で1拍とするか，工夫が必要なところである。なめらかなリズムがつくれると，自然と暗唱できる。この手拍子が遊びへ転化するきっかけとなる。

- まりつき…低学年は，1手拍子1つきでよいが，学年が上がれば，片足を上げてくぐらせたり，股の間をくぐらせたり，つき方を複雑にしていく。
- 縄 と び…低学年は，1手拍子1回転の前回りでよいが，学年が上がればリズムに合わせて様々なとび方を工夫させる。また，大縄を使って，集団で楽しむこともできる。うたいながら，一人ずつ中に入り，10人が入るまで回し続ける。
- お 手 玉…基本の遊びを知らないとできないが，それにとらわれず自由に自分たちで創りだすことも楽しいかもしれない。また，高学年なら，家庭科の時間や総合的な学習の時間などを利用して自分たちでお手玉づくりをすれば，さらに楽しさが増すだろう。

発 展

まりつきや縄とびなら，すぐに校庭に出て遊ぶことができる。お手玉の場合は，今はほとんどの子が知らないので，事前に，保護者か地域の方に教えていただかなければならないだろう。もちろん，自分たちで創りだすこともできる。それもまた楽しい。

各地域にはたくさんの「かぞえうた」がある。いろいろ集め，比較するのも楽しい。様々な伝承文化が，各地にあることを確かめることにもなるだろう。

また，谷川俊太郎の詩集『ことばあそびうた』にも「かぞえうた」がある。これは伝承歌ではなく，作者の創作である。しかし，現代のわらべ歌といってもよい作品である。これなども，先の「かぞえうた」同様に，読んだり，遊んだり，自由に楽しめる。

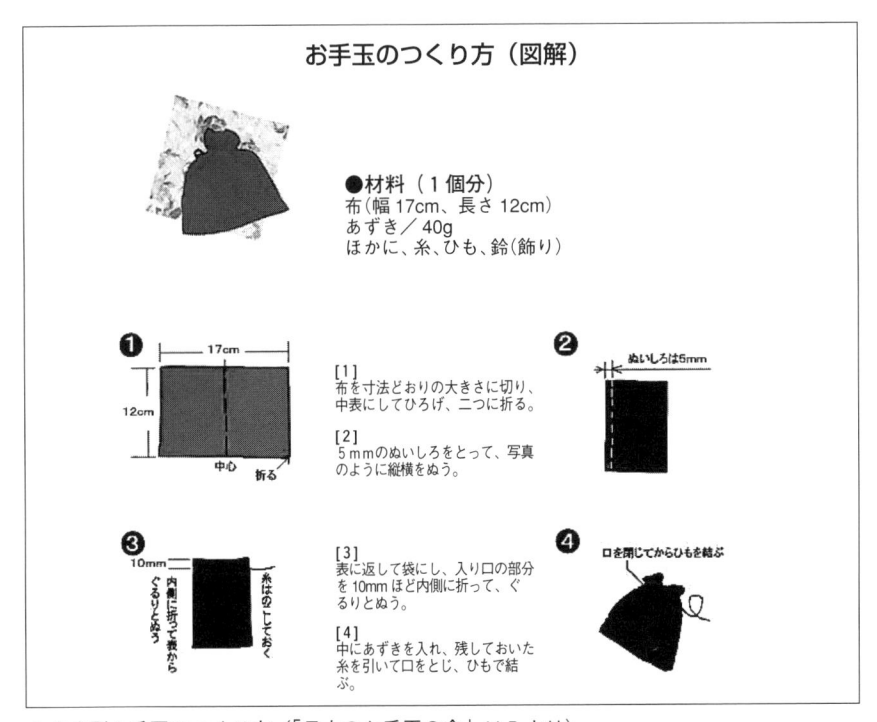

お手玉のつくり方（図解）

●材料（1個分）
布（幅17cm，長さ12cm）
あずき／40g
ほかに，糸，ひも，鈴（飾り）

① 17cm／12cm　中心　折る
[1] 布を寸法どおりの大きさに切り，中表にしてひろげ，二つに折る。

② ぬいしろは5mm
[2] 5mmのぬいしろをとって，写真のように縦横をぬう。

③ 10mm　内側に折って表からぐるりとぬう　糸はのこしておく
[3] 表に返して袋にし，入り口の部分を10mmほど内側に折って，ぐるりとぬう。
[4] 中にあずきを入れ，残しておいた糸を引いて口をとじ，ひもで結ぶ。

④ 口を閉じてからひもを結ぶ

かます型お手玉のつくり方（「日本のお手玉の会」HPより）

■**参考文献**　谷川俊太郎 著『わらべうた』集英社文庫，1985年
　　　　　　　谷川俊太郎 著『ことばあそびうた』福音館書店，1973年

IV章　言葉に興味をもたせるための学習スキル29

No. 93　IV-21　音集め

対象学年　2～6年

こんな時に使えます！
◎身の回りにある様々な声や音を集め，その声や音に似せてかな文字で書き，文字の獲得を楽しく進めたい時。
○音楽科や生活科，総合的な学習の時間などの学習で耳にした身の回りの動物の声や物の音をたくさん集めて紹介し合ったり，互いに当てっこしたりして遊ぶ時。

こんな言葉の力が育ちます！
・カタカナ表記に興味が深まり，長音，拗音，促音，撥音などの表記を意識する力。
・姿勢や口形などに注意して，はっきりした発音で話すような力。

（吹き出し）ネコちゃん，こんにちは。
（メモ）カーカー　ピーポーピーポー　ブーブー　ワンワン　ニャーニャー

音集めとは

【定義】
　物の音や人の声，動物の鳴き声をまねた擬音語にはいろいろある。擬音語は普通，カタカナで書く。それらの音や声に似せて文字で表現し，掲示して読んだり，当てっこしたりする中で，擬音語に興味を抱き，正しい文字の表記へとつながっていく活動をいう。

【準備するもの】
・ノート（ワークシートでもよい），短冊カード。
・鉛筆，消しゴム，マジックインキ。
・場合によってはバインダー（あると便利）。

【方法・手順】
①範囲を決め，音（声）のスケッチに出かける。
　グループ活動が望ましい。事故や怪我，集団行動上のいろいろな注意を忘れずに。
②短冊カードや模造紙などに清書する。
　教室に戻ったらまず，音と声で仲間分けをする。清書する際には，紙の色を分けたり，マジックインキの色を変えたりして分かりやすくする。
③カタカナの五十音表を掲示しておく。
　カタカナの表記が分からなくなった児童のために教室に掲示しておく。
④声に出して読む。
　整理し清書されたカードや模造紙などを，みんなで声に出して読んでみる。姿勢，口形などに注意し，はっきりと発音させる。
⑤表記上の間違いを修正する。
　間違えた児童が落ち込まないように配慮する。

特に長音，拗音，促音，撥音などの表記に気をつけさせる。
⑥音集め学習の感想を書く。

★ポイント●●...

　国語科としても活動は可能だが，他教科との関連の中でも音集めはできるので，クラスの状況に合った進め方を考える。

　みんなで声に出して読む時，たとえば，ドアをトントンと，ドアをドンドンの違いを発表させたい。

　正しい表記を身につけさせることはもちろんだが，音や声の違いにも着目させ，その時の様子がどのようであるのか，想像する力を育てたい。

　単独行動では，集められる声や音の数が少ない子もいるかも知れない。また安全上，グループでの活動が望ましいであろう。

★発　展

　国語科だけではなく，他教科や休み時間でも音（声）集めはできるので，折に触れて促したり，定期的に音（声）集め遊びをしたりするとよい。

　たとえば，楽器をはじめ，音の出るものをいろいろ教室に持ち込んで，様々な音を出して遊ぶ。その音をカタカナで表記して声に出して読んだり，表記されたカタカナから楽器を当てたりすることも楽しいであろう。

　また，家に帰ってからでも身の回りにはたくさんの音や声があるので，それらをメモして擬音化する活動が自主的に行われることを促したい。

　たとえば，わが家の台所の音探し，家族の音探し，通学路の音（声）探しなど，いろいろ考えられる。ある程度集まったら，朝の時間などに発表し合う。短冊カードに書いたり，音（声）のカタカナ辞典をつくったりすることもできるだろう。

　さらには，擬音から生まれたいろいろな言葉を調べることも面白い。

　たとえば，
・ワンワン（犬）
・ニャーニャー（猫）
・ブーブー（自動車）
・チンチン電車
・汽車ポッポなど。

《楽しい詩をつくろうの構想》

　谷川俊太郎さんの「おならうた」をもとにした活動なら，きっと楽しい展開が構想できるのではないだろうか。

　初めはみんなで大きな声を出して読む。次は「おならうた」をまねして，いろいろな「○○うた」をつくってみる。一人でもグループでもよい。

　完成したら，模造紙に書いたり印刷して配ったりする。再度，みんなで大きな声で読み味わう。

　このような活動ならば，子どもたちも喜ぶに違いない。

■**参考文献**　大河内義雄 著『授業に使える言葉遊び6　レトリック語遊び』明治図書，1990年

IV章　言葉に興味をもたせるための学習スキル29

No. 94　IV-22　言葉のすごろくづくり

対象学年　1〜3年

こんな時に使えます！
◎文章の構成を順序よく，理解したい時。
◎読書紹介などで，本の内容をゲーム感覚で楽しんでもらいたい時。
○教科・総合的な学習の時間などで，学習したことを順序よく一目で分かるように伝えたい時。
○学級の活動のあしあとを残したい時。
○成長記録をつくる時。

こんな言葉の力が育ちます！
・語彙を豊かにする力。
・時間や順序を意識して，考えを整理して読んだり，書いたりする力。

（イラスト内セリフ）
このメモは三番目かな？
すごろくにすると，文章の流れがよくわかるね。
うん。

● 言葉のすごろくとは

【定義】
　すごろく（双六）は，采をふって出た目の数だけ「ふりだし」から絵をたどりながら駒を進め，はやく「あがり」に着くことを競う遊びである。
　言葉のすごろくは，「ふりだし」から「あがり」までの過程を表したいテーマや内容を言葉で表現し，言葉をたどりながら起承転結を楽しむものとする。

【準備するもの】
・すごろくに表現したい学習材，資料。
・付せん紙。
・マス（20くらい）を書いたシート（必要に応じて使う）。
・さいころ。

【方法・手順】
①書きたいことで大事なことを10くらいまであげて，付せん紙などにメモをする。
②「ふりだし」・「あがり」を決め，メモを順序よく並べ，マスの中に言葉を書きこむ。
③「休み」や「もどり」などを書き入れる。
④読み直しながら，修正する。
⑤絵をつけたしたり，色をつけたりする。
⑥できたすごろくで友達とゲームをして，書かれた言葉を読みながら楽しむ。

ポイント
　時系列や順序，起承転結を明確にしたいもの，楽しみたいものの表現には適している。事柄を時系列に並べる年表や暦とは異なり，「休み」や「もどり」などのゲーム的な要素を入れて，繰り

返し楽しむことで順序を意識した表現ができる。

　ゲーム世代の子どもたちは、「スタート」から始まり「ゴール」までたどりつく展開を好む。休み時間などに自由帳に自分で創作した迷路などをぎっしり書いている子をよく見かける。子どもたちにとっては身近な遊び感覚の表現方法である。

　メモに書く時は簡単な文や言葉で書くようにする。説明文では小見出しづくり、物語文では場面分けに有効である。

　はじめは、グループなどで分担してつくって表現方法のよさを楽しんでもよい。

　また、学年や子どもたちの実態・目的に応じて、個人でつくったり、コマ数を増やしたり、「休み」や「もどり」などきまりも工夫したりする。

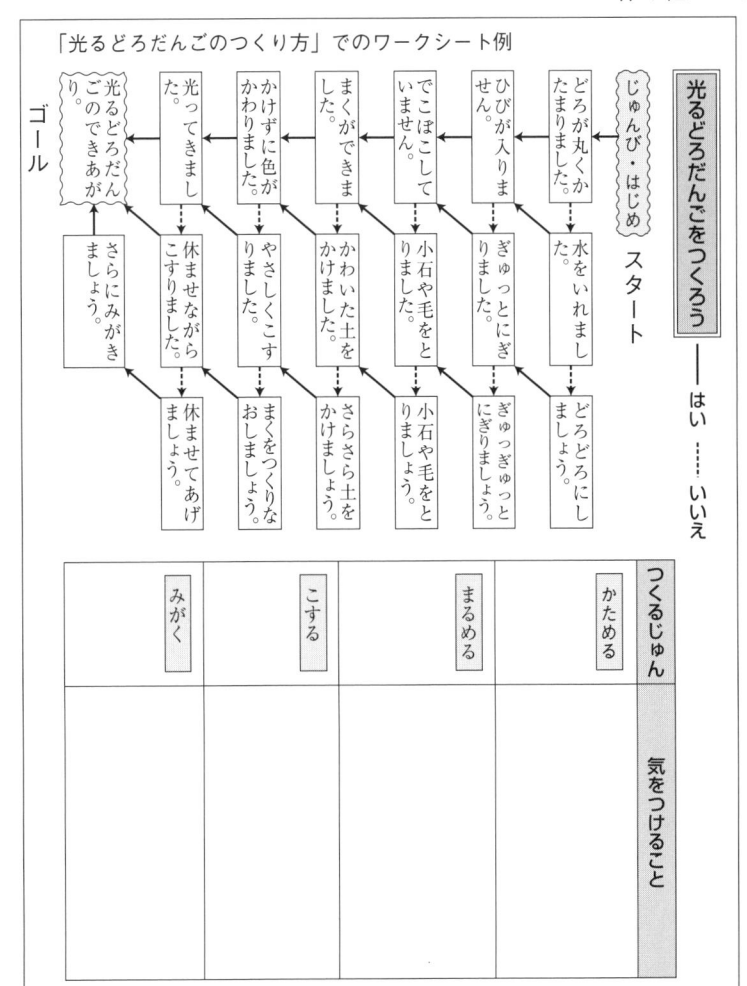

発展

〈おまけ付きすごろくで「わたしの物語」〉

　つくったすごろくのテーマやストーリーに合わせて、カードや賞品などおまけのものを別途つくる。マスが進むにつれてもらえたり、返したりするようにして、楽しみ方を広げる。私の物語づくりでは、自分の宝物などを入れてもよい。

・入学祝いのランドセル
・誕生日プレゼントの自転車　など

〈島巡りで「読書案内」〉

　本の紹介や案内文を一場面ずつもしくはシリーズやテーマで1冊ずつを島の枠内に書き、紹介し合う。全部巡ったらゴールとなる。算数の問題創作や他のいろいろな活動に応用できる。

〈選択クイズから作文メモ〉

　○や×、「はい」「いいえ」などの選択肢をつけ活動のまとめを順を追ってふりかえり、作文メモに生かす（左のワークシート参照）。

〈お話迷路で楽しもう〉

　文字をたどりながらストーリーを迷路仕立てで楽しむ。双六とは、「スタート」から「ゴール」へと展開を楽しむ点では共通点がある。創作は難しい。まずは見て読んで楽しんでほしい。作品となっているものをいくつか紹介する。

●『お話迷路　せかいのたび』杉山亮　作
　「さんびきのこぶた」（絵・長新太）フレーベル館
　「イソップ物語」（絵・佐々木マキ）フレーベル館
●『用寛さんのおはなしめいろシリーズ』杉山亮　作・藤本ともひこ　絵　フレーベル館
●お話迷路　ポスター　杉山亮　作
　「赤ずきん」「ジャックと豆の木」

No. 95 Ⅳ-23 読書4こま漫画

対象学年　3～4年

こんな時に使えます！
◎互いに本の紹介をして，読書の範囲を広げたい時。
◎読書感想文を書く際の導入として。
○雨の日など，外で遊べない時の楽しみとして。

こんな言葉の力が育ちます！
・読書を楽しもうとする力。
・読んだ内容を自分の中で再構成する力。
・伝えたい事柄を順序立てて構成する力。

読書4こま漫画とは

【定義】
　4こま漫画は，単純で軽妙なタッチで描かれ，新聞などでも掲載されている。4こまでひとまとまりの内容を表しており，起承転結の構成が一般的である。
　読書4こま漫画とは，主人公の人物像がよくあらわれているエピソードや印象的な場面などを取り上げて，4こま漫画で表現したものである。

【準備するもの】
・新聞などの4こま漫画。
・4こま漫画の枠。
・鉛筆，カラーペンなど。

【方法・手順】
①自分が興味をもった本，面白かった本を一冊選ぶ。
②4こま漫画とは，どういうものかを知る。
　・新聞の4こま漫画などを集めておいて，起承転結などの構成を調べる。
　・単純な構図や線書きで，状況を伝える工夫。
③楽しみながら，4こま漫画を描く。
　・それぞれのこまの内容（構成）を考える。
　・文章で説明せず，絵で表現する。
　・グループなどで互いにアドバイスをする。
④4こま漫画を使って，本の紹介をする。
　・新聞の形式。
　・発表会　など。

ポイント

①4こま漫画を描く前に

漫画をかくという活動は，子どもたちにとって親しみやすい。楽しみながら，自然と読書の範囲が広がっていくように心がけたい。

まず，自分が紹介したい本を見つけるところから始める。4こま漫画を描くという活動を1～2週間前から知らせ，本を選んでおくようにする。この事前の活動も，読書に親しむきっかけの一つとなる。

②4こま漫画を描くにあたって

4こま漫画を描く活動に際しては，構成についての指導は行うものの，子どもたちがそれにとらわれすぎて窮屈に感じないように配慮すべきである。必ずしも起承転結の形式をとらなくてもよい。新聞の4こま漫画などを参考にして，4こまでひとまとまりの内容を伝えていることをおさえる程度にとどめる。絵が得意な子などは，あらかじめ構成を決めておかずに，作品を描きながら構成を考えるといった場合もあるだろう。ただ，何を伝えたいかという点だけは明らかにしておくようにする。

絵が苦手な子は，それぞれのこまに描きたい内容を短く文章で表すように助言する。それをもとにして絵が得意な子にアドバイスしてもらうようにすれば，互いのコミュニケーションが活発になって楽しく取り組めるだろう。

③4こま漫画の活動後に

また，活動が終わった後も4こま漫画の枠を用意しておいて，子どもたちがいつでも描けるようにしておくとよい。休み時間やちょっとした空き時間などにも，興味をもった子は自主的に取り組むであろう。「本の紹介掲示板」といったコーナーをつくって掲示したり，朝の会や帰りの会などで発表の場を設けたりして，日常的に読書に親しむ雰囲気をつくっていきたい。

発展

4こま漫画に文章を添えて，本の紹介をする。「読書感想文を書こう。」と投げかけると構えてしまうような子も，4こま漫画に添える文章であればわりと気軽に書ける。本のジャンルごとにいくつかの作品を組み合わせ，新聞のようにまとめてもよい。

4こま漫画を拡大コピーして，ブックトーク（「Ⅲ-3」を参照）をするのも面白い。主人公の人物像や気に入った場面を漫画化しているため，その本の魅力を焦点化できる。「話す・聞く」の活動と関連させて学習活動を組織するとよい。グループ内での紹介や，ポスターセッションなど，学級の実態に応じて本を紹介する場面を設定する。

また，本の紹介を受けて読んでみた感想を互いに交流していくと，読書の幅が広がるだけでなく「話す・聞く」の能力の高まりや学級経営の面でもプラスとなるであろう。紹介してくれた子に感想のカードを書いたり，クラスの中での「人気がある本のランキング」を係活動と関連させて調べてみたりするなど，学習が生活の中に生かされていくと，さらに読書への意欲が高まっていく。

No. 96　Ⅳ-24　ほらふき大会

対象学年　2～6年

こんな時に使えます！
◎話の内容を聞き取る力を育てたい時。
◎スピーチ活動がマンネリ化してきた時。
○学級の楽しい雰囲気をつくりたい時。

こんな言葉の力が育ちます！
・お話を創作する力。
・声に出して読んだり，書いたりする力。

小学校で毎年行われる運動会。五年三組の田村君は今年もリレーの選手になりました。「どうせ今年も一位だろ。」といって練習を一度もしないまま当日になりました。
アンカーの田村君がバトンを受け取ると，なんとそれは一〇〇キログラムもあるバトンだったのです。走り始めるとコースをふさぐかのように熱いなべが積んでありました。なべには手足が生えていて，ゴールまでまとわりついてくるのです。やっと一周走ったと思ったら，アンカーは三周走ることになっていて，練習に来ていない田村君はそれを知らなくて最下位でゴール。
次の年から田村君はリレーの選手になれなくなってしまいました。

（身近なところでありえないことが次々起こる。児童の作品）

ほらふき大会とは

【定義】
　大げさに言ったり，でたらめを言ったりして，教室でユーモアを楽しもうというもの。
　あまり限定せずに，子どもの発想で楽しむことができればよい。ただし，ヒントは与えていきたい。

【準備するもの】
・ユーモアを楽しむ心と笑い声。
・紙と鉛筆。
・参考資料（右ページ参照）。

【方法・手順】
①2～3時間の設定で，「ほらふき大会」を開催しようと子どもに投げかける。
②「ほらふき」とは，大げさに言ったり，でたらめを言ったりする人のことであることを伝え，さっそくできる子どもがいたら，話をしてもらう。
③次のようないくつかのパターンを示す。
　A：小さなことを大げさに話す。
　B：ありえないことが次々起こる。
　C：ごまかしたつもりが最後にしっぺ返しを食う。
　D：へりくつを言う。
　E：その他。
④「ほらふき大賞」「ユーモア賞」「楽しかったで賞」など，どんな賞を贈るか子どもと相談して決める。「ほらふき大会」の開催日も決める。
⑤上記A～Eの解説をして，ノートや原稿用紙に実際に書かせる。
⑥話す練習をさせる。宿題として，家の人に聞いてもらうよう，促してもよい。
⑦「ほらふき大会」を行う。

No. 96／Ⅳ-24 ほらふき大会

ポイント

人を笑わせる時は，話し手が笑わないようにすることが鉄則。覚えてしまうくらい何度も練習をさせて，豊かな語りを生み出させよう。

可能であれば落語のビデオを見せるのが一番だが，学級の中にきっと才能あふれる語り手がいるはず。大いに活躍させたい。

内容については，上手くつくれない子どももいると思われるので，教師の方で，一休さんやきっちょむさんなどの本を図書館から用意しておいてアイディアを利用させるとよい。

発展

アニマションの手法であるが，ある物語をもとにして，次のような仕掛けをして知らん顔をして読み，クイズにすることができる。

・できごとの順序を入れ替える。
・人物や小道具を別のものに替える。
・せりふを変える。

作品例

A…大げさな話

道を歩いていると、虫がいた。でかい。角が生えている。目はとび出している。あっという間に体をかくすこともできる。なんだ、この伸び縮みする虫は！　ああそうだった、カタツムリだ。

僕はまた歩いた。家があった。一階建てで広い。とても明るい。食べ物がたくさんある。いや本も歯ブラシも傘もある。やたらに物が並んでいる。なんだ、こんなに何から何までそろっている家は！　ああそうだった、コンビニだ。

B…ごまかし続ける話

るすばんをしている間に、お客さんに出すはずだったお菓子を全部食べてしまいました。お母さんが帰ってきました。
「あら、お菓子がないわ、変ねえ。」
「初めからなかったんじゃないの？」
「そんなはずはないわ。」
「そういえば猫が入ってきたような気がするな。」
「確かに魚の形のお菓子だったんだけれど。」
「うん、何かが泳いでいったような気もするなあ。」
……

そこで横断歩道をゆっくり…。

えー!!

No. 97 Ⅳ-25 伝言ゲーム

対象学年　1～6年

こんな時に使えます！

◎文の構造に着目したい時（たとえば主語，述語，形容詞や形容動詞，接続語や5W1Hなど）。
◎言葉に興味をもって，正確に聞き取り伝える力をつけたい時。

こんな言葉の力が育ちます！

・語彙を豊かにする力。
・様々な基本話形を意識して使うようになる力。
・コミュニケーションを楽しむ力。

（イラスト内セリフ）
今から言う伝言をしっかり覚えてね！
うまく覚えられるかなぁ…。
どんな伝言なんだろうね？

伝言ゲームとは

【定義】
　グループ対抗で伝言のはやさと正確さを競うゲームである。
　正確なコミュニケーションの難しさを理解したり，文や言葉に興味をもって伝えようとしたりする。
　コミュニケーションにあたっては，丁寧に，確実に伝達し，確認することの大切さ，言葉を通してイメージを豊かに広げる重要性に気づいていくであろう。

【準備するもの】
・文を書いた用紙。
・小黒板か画用紙など（最後に伝言された言葉を書くためのもの）。

【方法・手順】
①チームの対抗戦となるので，2つ以上のチームに分かれる。
②チームごとに一列に並ぶ。
③各チームの一番前の人は，紙に書いてある問題文を見る。
④その文を覚える。ただし，1分くらいで。
⑤列に戻り，覚えた言葉を後ろの人に耳元で伝える（他の人に聞こえないように）。
⑥伝わってきた文は，どんどん後ろの人に同じ方法で伝えていく（聞き返しをしない）。
⑦1番後ろまで伝わったら，一番後ろの人は伝わってきた文をメモする。
⑧全てのチームが伝わり終わったら，各列の一番後ろの人が，メモした文を読み上げる。
⑨進行者は最初の正解文を読み上げる。
⑩正確に伝わったグループが勝ちとなる。

＊はやく伝えた順番に，文章を確認して，1字1句，すべて正しいグループが勝ちとなるパターンも可能である。

ポイント

　正確に伝えることが目的だが，このゲームの面白さは，最初の文と比べてどのくらい変わってしまうかである。

　最初の問題文が重要である。対象学年に合わせて分かりやすい文にする。主語や述語のねじれがないもの，形容詞や形容動詞などを明確にしたものにする。また目的に合わせて意識させたい文型（例えば5W1Hを意識させるなど）を用いる。

　間違えずに上手く後ろまで伝わっているようなら，文を長くしていく。

　問題文は，紙に書かずに，聞かせて覚えるようにしてもよい。

　あまり勝ち負けにこだわらずゲームを進め，言葉の伝え方を楽しんでほしい。

発展

〈背中文字伝言ゲーム〉
○声を出さずに，背中に指で文字を書いて伝言していく（「Ⅳ-8」を参照）。
・初めは，1文字，次は単語，最後は簡単な文に難度を上げていく。
・漢字を使っても楽しめる。
・文字を書く時，1回では分かりにくいので「○回までOK」というようにルールは子どもたちの実態で柔軟に変更する。

〈ポーズ伝言ゲーム〉
○リーダーのしたポーズを伝えていく。
・ポーズは，全身を使った楽しいものがよい。
・答え合わせの時は，グループ一斉にポーズを決めてリーダーのと見比べる。
・隠れて伝える場所がない時は，1グループずつして見合っても盛り上がる。

〈ジェスチャー伝言〉
○簡単な文章をジェスチャーで伝えていく。
・一人の制限時間を決めておく。
・答え合わせは，まず伝わってきたジェスチャーをやって何を表してるか発表していく。

〈お絵かき伝言ゲーム〉
○全員が画用紙とペンを持ち，簡単な絵を伝言していく。
・10秒間くらいで前の人の描いた絵を覚えて10秒間くらいで描くくらいのテンポで進めていく。
・最後の人は何を描いたか発表したり絵で描いたりしてリーダーの描いた元の絵と見比べる。

〈どんどん言葉が増える伝言ゲーム〉
○伝言された文や言葉に自分で言葉を付け足して次の人に伝言していく。
・チーム対抗ではない。円座になり伝言していく。伝言される文がどんどん長くなるので，よく聞いていないと伝えることができない。
・自己紹介などで「○○さんのとなりの△△さんのとなりの□□です。」とどんどん増える。それに好きな食べ物を付け足すと，「おすしが好きな○○さんのとなりのアイスクリームが好きな△△さんのとなりのケーキの好きな□□です。」などと増えていく。

〈つづき話〉
○前の人の話を受けて即興のつくり話をつなげていく。
・競い方は様々で，ルールも自由に考えてよい。どこまで続くか，一定時間に何人話したか，など。
・話の内容は現実離れした，あっと思うような展開があると楽しめる。

IV章 言葉に興味をもたせるための学習スキル 29

No. 98 IV−26 友達カルタ

対象学年　1〜6年

こんな時に使えます！
- ◎キャッチコピーなど端的な言葉を考えさせたい時。
- ◎詩は個人が書くものという固定観念を取り去り，共同制作で詩（歌詞）をつくる喜びを味わわせたい時。
- ○楽しい学級づくり，学級の仲間とのエンカウンターを充実させたい時。

こんな言葉の力が育ちます！
- ・言葉を選ぶ的確な表現力。
- ・言葉によるコミュニケーションを楽しむ力。

ポイント
- ○友達の長所，特徴などをカルタにして，あたたかく楽しい学級づくりに生かす。あくまでも，友達理解のため，いい関係づくりのために行うものであることを共通理解させておく。からかいや中傷は当然のことながら厳禁。
- ○文をけずったり，倒置法をつかったり，コマーシャルの言葉などを参考にしたりして，歯切れがよくて的を射た文にする。

友達カルタ

授業展開例（1，2時間）

① 2人から4人くらいまでのグループになる。
② 友達に聞きたいことをインタビューする。自分もインタビューを受ける。
③ 打ち解けてきたら，長所や特徴について会話をする（自己開示）。
④ 聞いたことをもとに，キャッチフレーズなどいくつか考えて見せ合う。
- ・愛称，ニックネームなどを使う場合は，本人の気に入っているものを選ぶ。この機会に確かめておくのもよいだろう。
- ・カルタということで，頭文字のあいうえおをあらかじめ指定するという方法も考えられる。ただし，児童数なども考慮にいれると，カルタ形式と捉えた方がやりやすいだろう。先生もカルタにしてもらおう。児童は，喜んで考えてくれる。

⑤ 相談して言葉を決める。
⑥ カルタの紙に清書する。
- ・発表する。時間があれば，作成のエピソード，苦労などを話したり，感想を聞いたりする。

⑦ 学級の見やすい場所に掲示する。
- ・厚手の紙にイラストも書いて，実際にカルタ

として遊ぶ方法もある。

作品例

　★クラスに笑いをもたらす男。1組のムードメーカー。　　　　　　　　　　（T平）

　★インスタントではない笑顔。いつもほほえみのエミちゃんです。　　　　（E美）

　★心が細やか，みんなにやさしい。　（B男）

　★やる気の大行進。　　　　　　　　（C子）

発展

【○年○組　○人一句（首）】

・短歌や俳句を学習したら，修学旅行，体験学習，好きな季節などを詠みこんでクラスの「○人一句（首）」をつくって遊ぼう。

〈つくり方〉

①俳句や短歌をつくり，カルタ形式に清書をする。俳句は，読みふだと取りふだは同一。短歌は，読みふだは上句・下句。取りふだは下句。
②清書は，8枚ずつ（グループ数）つくる。
③全員の句の一覧表をつくりわたしておく。
④読む時は○○さんの句（一首）ですという（それだけで取ることができても大笑いできる）。

■作品例

夏の海辺の体験学習での一句。
・子浦では　みんなの笑顔　とくべつだ
・夏の波　よせてはかえす　子浦かな
・おもいでの　ながしそうめん　うまかった
・赤いカニ　浜辺でいつも　おにごっこ
・海の波　白いしぶきが　きもちいい
・子浦には　オニヤマトンボ　とんでいる
・星型の　ヒルガオの花　ひっそりと
　カルタをしながらもう一度追体験できるところが楽しい。

【学級歌をつくる】

・短い言葉づくりに慣れたら，歌詞にも挑戦してみよう。

〈つくり方〉

①曲は決めておき，替え歌づくりにする。
②学級の願いや入れたい言葉などはあらかじめ話し合い，簡潔な言葉にまとめておく。
③上記の要素を取り入れた歌詞づくりをする。
④グループに分かれ，一番から五番までなど分担してもいろいろな歌ができる。

■作品例（きらきら星の替え歌・低学年）

（1番）
　きらきらひかる
　みんなの星よ
　なかよくすれば
　うれしくなるよ
　きらきらひかる
　みんなのクラス

（2番）
　きらきらひかる
　みんなのきぼう
　みんなのゆめが
　かなうといいな
　きらきらクラス
　みんながげんき

　上の作品例は，「きらきら星を見つけよう」を学級の目標にかかげ，子どもたちから出てきた以下のキャッチフレーズをもとにつくったものである。

・「やさしさきらきら」（友達に優しく，助け合う）
・「じぶんきらきら」（ちからいっぱいがんばろう）
・「みんなきらきら」（みんなが輝くよいクラス）

Ⅳ章 言葉に興味をもたせるための学習スキル 29

No. 99　Ⅳ－27　すきですか？　きらいですか？

対象学年　1〜3年

こんな時に使えます！
◎言葉からイメージする力をつけたい時。
◎伝えたいことを的確に話す練習をしたい時。
○あまり親しくない子ども同士の会話のきっかけに。

こんな言葉の力が育ちます！
・言葉を分類する力。
・言葉から事物をイメージする力。
・友達にはっきりした声で話す力。

「すきですか？　きらいですか？」とは

【定義】
　出題者が思い描いている物の名前を，解答者が質問をして，当てるゲーム。1問目は「あなたはそれをすきですか」または「きらいですか」から始める。質問には「はい」「いいえ」で答える。

【準備するもの】
・答えを書いておくカード。

【方法・手順】
①グループ内で出題者の順番を決める。出題者以外は解答者になる。
②出題者は問題にする物の名前を，出題カードに書いておく。
③質問開始。解答者は問題の物に関する質問を順々にしていく。「はい」「いいえ」で答えられる質問にする。
④解答者は，答えが分かったら発表する。正解が出たら，出題者を交代する。

ポイント

　このゲームのポイントは，「はい」「いいえ」で答えられる質問を考える点にある。そういう質問をするためには，第1問のすきかきらいかをヒントに，質問者が，まず，頭の中に答えの事物の具体的なイメージをもたなければならない。
　そしてその思い描いた物かどうか直接尋ねることもできるが，それでは偶然に当たるのを待つだけである。そこで，思い描いた物の上位概念に含まれているかどうかを尋ねることで，答えの事物の条件をだんだんと狭めていくところに，このゲームの面白みがある。「何色ですか？」とか「何に使いますか？」という質問は便利だが，ここでは使わせないようにする。

■答え「犬」
「あなたはそれが好きですか。」
「はい。」

（きっとおいしい食べ物だな。）
「それは，食べられますか？」
「いいえ。」
（食べ物じゃなくてすきな物なら，遊びかな。A君はドッジボールがすきだから。）
「お昼休みにやることですか？」
「いいえ。」
「お家ですることですか？」
「いいえ。」
（あれ，テレビゲームでもないのか。ということは…。）

というように，言葉の上位概念を知らず知らずのうちに意識することができる。「動物」，「植物」，「人がすること」，「自然現象」，「道具」，「食べ物」など，物の名前を束ねる言葉をまず質問できるようになってくる。この例でいえば，
「それは動物ですか。」
という質問が出たところで，正解にぐっと近づいていく。

その段階で
「それは，パンダですか？」
「それは，うさぎですか？」
と動物の種類の名詞を次々に投げかけて正解を導き出すこともあろう。

しかし，このクイズに慣れてくると，さらに範囲を狭めることのできる質問も可能だ。こうすることで，正解に効率よく近づくことができる。
「それは，草食動物ですか？」
「それは，家でペットにできる動物ですか？」
質問がここまでくれば，正解は近い。

続けて出題する時には，2問目は1問目の問題の言葉とまるで違うカテゴリーから選ぶといい。子どもたちはどうしても前の答えにとらわれ，似た物を連想しやすいので，なかなか正解にたどりつけない。

発展

①グループ対抗戦

グループ対グループで，問題を出し合う。出題者と解答者が複数いると，なお楽しくなる。答えを知っている人は，解答者が頭を悩ませる姿がおかしい。解答者は，協力して答えの範囲を狭めていくことができる。グループで相談して，質問を考えることもできる。一人一人が発言することを大事にしたい場合には，グループの中で順番に質問するようにさせたい。

この場合は，正解するまでにかかった質問数に応じて，右図のような，点数をつけるとよい。

3問以内	100点
5問以内	80点
8問以内	60点
10問以内	40点

②学級全員で

お楽しみ会のプログラムにしたり，授業の合間のミニゲームにしたりして活用することができる。

学級全体を2つに分ける。出題者側と解答者側を決める。出題者側からは，代表者を1名選んで，「はい」「いいえ」を言う。出題者側は全員が答えを知る。

解答者側は挙手して，質問をしていく。答えを知っている出題者側にとっては，的はずれな質問はおかしく楽しい。

■答え「テスト」
「あなたはそれがすきですか？」
「いいえ！ 大きらいです。」
「それは，苦いですか？」
「いいえ！」

正解が出たら，攻守交代。グループ対抗戦のように点数をつけることもできる。

授業の合間にやる場合は，教師が出題の答えを与えれば，すぐに始められる。また，そのような場合は得点を競うより，的はずれに質問されたことを想像して，大笑いして気分転換を図ることがよい。正解者の他に，核心に迫る質問をした人には「アシスト賞」をあげても面白い。

IV章　言葉に興味をもたせるための学習スキル 29

No. 100　IV-28　連想ゲーム

対象学年　3～6年

こんな時に使えます！
◎楽しく言語感覚を磨く活動を展開したい時。
○短い時間を有効に活用したり，お楽しみ会の1コーナーとして。

こんな言葉の力が育ちます！
・言葉への柔軟な発想力。
・言葉の識別力や感応力。
・語彙力。

● 連想ゲームとは

【定義】
　ある一つのまたはいくつかの言葉から連想される言葉当てゲーム。連想の範囲をより広くとることで語彙を広げたり，言語感覚を豊かに磨いたりすることができる。さらに言葉のもつ多義性や受け止め方の違いに気づくことにより，想像力を駆使して文章を読もうとする態度を養うことができる。

【準備するもの】
・フラッシュカード用の画用紙（八つ切りのものをさらに4等分したもの）を必要枚数。
・ストップウォッチ。
・グループ別するマークを提示するとよい。

【方法・手順】
　いろいろな方法があるので，児童の実態や時間に応じて組み合わせを工夫するとよい。
①5～6人でグループをつくる。各グループ一斉に問題を解き，点数を競わせてもよいし（この場合，出題者は教師かグループから独立したメンバーとする），トーナメント方式で行ってもよい。
②問題はあらかじめ出題者によって用意しておくか，グループごとのトーナメント方式の場合はその場で時間を決めてつくらせてもよい（問題づくりに慣れないうちは教師が出題した方がよい）。

ポイント
　それぞれのゲームのやり方や連想のしかた・ヒントの出し方のルールをしっかりつかませておくことが大切である。単語のみにするか，文もよいのかなど，それぞれの例を示しておくことが必要だろう。

①1つの言葉に対して制限時間内にいくつかの連想ができるかを競うゲーム
例　『うさぎ』→「白い」「はねる」「速い」「かわいい」
などのように，一つの言葉から連想した言葉を各自が書いていき，制限時間終了後各グループごと

に合計数を競う。この場合，連想された言葉の範囲をどこで線引きするかが問題となることもある。たとえば『うさぎ』に対して「黒い」と書いた場合もよしとするかは出題者が判定することになるが，できるだけ自由な発想を生かせるようにしたい。

② **グループ内のガイド役によるヒントで当てるゲーム**

この場合よいヒントかどうかで正答率がかなり違ってくるので，注意が必要である（グループごとに共通性をもたせた出題にするとよりやさしくなる）。

例　赤飯・ポスト・赤ずきん・サンタ（赤）
　　雪だるま・団子・シーツなど（白）

③ **スリーヒントゲーム**

一つの言葉を3つのヒントから当てさせる，より高度なゲーム。この場合，解答はグループ全員の合議方式にしてもよい。

例　①「日本一」，②「高い」，③「雲の上」
　　　　　　　　↓
　　　　　　「富士山」

④ **グループ対抗勝ち抜きゲーム**

2つのグループから一人ずつが出てきて対戦し，負けたらメンバーが替わっていく。最後まで勝ち抜いた方の勝利となるが，3グループ以上の場合は残りの人数で優劣を決めてもよい。連想ゲームのやり方は今までの中から選ぶ。

⑤ **「気が合うと勝ち」ゲーム**

グループごとに一つの言葉から何人が同じ言葉を連想できたかで勝負が決まる。

例　「クリスマス」という出題に対して，Aグループは「サンタクロース」が3人，「トナカイ」「くつした」が1人ずつであり，Bグループでは「プレゼント」「サンタクロース」が2人ずつで，「ケーキ」「トナカイ」が1人ずつだとしたらAグループの勝ちである。もちろん，最多が同数の時は引き分け。また，正解を決めておいて正答が多ければ多いほど倍々得点になるというルールもよい。

発展

単語だけでなく，よく知られた物語の題名や，登場人物・自然現象・ことわざ・四字熟語など出題の範囲をあらかじめ限定することで，ねらいをより鮮明にしたゲームにすることもできる。低学年から高学年まで遊び感覚で行うことができる。

さらに，高学年ではあらかじめいろいろな方法による出題例をたくさんつくらせておき，班対抗だけでなく個人など様々な機会に挑戦させたい。

自分に合った難度の問題に挑戦したり，問題づくりをさせることで，言語感覚がより磨かれ，言葉への興味も増すと考えられる。

例　「かめ」「りゅうぐうじょう」「玉手箱」
　　→「うらしま太郎」
　　「うず」「風」「まい上がる」
　　→「たつまき」
　　「けんか」「どっちもどっち」「きょり」
　　→「五十歩百歩」
　　「ようかい」「水泳」「おぼれる」
　　→「カッパの川流れ」

■**参考文献**　上條晴夫 著『5分間でできる学習遊びベスト50』たんぽぽ出版，2003年

IV章　言葉に興味をもたせるための学習スキル29

No.101　IV-29　さいころトーク

対象学年　1〜6年

こんな時に使えます！
◎話の内容を聞き取る力を育てたい時。
○日直などのスピーチ活動に。
○コミュニケーションの深め合いのために。

こんな言葉の力が育ちます！
・テーマに合った題材を見つける力。
・話の大事なところを聞く力。

● さいころトークとは

【定義】
　それぞれの面にテーマが書かれた「さいころ」をふって、出たテーマに合ったトーク（話）を、話し手がその場でするもの。
　学級の実態によって、テーマはどのようにでも設定できる。

【準備するもの】
　段ボールや厚紙で大きい「さいころ」をつくる。ウレタンやスポンジ、ビーチボールなどやわらかくて角のない立方体が手に入れば、よく転がって面白い。
　また、小さい「さいころ」で代用し、1が出たら「楽しかったこと」、2が出たら……のように決めると手軽でよい。

【方法・手順】
★1〜2時間で、全員が行う場合
①6つのテーマを決める。話しやすいテーマであることが何よりも大切。特に小さい学年の場合は短くても「話せた！」という実感が大切なので、教師も前もって考えておくが、子どもと話し合って、決めていく。
②誰から始めるか、順番を決める。
③1番目の子どもは前に出て「さいころ」をふる。2番目の子どもは、「さいころ」置き場の横の座席に座って待っている。
④30秒〜1分で、テーマにそった話をする。

★日直の話として行う場合
①朝の会や帰りの会に、時間を設定する。そして毎日何人かずつ行っていく。
②その場で「さいころ」をふって話すのが難しい時は、次の日の日直が前の日に「さいころ」をふり、どのような話をするか考えてきて、翌日話すようにするとよい。

ポイント

　いろいろなスピーチ活動があるが、これは話し方（技術）の練習というより、話の内容そのものをみんなで楽しむ学習だ。
　なんといっても、6つの面から偶然に出たこと

について即興で話すのであるから，どんな話が飛び出すのか，聞き手にとってわくわくする瞬間である。

それだからこそ，全員が話せるテーマであることが大切になる。「話せなかった」という体験（マイナスの学習）をさせないことだ。そして，「みんなの話を聞いて楽しかった！」という聞き手としての満足感を，味わわせたいものである。

発展

○グループでやってみよう

「さいころ」をグループで用意し，4～6人で順番にトークをする。そのメンバーのまま何回か繰り返しても楽しいし，途中でメンバー替えをしてもよい。グループによって，テーマが違っていても面白い。

○変身して話そう

話すテーマは，「きのうのこと」「大切なもの紹介」など，あまり複雑でないものにしておく。あるいは，物語の一節の音読でもよい。

次のような6種類を設定して，いろいろな話し方を楽しむ。

- ・ニュース風に　　・昔話風に
- ・宇宙人だったら　・早口の人
- ・小さい子ども　　・こわい大人

○いろいろなテーマ

1年の間に，何回か行える活動である。「さいころ」の例を展開図にして下にあげておく。

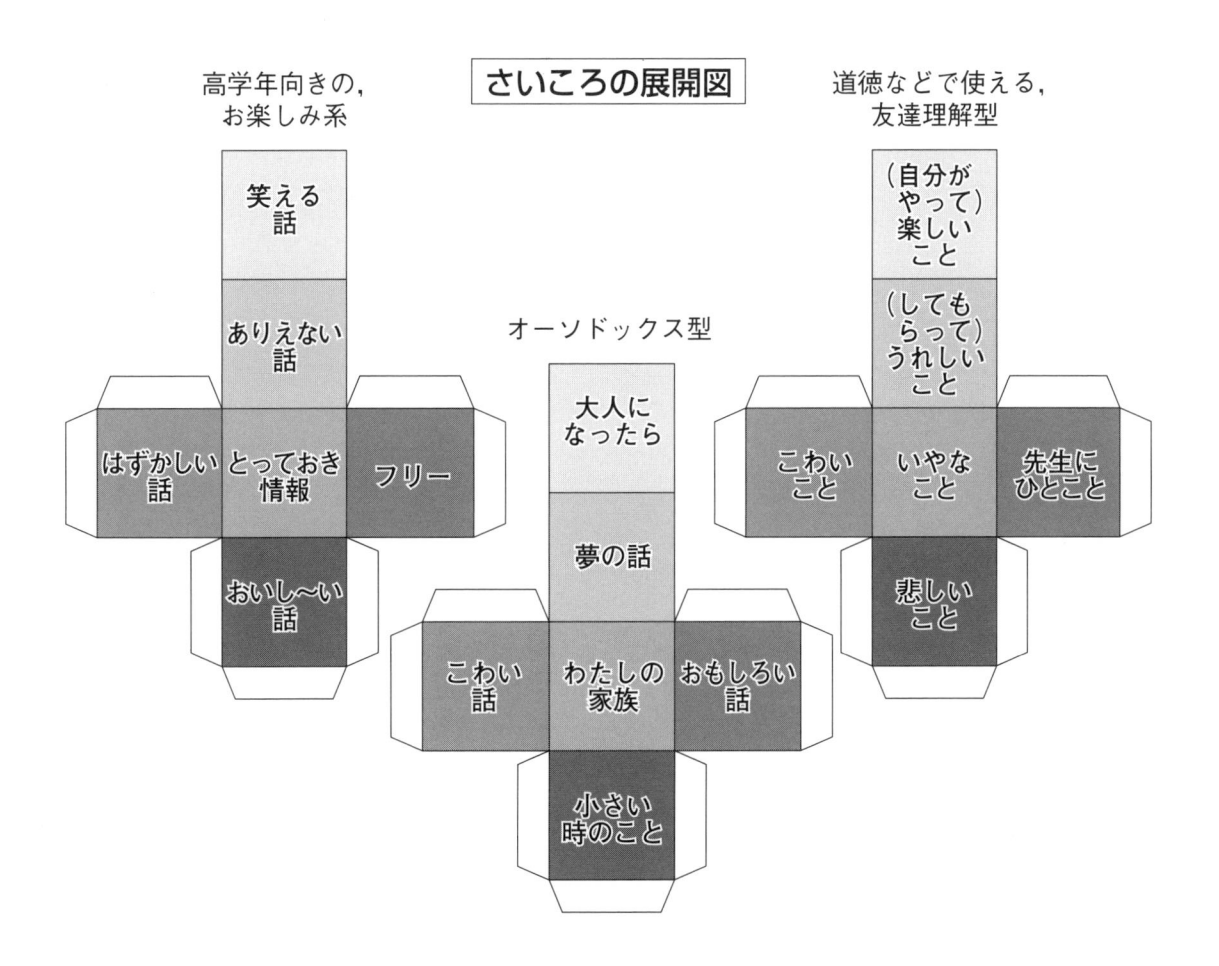

さいころの展開図

高学年向きの，お楽しみ系
- 笑える話
- ありえない話
- はずかしい話／とっておき情報／フリー
- おいし～い話

オーソドックス型
- 大人になったら
- 夢の話
- こわい話／わたしの家族／おもしろい話
- 小さい時のこと

道徳などで使える，友達理解型
- （自分がやって）楽しいこと
- （してもらって）うれしいこと
- こわいこと／いやなこと／先生にひとこと
- 悲しいこと

■編者略歴

府川源一郎（ふかわ・げんいちろう）

1948年，東京都に生まれる。横浜国立大学教育学部卒業。同大学院教育学研究科国語教育専攻（修士課程）修了。川崎市の公立小学校で普通学級，障害児学級（ことばの教室）担任の後，横浜国立大学教育学部附属鎌倉小学校教諭を経て，現在，横浜国立大学教育人間科学部教授。日本文学協会，全国大学国語教育学会，日本国語教育学会，日本読書学会などに所属。

《主な著書》
『文学教材の〈読み〉とその展開』（新光閣書店，1985年）
『消えた「最後の授業」―言葉・国家・教育―』（大修館，1992年）
『「国語」教育の可能性』（教育出版，1995年）
『「ごんぎつね」をめぐる謎―子ども・文学・教科書―』（教育出版，2000年）
『読んで・聞いて・声に出そう　ＣＤつき　心にひびく名作読みもの１～６年』（教育出版，2004年）　など多数。

■イラスト
　島田恭孝
　みながわこう
　ムラタユキトシ

図解 すぐに身につく・学力が高まる
小学校国語　学習スキル101の方法

2005年4月6日　初版第1刷発行
2010年2月24日　初版第6刷発行

編　者　©府　川　源　一　郎
発行者　小　林　一　光
発行所　教育出版株式会社
〒101-0051　東京都千代田区神田神保町2-10
電話（03）3238-6965　　FAX（03）3238-6999

DTP　心　容　社
印刷　モリモト印刷
製本　上島製本

Printed in Japan
落丁本・乱丁本はお取替えいたします。

ISBN 978-4-316-38980-6　C3037